NEW YORK LIEGT IM NEANDERTAL

E. W. Heine

New York liegt im Neandertal

Die abenteuerliche Geschichte
des Menschen von der Höhle bis zum
virtuellen Raum

TERRA MATER
BOOKS

FSC
www.fsc.org
MIX
Papier aus verantwortungsvollen Quellen
FSC® C020353

Sämtliche Angaben in diesem Werk erfolgen trotz sorgfältiger Bearbeitung ohne Gewähr. Eine Haftung der Autoren bzw. Herausgeber und des Verlages ist ausgeschlossen.

1. Auflage

Gesetzt aus der Minion Pro, Times

Medieninhaber, Verleger und Herausgeber:
Red Bull Media House GmbH
Oberst-Lepperdinger-Straße 11–15
5071 Wals bei Salzburg, Österreich

Satz: MEDIA DESIGN: RIZNER.AT
Umschlaggestaltung: b3K design, Andrea Schneider, diceindustries
Zeichnungen: E. W. Heine
Printed in Slovakia
ISBN 978-3-99055-000-7

Inhalt

Die Menschenschnecke

Der höhere Mensch ist
ein bauendes Tier.
Oswald Spengler

Keine Aussage über
die Vergangenheit ist so unmittelbar
wie die Bauten einer Epoche.
Der Mensch formt seine Umwelt so,
wie er sich selbst in ihr erlebt.
Das findet seine elementarste Darstellung
in der Art, wie er baut.
Warum baut eine bestimmte Zeit
so und nicht anders?
Versucht man, ihr Raumerlebnis
nachzuempfinden, so gelangt man
zu Erkenntnissen, die weit über
dem Wert der schriftlichen
Überlieferung liegen.

Die Geschichte der Menschheit ist der fantasiereichste Roman, der je erdacht worden ist. Wie bescheiden wirken die Lügengeschichten des Baron von Münchhausen neben diesem abenteuerlichen Gesellschaftsklatsch aus raffiniertem Propagandaschwindel, Druckfehlerteufeln, sensationslüsternen Verzerrungen, nationalem Pathos, verdrängten Schuldkomplexen, aus Vergessenem, falsch Verstandenem, frei Erfundenem und schamlos Gefälschtem. Aber, so könnten Sie jetzt einwenden, und was ist mit der schriftlichen Überlieferung, mit den Augenzeugenberichten aus jener Zeit? Sie sind doch zweifellos vorhanden.

Wer jemals in einem Polizeibericht die widersprüchlichen Zeugenaussagen über einen Verkehrsunfall gelesen hat, der wird zugeben müssen, dass auch auf die schriftliche Überlieferung der Augenzeugen kein Verlass ist.

Aber was ist mit den Gesetzen, den Friedensverträgen, den königlichen und päpstlichen Erlassen, deren Originale wir mit Siegel und Stempel besitzen? Ist auch auf diese Urkunden kein Verlass?

Nein, auch sie reden falsch Zeugnis wider ihre Zeit.

Von den Urkunden der Merowinger (500 bis 750) sind mehr als die Hälfte Fälschungen.

Von den überlieferten 270 Urkunden Karl des Großen sind über 100 unecht. Alle Papsterlasse vor dem Jahr 385 wurden nachträglich gefälscht. Die »Konstantinische Schenkung«, wonach Kaiser Konstantin bei seinem Umzug von Rom nach Byzanz im Jahre 330 Rom und das Abendland an Papst Silvester verschenkt haben soll, ist eine Fälschung, 400 Jahre später von römischen Geistlichen begangen. Die Geschichte keiner europäischen Stadt ist frei davon. Die Aufzählung der uns bekannten historischen Urkundenfälschungen würden die Seiten dieses Buches füllen. Kirchenfürsten, Bischöfe, Kloster und Päpste haben gewissenlos die Wahrheit verfälscht. Sie taten es zum Ruhme Gottes und zum Vorteil der allein seligmachenden Kirche, und das stand moralisch höher als die Wahrheit.

Aber nicht nur die alten Religionen manipulierten die Vergangenheit. Auch in der gegenwärtigen marxistisch-leninistischen Ethik hat die Propaganda absoluten Vorrang vor der Wahrheit. Die Historiker des realen Sozialismus mussten die Geschichte bereits innerhalb eines Jahrhunderts mehrmals umschreiben. Wer sich mit der Materie befasst, ist immer wieder verblüfft und entsetzt, mit welcher Dreistigkeit hier Geschichtsfälschung betrieben wird.

Durch einseitige christliche Propaganda wurde ein so ehrenwerter Mann wie Tiberius zum blutrünstigen Scheusal, und aus den wirklich blutigen Raubzügen der Kreuzritter wurden fromme Pilgerfahrten zum Grabe Christi.

Andere Ereignisse wurden unbewusst verfälscht. Das Blutbad von Verden, bei dem Karl der Große um die 4500 Anhänger seines Rivalen Widukind erschlagen haben soll, fand in Wahrheit nur im Tintenfass eines Mönches statt, der die lateinischen Partizipien *decollati* und *delocati* verwechselte. Ersteres heißt »hingerichtet«, und Letzteres »umgesiedelt«.

Die Beispiele ließen sich seitenlang fortführen. Nein, es ist kein Verlass auf die schriftliche historische Überlieferung.

Wie aber erfährt man die Wahrheit über eine zurückliegende Epoche?

Bleiben wir bei unserem Beispiel mit dem richterlichen Prozess. Bei der Wahrheitsfindung wiegt hier das Corpus Delicti, das Beweisstück des Tatbestandes, mit Recht mehr als alle individuellen Zeugenaussagen. Menschliche Eindrücke lassen sich widerlegen, nicht so die Fingerabdrücke auf der Tatwaffe.

Caesar berichtet in seinem Tagebuch über den gallischen Krieg, dass die Elche in Germanien keine Kniegelenke hätten und sich daher nicht niederlegen könnten. Sie würden sich in der Nacht gegen Schlafbäume lehnen, die man bloß anzusägen bräuchte, um die Tiere einzufangen. Einmal zu Fall gebracht, kämen sie ohne fremde Hilfe nicht mehr auf die Beine. Da wir wissen, wie Elche aussehen, wissen wir auch, dass die Aussage von Gaius Julius Caesar falsch ist (wie oft mag er noch die Unwahrheit gesagt haben). Das Corpus Delicti Elch hat die Glaubwürdigkeit des großen Feldherrn widerlegt.

Überall auf der Erde findet man versteinerte Muscheln und Schneckenhäuser. Ihre Bewohner sind vor vielen Hunderttausend Jahren ausgestorben. Keines Menschen Auge hat sie jemals gesehen, denn sie haben lange vor unserer Zeit gelebt, und trotzdem wissen wir so viel von diesen ach so vergänglichen Weichtieren, als wenn sie noch lebendig wären. Am bekanntesten sind die spiralig gewundenen Schalenhäuser der Ammoniten. Obwohl diese Kopffüßler vor 100 Millionen Jahren ausgestorben sind, kennen wir mehr als 1 000 verschiedene Arten so genau, dass wir sie als sicher bestimmbare Leitfossilien für das Erdmittelalter vom Silur bis zur Kreidezeit verwenden können.

Diese sichere Kenntnis verdanken wir einzig und allein ihren Häusern. Und so wie das Schneckenhaus ein naturgetreuer Abguss der lebendigen Schnecke ist, so sind auch unsere Bauten lebendige Abdrücke ihrer Erbauer, versteinerte Gedanken und Empfindungen. Keine Aussage über einen bestimmten Zeitabschnitt ist so unmittelbar wie die Sprache der Bauten. Sie vermitteln uns Kenntnisse, die durch nichts zu überbieten sind. Die klassische Baugeschichte, wie sie an unseren Universitäten gelehrt wird, fragt: »Wie wurde das Gebäude einer bestimmten Zeit errichtet, in welchem Stil und zu welchem Zweck?«

Stellt man jedoch die Frage: »Warum ist dieses Bauwerk so gestaltet worden, welches Raumgefühl gab ihm seine architektonische Form?«, und versucht man, die in Stein festgehaltenen schöpferischen Kräfte nachzuerleben, so gelangt man zu Erkenntnissen, die weit über dem Aussagewert der schriftlichen historischen Überlieferungen liegen.

Kunstwerke sind Spiegelbilder der Menschen und ihrer Zeit. Das Lebenswerk eines Künstlers ist zugleich auch seine innerste Biografie. Das gilt auch für die Menschheit als Ganzes.

Die Kunstgeschichte ist die wahrhaftigste Biografie des Menschengeschlechts.

Der Mensch gestaltet seine Umwelt so, wie er sich selbst in ihr erlebt. Das findet seine elementarste Darstellung in der Art, wie er baut. Für die ältere Vergangenheit hat das Haus als Privathaus noch keine Bedeutung, wie auch der Privatmann als Einzelperson noch keine Rolle spielt. Der Mensch erlebt sich als Teil einer Gemeinschaft. Tempel, Dom, Palast und Rathaus sind Ausdruck von Gruppenerlebnissen. Der Einzelne ist nur in dem Maß existent, wie er teilhat an der übergeordneten Gemeinschaft des Stammes, der Kirche oder der Zunft.

Keine andere schöpferische Disziplin ist so eng mit dem Raum und der Zeit verbunden wie die Architektur. Als Einzige formt sie neue reale Räume, die der Mensch betreten kann. Der Zeitfaktor für Bauten ist ein ganz anderer als für Musik, Malerei oder Dichtung. Die Entstehung ist nicht an die Lebenszeit eines Künstlers gebunden. Von ihm erfolgt oft nur der schöpferische Impuls. Bisweilen bauen mehrere Generationen an einem Werk, wie bei den ägyptischen Tempeln oder gotischen Kathedralen. Aber selbst innerhalb einer Generation wird das Bauwerk von vielen schöpferischen Geistern geformt. Damit wird es wie kein anderes Kunstwerk zum Spiegelbild seiner Epoche.

Der Mensch ist das einzige Lebewesen, das vom Ablauf der Zeit und damit von der Vergänglichkeit Kenntnis nimmt. Alle Zivilisation ist ein Kampf gegen die Zeit. Die Kunst des Schreibens – die bedeutendste menschliche Erfindung aller Zeiten – war vor allem ein Sieg über die Zeit. Mithilfe der Schrift sprechen Sokrates und Jesus über Jahrhunderte deutlicher zu uns als unsere Mitmenschen. Die großen Werke der Menschheit erlangten Unsterblichkeit.

Mit der Erfindung der Fotografie und der Schallplatte, und damit des Tonfilms, wurde die Vergangenheit direkt, ohne den Umweg über die abstrahierende Schrift, so zugänglich wie die Gegenwart. Tote sprechen und bewegen sich unter uns. Greise begegnen ihrer Jugend.

Architekturen sind Abbilder und Schallplatten ihrer Epoche, gebannte Vergänglichkeit, Siegessäulen über die allmächtige Zeit.

Camus hat einmal gesagt: »Von einem bestimmten Alter ab ist jedermann für sein Gesicht verantwortlich.« Er meint, dass die Fassaden unserer Köpfe von unserem Charakter geprägt werden, von dem, was wir wirklich sind. Das gilt auch für die Fassaden unserer Bauten. Sie werden vom Charakter ihrer Epoche geformt. In *Dichtung und Wahrheit* erzählt Goethe, er habe viele Stunde vor dem Straßburger Münster verbracht und die künstlerische Konzeption des Bauwerks so in sich aufgenommen, dass seine Fantasie begonnen habe, fehlende Teile zu höherer Ordnung zu ergänzen. Zu seiner Verwunderung stellte er nach Jahren anhand alter Pläne fest, dass die Baumeister des Münsters die endgültige Ausführung auch wirklich so geplant hatten.

Es scheint so, als habe der Mensch die Gabe, sich intuitiv in bestimmte einfache Ordnungen hineinzudenken.

Ohne diese Fähigkeit wäre er niemals in den Besitz der Heilpflanzen gelangt. Es ist Unsinn anzunehmen, dass ein Neandertaler sich durch Wald und Wiesen hindurchgefressen und auf diese experimentelle Weise Heilkräutererfahrung gesammelt hätte.

Viele Pflanzen wirken nur, wenn die ihrer Heilwirkung zugeordnete Erkrankung vorliegt. So regt das Schöllkraut den Gallenfluss an und entspannt den Gallengang bei kolikartigen Krämpfen. Nur ein Narr kann behaupten, dass ein von Gallenkolik gemarterter Urmensch losgezogen wäre und das Schöllkraut entdeckt hätte. Bei diesem Experiment wären Hunderte von Pflanzen vertilgt worden, deren Einnahme erfolglos, schädlich oder sogar tödlich gewesen wäre.

Novalis behauptete, dass alles sichtbare Äußere ein in Geheimniszustand erhobenes Inneres sei, das seine eigene Sprache spräche. Dieses Buch unternimmt den Versuch, die zeitlose Sprache der Bauten verständlich zu machen. Selbstverständlich erhebt es nicht den Anspruch auf Vollständigkeit. Es sind provokatorische Gedanken und Notizen eines Architekten, also nicht eines promovierten Historikers.

Aber hätte man vor 100 Jahren die Ausleuchtung der Häuser ausschließlich den Fachleuten überlassen, nämlich den Kerzenmachern, gäbe es bis heute kein elektrisches Licht.

Die Tatsache, dass wir sexuelle Freuden mit unserem Körper erleben, gibt der Medizin kein Recht, sich als Sachverwalter der Liebe aufzuspielen. Jene medizinischen Aufklärungsbücher gehören zu den ekelhaftesten Verirrungen unserer Zeit. Anatomische Unterleibsschnitte und auseinandergeklappte Gebärmütter wirken nicht zielführend, sondern abstoßend.

Sowohl die medizinische als auch die historische Sachlichkeit muss sezieren und ordnen, da Wissenschaft organisiertes Wissen ist. Aber man sollte nicht die lebendige Wirklichkeit vernachlässigen. Das politische Geschehen ist ein relativ unwesentlicher Teil der Geschichte. Es ist immer eine Folge geistiger Prozesse und nur selten ihre Ursache. Bismarck und Kaiser Wilhelm waren bestimmt interessante Persönlichkeiten, aber es ereignete sich weitaus Wichtigeres zu ihrer Zeit. Die Geschichte der Menschheit ist der spannendste Roman, der je geschrieben wurde, aber er liest sich in den meisten Geschichtsbüchern wie ein Kursbuch der Eisenbahn.

Rilke schrieb in *Reiseerlebnisse in der Toskana*: »Geschichte ist immer Kulturgeschichte. Ein kulturgeschichtliches Buch, aber welches zum Genuss anleiten wollte, dürfte nur einen einzigen Rat enthalten: Schau! Wer eine bestimmte Kultur in sich trägt, muss mit dieser Anleitung auskommen. Er wird vielleicht nicht erraten, ob ein Werk aus der Früh- oder Spätzeit einer Epoche stammt, aber er wird eine Fülle von Willen, Macht und Wahrheit erkennen und durch diese unmittelbare Offenbarung besser, größer und dankbarer werden.«

Die Gliederung dieses Buches erfolgt nicht in Stilen und Epochen, sondern in Bauten, die für ihren Zeitabschnitt charakteristisch sind. Es ist Unsinn, so kurzlebige Baustile wie die Gotik oder das Barock mit Ägypten oder China zu vergleichen. Obwohl es in Griechenland so verschiedene Stilepochen wie die dorische und die korinthische gab und so entgegengesetzte Lebensformen wie Sparta und Athen, sprechen wir von der großen, einheitlichen Kultur des klassischen Griechenlands.

Die Tatsache, dass es in Europa so verschiedene Stile wie die Romanik und die Renaissance gab und so unterschiedliche politische Systeme wie den Kommunismus und den Kapitalismus, wird unsere Urenkel nicht daran hindern, 2000 Jahre Europa genauso in einen Topf zu werfen. Dann werden nur noch unsere Bauten von uns Zeugnis ablegen. Solange sie noch stehen, nehmen wir teil an der lebendigen Geschichte. Unsere Zeit wird erst dann zur Sage, wenn der letzte Bau, den wir errichtet haben, zerfallen ist.

Für die Menschen der Gegenwart ist das Haus ein Besitzgegenstand wie ein Auto oder eine Aktie. Man mietet oder kauft es, man benutzt und veräußert es ohne eine innere Bindung.

Von Menschen, die vorgefertigte Hauseinheiten aus der Fabrik geliefert bekommen und denen der Wohnungsmarkt Unterkunft zuweist, kann man nichts anderes erwarten. Aber das war nicht immer so.

Wir leben in einer Zeit mit inflationistischer Tendenz gegenüber allen ideellen Werten. Religiöses Empfinden, Gruppenehre und Vaterlandsliebe, einstmals gewaltige Triebfedern des politischen und kulturellen Geschehens, sind bedeutungslos geworden. Ehe und Familie als Lebensaufgaben werden mehr und mehr zu vorübergehenden Bindungen, die man eingeht und löst wie Mietverträge.

Die stärkste ideelle Abwertung aber hat das Haus erfahren. Bis zum Ende des 19. Jahrhunderts bewohnten Bauern, Bürger und Adelige über Generationen das Haus ihrer Familie. Abraham sagte nicht: »ich und meine Sippe«, sondern: »ich und mein Haus«. Unsere Großmutter kam nicht aus einer guten Familie, sondern aus gutem Hause. Familie und Haus waren eine untrennbare Einheit. Wenn man vom Untergang des Hauses Usher oder vom Aufstieg des Hauses Habsburg sprach, so meinte man beides. Elternhaus, House of Parliament,

Königshaus waren hohe ideelle Begriffe und nicht Immobilien aus der Welt der Grundstücks- und Wohnungsmakler. »Herr segne dieses Haus« schnitzten die Bauern in die Giebel ihrer Gehöfte, wenn sie für Sippe, Gesinde und Vieh um den Segen des Herrn baten. Haus und Hof zu verlassen, bedeutete nicht nur Obdachlosigkeit, sondern auch Entwurzelung und Schande.

Die Häuser der Bürger und des Adels waren steinerne Zeugen der Größe und des Wohlstands ihrer Bewohner. Von Ramses bis Stalin haben die Herrscher der Erde versucht, ihre Macht in gigantischen Bauwerken zu dokumentieren. Die Gottkönige Ägyptens nannten sich *Pharao*, das heißt »großes Haus«. »Ein feste Burg ist unser Gott«, dichtete Luther, und Gott selber maß dem Turmbau zu Babel solche Bedeutung zu, dass er ihn eine himmelstürmende Hybris schalt und seine Erbauer bestrafte. In der nordischen Mythologie ist das Schicksal der Götter mit der Errichtung eines Bauwerks eng verknüpft. Alle Tragik der Nibelungen, Anfang und Ende der gesamten Schöpfung werden durch den Bau der Götterburg Walhall ausgelöst.

Seit Anbeginn der Geschichte zerstörte man nach der kriegerischen Niederlage das Haus seines Gegners. Erst dann war der Sieg endgültig. Auch unsere Kriege haben unsere Häuser verwüstet, aber niemand käme auf den Gedanken, einem besiegten Feind das Haus niederzureißen, oder doch? Warum hatten die Amerikaner nach ihrem Einmarsch in Deutschland es so eilig, Hitlers Berghof bis auf die Grundmauern abzutragen? Fürchteten sie, dass der Geist des Toten in seinem Gehäuse weiterleben würde?

Als die Stadt Siena im 14. Jahrhundert die Arbeiten an ihrem Dom aus finanzieller Not einstellen musste, empfanden das die Bürger als nationale Schande. Wer außer ein paar Spezialisten und ein paar Wahlrednern interessiert sich heute noch für öffentliche Bauvorhaben?

Als die Türken Istanbul eroberten und die Hagia Sophia zur Moschee erklärten, ging ein Aufschrei durch die christliche Welt. Als

Hitler den Braunschweiger Dom, eine der schönsten romanischen Kirchen Norddeutschlands, zur nationalsozialistischen Weihestätte erklärte, interessierte das nur noch den Klerus und ein paar Bauarbeiter.

Die Liebe mit dem Ziel der Arterhaltung ist eine der stärksten Antriebskräfte der beseelten Natur. Stärker noch ist die Angst. Zu diesen Urtrieben gesellt sich beim Menschen ein dritter: der Trieb, den Raum zu gestalten, zu bauen und zu wohnen. Dieser Instinkt gehört so untrennbar zu uns wie die Fähigkeit des abstrakten Denkens. Unser Drang, den Raum zu gestalten, geht so weit, dass wir selbst da, wo es keinen Raum gibt – im Raumlosen – vom Raum sprechen. Wie anders wäre der absurde Begriff Weltraum zu erklären? Wir sprechen von einem Zeitraum von soundsoviel Tagen oder Jahren. Die Zeit kann nur eine Strecke sein. Sie ist eindimensional, ganz gleich, ob sie einen Anfang oder ein Ende hat oder ob sie unendlich wie eine Gerade ist.

Ein Zeitraum ist so ein unlogisches Monster wie eine räumliche Fläche. Wir bezeichnen unrealistische Wunschträume als Luftschlösser und bauen selbst unseren Toten und unsichtbaren Göttern Häuser. Wir sperren Tiere in Ställe und züchten Pflanzen in Gewächshäusern. Wir leben und schlafen, arbeiten und genießen, gebären und sterben in der Welt unserer Häuser, ja, viele von uns opfern den größten Teil ihres Lebens für den Erwerb oder die Miete eines Hauses, nur um darin ihre verbliebene Zeit verleben zu dürfen. Ist es tragischer Wahnsinn oder geniale Größe?

Niemand von uns, die wir gemeinsam in dem Glashaus unserer schneckenhaften Schicksalsbestimmung sitzen, vermag das zu sagen.

Die Höhle

Die ganze Welt ist eine Höhle.
Augustinus

Die Eiszeiten dauerten
Hunderttausende von Jahren.
In der Höhle brannte das Feuer.
In vieltausendfacher
Geschlechterfolge wurde uns
das Höhlenbewusstsein
so unauslöschlich eingeprägt,
dass wir wie Schnecken
nicht mehr ohne Behausung
zu leben vermögen.
Mensch und Haus sind
eine unzertrennliche
Einheit.

Das erste Buch Mose berichtet nichts über die erste Behausung Adams und Evas. Doch schon in der ersten Generation heißt es: »Und Kain erkannte sein Weib, die ward schwanger und gebar den Henoch. Und er baute eine Stadt, die nannte er nach seines Sohnes Namen Henoch.«

Die biblische Geschichte des Menschen beginnt nicht mit einem Haus, sondern gleich mit einer Stadt, mit vielen Häusern. Das ist typisch, denn das Haus ist nicht nur Schutz vor unfreundlichem Wetter und wilden Tieren, es trennt und schützt den Menschen vor dem Menschen. Der Erbauer jener ersten Stadt wusste es selbst am besten, denn er hatte seinen Bruder Abel erschlagen. So lebten sie wie die Schnecken von Anfang an getrennt in eigenen Häusern aus Angst vor dem eigenen Bruder und nicht in Gemeinschaft in einem großen Haus. Sagen Sie jetzt nicht, das wäre technisch noch nicht möglich gewesen, so ein großes Haus zu konstruieren. Blättern Sie nur etwas weiter im ersten Buch Mose, und Sie werden nicht nur sehen, dass es geht, sondern Sie werden sogar belehrt, wie man es machen muss: »Da sprach Gott zu Noah: Mach dir einen Kasten von Tannenholz. Und mache ihn also: Dreihundert Ellen sei die Länge, fünfzig Ellen die Breite und dreißig Ellen die Höhe. Ein Fenster sollst du daran machen, oben an, eine Elle groß. Die Tür sollst du mitten in seine Seite setzen, und es soll drei Stockwerke haben, eines unten, das andere in der Mitte, das andere in der Höhe.«

Die Genesis hat kaum begonnen. Wir befinden uns auf der dritten Seite der Heiligen Schrift, und alles ist schon vorhanden: das Haus, die Stadt, sogar ein Bauplan für ein mehrgeschossiges Gebäude von 50 000 Kubikmeter umbautem Raum. Der Architekt ist kein geringerer als Gott persönlich.

Wenn wir unseren Wissenschaftlern glauben dürfen, gibt es menschenähnliche Wesen seit 20 Millionen Jahren.

Was wir über diese Zeit wissen, ist eine Sammlung naturwissenschaftlicher Erkenntnisse. Die Gelehrten, die sich mit dem Menschen der Vorzeit befassen, sind Paläontologen, Evolutionstheoretiker, Mediziner, Zoologen und Anthropologen.

Niemand interessiert sich für die Geschichte des eiszeitlichen Menschen. Hatte er noch keine? Er lebte und starb, erlebte Freude und Schmerzen, Liebe und Hunger. Er jagte, verfertigte praktische Werkzeuge und schuf ausdrucksvolle Kunstgegenstände. Er verehrte eine Gottheit und glaubte an die Unsterblichkeit, wie gefundene Grabbeigaben bezeugen. Aber er gehörte noch nicht der Geschichte an. Die Entdeckung des Neandertals war kein historisches Ereignis, sondern eine zoologische, medizinische Angelegenheit, weshalb man auch einen der berühmtesten Ärzte seiner Zeit, nämlich Virchow, mit der Klärung des Fundes beauftragte.

Wann aber wird der Mensch zur historischen Gestalt? Wann wird er überhaupt zum Menschen?

Der aufrechte Gang und das Gehirnvolumen sind noch keine Kriterien. Auch Pinguine und Kängurus bewegen sich aufrecht, und die Intelligenz steht in keinem proportionalen Verhältnis zur Größe der Hirnschale. Der Gebrauch von Werkzeugen unterscheidet den Menschen nicht vom Tier. Affen benützen Schlagstöcke als Waffen und hartschalige Früchte als Wurfgeschosse. Selbst in der handlosen Vogelwelt gibt es Spezies, die mithilfe eines Dornes Larven aus ihren Verstecken spießen.

Als sicherstes Kriterium des Menschen gilt im Allgemeinen der Gebrauch des Feuers. So nennen wir denn auch einen der ältesten Menschentypen *Australopithecus Prometheus*, was so viel wie »feuerkundiger Südmenschenaffe« heißt. Man schätzt sein Alter auf mehr als zwei Millionen Jahre. Er benutzte neben dem Feuer steinerne Gerätschaften und wohnte in Höhlen.

Menschliches Leben bewegt sich nur in engen, vorgegebenen Grenzen. Unter 28 Grad erlischt das Leben, bei 42,6 Grad gerinnt Eiweiß und führt zum Tod. Wärme ist lebensspendend wie lebensbedrohend. Die Lebensfähigkeit von Säugern und Warmblütern ist demnach auf enge Temperaturschwankungen begrenzt. Voraussetzung für ihre Überlebensfähigkeit ist die Aufrechterhaltung einer bestimmten Körpertemperatur bei unterschiedlichen klimatischen Bedingungen. Diese Fähigkeit beruht auf einer komplizierten Steuerung des Nervensystems und der Hormone. Diese Eingrenzung erscheint auf den ersten Blick als Nachteil. In Wahrheit gibt sie den Warmblütern das größte Maß an Freiheit. Die Lebendigkeit der Kaltblüter hängt sklavisch vom Wetter ab. Ihr Leben erstarrt mit fallender Temperatur. Nur die Warmblüter verfügen über die gleiche Lebensintensität zu allen Jahreszeiten in jedem Klima. Aus diesem Grund haben Säugetiere und Vögel als einzige Landlebewesen die polaren Gebiete erfolgreich bevölkert. Der Mensch vermochte nur zu überleben, indem er sich in Felle hüllte und in Höhlen hauste.

Der Mensch als schutzloseste aller Kreaturen war durch das raue Klima der Eiszeit gezwungen, sich eine beständige Behausung zu suchen. Selbst wenn die Felle erlegter Tiere genügend Schutz geboten hätten, um den nackten Eiszeit-Zeitgenossen vor dem Erfrieren zu bewahren, so hätten die sturmartigen Winde, die von den Eisflächen her bliesen, jedes Feuer im Keim erstickt. In den warmen Zwischeneiszeiten aber hätten die tropischen Regenfälle, die sich mit kurzen Unterbrechungen über Jahrtausende hinzogen, ebenfalls jede Feuerhaltung verhindert. Da zudem das Entzünden des Feuers mithilfe von Feuerstein mühsam war, wird man versucht haben, das Feuer zu bewahren. Man muss sich vor Augen halten, dass die Höhlenzeit mehr als eine halbe Million Jahre dauerte und sich dem Menschen in einer vieltausendfachen Geschlechterfolge tief einprägte und ihn formte. Erst vor diesem Hintergrund werden wir den bis zum Abnormen gesteigerten Hauswahn des historischen Menschen begreifen, der nur wie eine Schnecke nicht mehr zu leben vermag. In diesen 500 000 Jahren wurde uns das Höhlenbewusstsein biologisch so tief einprogrammiert, dass es ein Teil unserer Existenz ist wie die Angst oder der Geschlechtstrieb.

Fast alles, was wir über jene Menschen wissen, verdanken wir der Tatsache, dass sie in Höhlen wohnten. Die Höhle liefert uns Kenntnisse, die über das Wissen der Anthropologie und Paläontologie hinausgehen. Wir bezeichnen diesen neuen Menschen als Homo sapiens, als durchgeistigt und weise. Ist das nicht vielleicht ein vermessenes Wunschdenken derer, die die biblische Schöpfungsgeschichte zu wörtlich nehmen? Wir sollten nicht vergessen, dass der Mensch auch heute noch mindestens so viel Halbaffe wie Halbgott ist und dass wir unter allen Säugetieren nicht nur das proportional windungsreichste Großhirn unser Eigen nennen, sondern auch den proportional größten Penis.

Ob unsere Vorfahren den Titel *Homo sapiens* zu Recht trugen, ist mehr als zweifelhaft. Besser wäre die Bezeichnung *Homo domesticus*, »der Hausmensch« oder »der Wohnling« gewesen. Hausmensch erinnert an Haustier. Unsere Haustiere tragen diesen Namen nur deshalb, weil ihnen der Mensch seine stärkste und typischste Verhaltensweise aufzwang, um sie noch intensiver an seine Behausung binden zu können und nicht jagend herumstreifen zu müssen. Das Tier hatte seinem ureigensten Bedürfnis nach niemals den Drang, domestiziert zu werden. Der Mensch musste erst über eine jahrtausendelange Entwicklung die starken Instinkte des wilden Tieres verdrängen, beseitigt hat er sie nie – um das Tier an seine eigene häusliche Existenz binden zu können.

Wie kommt es, dass wir die Knochenreste von Menschen, die vor vielen Jahrtausenden gelebt haben, in solchen Mengen finden, während wir vergleichsweise nichts über den Ort der Hermannsschlacht wissen, die erst in geschichtlicher Zeit stattfand und bei der Tausende von Gefallenen das Schlachtfeld bedeckt haben müssen?

Alles verdanken wir den Höhlen und dem Trieb der Menschen zu wohnen. Gab es denn genügend Höhlen für den Höhlenmenschen? Es gab sie. In allen Karstgebieten der Erde ist ihre Zahl so reich, dass heute immer noch neue entdeckt werden. Allein im Staat Kentucky kennt man 60 000 Höhlen. Bekannt in unseren Breiten sind die eiszeitlichen Wohnhöhlen der schwäbischen Alb. Die größte Höhle

Europas ist das Hölloch im Muotathal in der Schweiz, von der bisher 65 Kilometer vermessen worden sind. Die größte Höhle der Welt liegt in Amerika und ist mehr als 200 Kilometer lang. Daneben gab es viele kleinere, die wie die Höhlen des Neandertals häufig der modernen Bautätigkeit zum Opfer fielen oder deren reiche Fundstellen von Kuriositätensammlern ausgeräumt wurden.

Vor 60 000 Jahren verschwand der Neandertaler. Er wurde von einer jüngeren Rasse verdrängt und starb aus. Am Anfang dieser neuen Menschen steht der Aurignacmensch, der wie der Neandertaler seinen Namen von einem unbedeutenden Ort bekam. Aus ihm entwickelte sich der Mensch der Gegenwart.

Der entscheidende Schritt vom Tiersein zum Menschsein wurde getan, als unsere tierischen Vorfahren sich im Schutz der Höhle das Feuer dienstbar machten. Ein irdisches Geschöpf erlangte Macht über das schrecklichste und geheimnisvollste aller Naturelemente. Der Mensch schwang sich empor auf die Stufe der blitzeschleudernden Gottheit. Prometheus war geboren. Die Behausung bot dem *Homo domesticus* Unabhängigkeit und Freiheit von den Naturgewalten. Er schuf sich seine eigene Welt, in der es nicht regnete, stürmte und schneite, in der ihn weder Sonnenglut noch Frost bedrohten und die ihn vor Feinden und wilden Tieren schützte, einen Hort, in dem das heilige Feuer, das Zeichen seiner Überlegenheit über die anderen Geschöpfe der Natur, brannte. Das Feuer wurde zum Symbol der Häuslichkeit. Wenn wir heute sagen »eigener Herd ist Goldes wert«, so meinen wir, es geht nichts über die eigene Behausung.

500 000 Jahre lang hat der Mensch so gewohnt, ohne zu bauen. Zum schöpferischen Kulturträger wird der Höhlenbewohner in dem Augenblick, in dem er beginnt, seine Umwelt selbst zu gestalten, indem er baut. Das ist die Geburtsstunde unserer Kulturgeschichte und damit unserer historischen Zeit.

Wir Insassen von Wohnmaschinen und Inhaber von Reihenhauseinheiten, für die die Behausung eine Kapitalanlage wie ein Goldbarren oder ein Prestigegegenstand wie ein Auto ist, haben vergessen, dass das Haus ein Teil unseres innersten Wesens ist, unser Ursprung und Schicksal. Haus und Menschsein sind eine untrennbare Einheit. Durch die Behausung wurden wir zu Menschen, und durch das Bauen zu Kulturträgern der historischen Geschichte. Wir mögen schwarz oder weiß sein, dem Abendland oder dem Morgenland angehören, Chinesisch oder Englisch sprechen, das Haus verbindet uns alle, die Toten, die Lebenden und die Zukünftigen.

Nur Menschen, die noch wohnen, ohne zu bauen, haben nicht Teil an dieser Gemeinschaft, weshalb Buschmänner und Pygmäen bis in die Gegenwart, ähnlich dem Neandertaler, Objekte der Evolutionstheorie, Geografie und Anthropologie sind, lebende Fossilen in einer Welt, die sich anschickt, demnächst den Mond zu bebauen.

Die Pyramide

Euer Altertum hat keine Geschichte und
Eure Geschichte kein Altertum.
Plato

Der bekannteste Bau Ägyptens
ist in seinem Wesen so unägyptisch,
dass er unmöglich aus dieser Zeit stammen kann.
So errichtet man keine Gebäude,
sondern feinmechanische Apparaturen
von höchster Präzision.
Die Pyramiden stehen nicht am Anfang
unserer Kulturgeschichte.
Sie sind keine Ouvertüre,
sondern ein Finale für eine
vorsintflutliche Kultur,
die wir nicht mehr
kennen.

Jedes organische Ding auf dieser Erde wächst und reift. Das gilt auch für den Menschen und seine Kulturgeschichte. Das uns bekannte Ägypten scheint da eine Ausnahme zu machen. Es hat sich nicht aus primitiven Anfängen stetig und folgerichtig entwickelt, sondern beginnt wie ein Paukenschlag mit einer Hochkultur ohnegleichen.

Die Geschichte unserer Technik lehrt uns, dass es eine fortschreitende Entwicklung vom Einfachen zum Komplizierten gibt, von der Dampfmaschine zum Düsenmotor, vom Fesselballon zur Weltraumrakete, von der Blockhütte zum Wolkenkratzer. Die alten Pyramiden Ägyptens sind aber zugleich die gewaltigsten und technisch vollkommensten Bauten. Die Entwicklungstendenz scheint rückläufig und nicht fortschreitend. Es ist so, als zerfiele das Wissen einer mächtigen Urkultur allmählich. Alle Ägyptologen sind sich darin einig, dass es niemals ein konservativeres Volk gegeben hat. »Wie ein Greis lebt der Ägypter beständig in der Vergangenheit, immer steht er unter der Hypnose eines grauen Altertums, seine ganze Geschichte besteht aus Restauration. Abgeschafft hat der Ägypter überhaupt nie etwas.« (Friedell)

Ihre ganze Kulturgeschichte ist ein Bewahren des Althergebrachten. Vielleicht war die Kultur, aus der sie hervorgegangen sind und die dann spurlos versank, so gewaltig, dass die Völker, die ihr Erbe antraten, sie um jeden Preis zu bewahren versuchen.

Unser Wissen über das Alter der Cheopspyramide beruht im Wesentlichen auf der Überlieferung des Manetho. Diese Annahme steht auf wackligen Füßen.

Lyon Sprague de Camp schreibt: »Einige Leute verneinen zwar Cheops als Erbauer dieses Werkes, aber ein Zweifel ist nicht ausgeschlossen. Es existieren einige Steine aus dem Inneren der Pyramide, die den Namen Khufu (Cheops) tragen«. Aber vielleicht war jene Pyramide schon zu Khufus Zeiten jahrtausendealt und der Pharao ließ sie lediglich öffnen und in Besitz nehmen. Können wir aus der Tatsache, dass der Name Khufus in der Pyramide eingemeißelt ist, schließen, dass er sie gebaut hat? Der Höhlenbewohner, der ein Tier an die Wand malte, nahm es in seinen Besitz. Es gehörte ihm, bevor er es erlegte. Der Medizinmann der Kikuyu in Kenia schreibt den Namen seiner Klienten in den Sand und sagt: »Du bist jetzt in meinem Dienst und wirst tun, was ich dir sage. Du gehörst mir.«

Die Ägypter glaubten an die magische Macht des Wortes wie kaum ein anderes Volk. Das Unglück durfte nicht beim Namen genannt werden. Unser Ausspruch »den Teufel nicht an die Wand malen« entstammt dieser Geisteshaltung. Der Ägypter umschrieb schlimme Geschehnisse oder ließ die Namen tödlicher Krankheiten oder gefährlicher Tiere unerwähnt. So nannte er das Krokodil »Kraut des Sees«. Ein Gegner war erst dann besiegt, wenn man seinen Namen aus allen Inschriften löschte. Erst dann war er wirklich tot. Ein Gegenstand gehörte einem Ägypter auch über den Tod hinaus, wenn er seinen Namen trug. Nach Überlieferung aus der alten Zeit haben die Pharaonen oft ihre Namen auf Tafeln einsetzen lassen oder die Porträtstandbilder früherer Herrscher als die ihrigen ausgegeben.

Man sagt, die Pyramiden seien errichtet worden, um den toten Herrscher vor Grabräubern zu schützen. Diese Erklärung ist zu einfach. Warum hat man diesen einbruchsicheren Leichentresor so errichtet, dass ein von Nord nach Süd durch die Spitze der Pyramide geführter Schnitt sich mit der Ebene des idealen Meridians deckt, der über die meisten Kontinente und die wenigsten Meere geht? Nur eine Zeit wie die unsere vermochte ein Bauwerk wie die Pyramide so banal zu deuten. Auch die Kathedrale von Chartres ist nicht errichtet worden, damit die Hostien nicht nass geregnet werden, der Zeustempel von Olympia wurde nicht erbaut, damit niemand die Statuen des Phidias klaut.

Hätte es nicht bessere Möglichkeiten gegeben, einen toten Herrscher vor Räubern zu schützen, anstatt ihn in einem so auffälligen, weit sichtbaren Monument zu bestatten? Würde ein heutiger Architekt den Auftrag bekommen, die Pyramide als einbruchsicheres Grabmal zu bauen, so würde er vermutlich das Bauwerk allseitig massiv gestalten und von oben einen senkrechten Schacht offen lassen, in den der Sarkophag des Pharao herabgelassen würde. Hätte man den 147 Meter hohen Schacht mit Tonnen schwerer Granitblöcke aus Assuan gefüllt, so wäre die Pyramide heute noch unberührt. Stattdessen sind seitlich schräg hinaufführende Gänge gebaut worden, die mit viel Aufwand überwölbt wurden mussten, damit sie nicht einstürzten. So errichtet man nicht ein Grab, sondern ein Gebäude, das man immer wieder betreten will.

Die Pyramide ist ihrem Wesen nach ganz unägyptisch, denn sie ist im Gegensatz zum Tempel nicht richtungsorientiert oder wegbezogen. Diese Bezogenheit musste erst durch die Tempelanlagen hergestellt werden, die am Fuß der Pyramide viel später erbaut wurden. Auch in ihrer äußeren Bauweise ist die Pyramide unägyptisch, denn die ursprüngliche Bauweise am Nil war der Holzbau. Alle Tempelanlagen unter Einschluss des Pylons, der alles überragenden Stirnseite, sind in Stein übersetzte Holzkonstruktionen. Das gilt nicht für die Pyramide.

Die bedeutendste alte Pyramide ist die des Pharaos Khufu, den Herodot Cheops nennt und der vermutlich ganz anders hieß. Die Cheopspyramide war ursprünglich 147 Meter hoch und wurde im Laufe der Zeit von den muselmanischen Herrschern Ägyptens um neun Meter abgetragen, da man ihre Steinverkleidung abtrug und zum Bau von Moscheen und Häusern in Kairo verwendete. Ihre Grundfläche misst 234 Meter im Quadrat. Das ist eine Fläche, auf der der Petersdom und die Hagia Sophia, die Kathedrale von Mailand und Florenz und der Kölner und Aachner Dom nebeneinander Platz finden könnten. Noch gewaltiger ist die Masse des Bauwerks. Es wurde aus etwa 2 300 000 Steinblöcken errichtet, von denen jeder zwei bis zweieinhalb Tonnen wiegt. Um zu begreifen, welche Arbeitsleistung notwendig war, muss man sich vor Augen halten, dass das Steinmaterial in einem 15 Kilometer entfernten Steinbruch auf der anderen Seite des Nils gebrochen wurde. Der Turakalkstein der Außenhaut stammte von noch weiter her, und die Granitsteine für die Vorkammer und den Königsraum waren aus der 1 000 Kilometer entfernten Gegend von Assuan herangeschafft worden. Jene Granitblöcke waren sieben Meter lang und wogen bis zu 50 Tonnen. Wie diese Riesensteine bearbeitet, transportiert und fast 100 Meter hochgezogen worden sind, bleibt ein Rätsel. Wir wissen nicht, in welchem Zeitraum die Pyramide vollendet wurde. Die Schätzungen über die Zahl der Arbeiter sind sehr unterschiedlich. Es dürften Tausende gewesen sein, um täglich zehn Blöcke aus dem Steinbruch zu stemmen, zu behauen, abzuschleppen, über den Nil zu schaffen, weiter über das Land zu transportieren und zu verbauen. Nach Herodot waren es 100 000. Diese Rekordarbeiter hätten mehrere Generationen gebraucht, um den Bau aus über zwei Millionen Steinblöcken zu errichten. In dieser Zeit hätten eine ganze Reihe von Pharaonen regiert, die gewiss mehr an der Errichtung ihrer eigenen Pyramide interessiert gewesen wären. Abgesehen davon ist es ein Rätsel, wie jene Arbeiterheere versorgt wurden. Denn Ägypten hat zwar eine Länge, die der Entfernung von Frankfurt von Rom entspricht, war aber an Fläche kleiner als Belgien, weil das fruchtbare Land zu beiden Seiten des Nils bis auf das Delta nur schmal war.

Wie wurden die mächtigen Steinblöcke transportiert? Pferd und Wagen wurden erst zur Zeit der 17. Dynastie, etwa um 1600 v. Chr. eingeführt. Die Annahme, man hätte jene Blöcke auf Gleitrollen aus Holz fortbewegt, kann kaum glaubhaft sein. Das Experiment mit der Gleitrolle funktioniert nur auf ebenen Straßen, jedoch nicht im weichen Wüstensand oder auf unebenem, felsigem Untergrund. Herodot berichtet, dass man sich in Ägypten nur zu Fuß oder in der Sänfte fortbewegen kann. »Das Land ist von Kanälen zerschnitten, die es in großer Zahl gibt und die in allen Richtungen verlaufen.« Holz für Tausende von Gleitrollen gab es nicht, denn Bäume waren so rar, dass sie nur mit besonderer Genehmigung gefällt werden durften. Es war streng verboten, sie zu transportieren oder zu verheizen.

Die technisch ungelösten Probleme ließen sich noch seitenweise fortführen. Sie werden immer unlösbarer, je mehr man ins Detail geht.

Jene, die des Rätsels Lösung in der gleichzeitigen Beschäftigung von 100 000 Sklaven sehen, erinnern an den Witz, dass die Chinesen eine Rakete zum Mond geschossen hätten, diesen aber nur knapp verfehlten, weil eine halbe Million Menschen eine Zehntelsekunde zu spät auf die Wippe gesprungen seien, mit der man die Rakete katapultiert hätte.

Warum hat der Pharao die Pyramide nicht neben den Steinbrüchen errichtet? Warum musste das viele Tonnen schwere Steinmaterial über viele Kilometer mit der Muskelkraft Tausender durch das Land gezogen werden? Man hat für dieses unverständliche Verhalten viele schlechte Gründe angeführt, von denen der weitverbreitetste auch zugleich der lächerlichste ist: der Pharao hätte den Bau in der Nähe seines Sommersitzes errichten lassen, um den Fortgang der Bauarbeiten überwachen zu können. Wer legt sich freiwillig eine Baustelle mit zigtausend Arbeitern vor die Tür? Dieses Bausklavenlager mit seinen Behausungen, Garküchen und Kloaken muss ein Slum ohnegleichen gewesen sein. Wäre es nicht einfacher gewesen, der Pharao hätte sich in einer Sänfte zur Baustelle tragen lassen? Bei dem langsamen Fortschreiten der Bauarbeiten hätte er zu Lebzeiten vermutlich auch nicht viel zu sehen bekommen.

Wie aber sind die Pyramiden erbaut worden? Viele Gelehrte hielten sich seit Lepsius an die Zwiebelschalentheorie, wonach jeder Pharao mit einer kleinen Pyramide begann, um nach seinem Tod ein Grabmal zu haben. Lebte er länger, vergrößerte er die Pyramide allmählich immer mehr. Für diese Theorie spricht, dass Cheops, Chephren und Mykerinos, unter deren Herrschaft die drei größten Pyramiden entstanden sein sollen, tatsächlich lange gelebt und regiert haben. Neuere Untersuchungen kommen eindeutig zu dem Ergebnis, dass die Pyramiden nach Form, Anlage und Konstruktion aus einem Guss sind. Wir besitzen altägyptische Abbildungen, auf denen Ameisenheere von Bauarbeitern Blöcke auf Rollen transportieren oder einen Obelisken aufrichten. Auf diesen zeitgenössischen Dokumenten beruht unsere Theorie des Pyramidenbaus. Aber sie ist falsch.

Diese wirklichkeitsfremden Bilder sind nicht anders zu bewerten als die Bibelillustrationen zur Arche Noah, wo alle Tiere einträchtig in langen Zügen vorübertraben, um sich einzuschiffen. Diese Reliefbilder sind keine Reportagen, sondern naive Vorstellungen, wie die Baumeister der vorägyptischen Kultur Pyramiden und Obelisken errichtet haben. Der Pyramidenbau muss sich völlig anders abgespielt haben.

Bei einem amerikanischen Experiment, genannt »atomare Spitzhacke«, entstand in der Wüste von Nevada ein 80 Meter tiefer Krater mit einem Durchmesser von einem halben Kilometer. Fast zehn Millionen Kubikmeter Erdmasse wurden innerhalb von Sekunden fortgeschleudert. Unsere Großeltern, die noch nichts von Atomkraft wussten, hätten berechnet, dass Zehntausende von Menschen viele hundert Jahre graben müssten, um ein so gewaltiges Loch auszuheben. Wie hätte man ihnen klarmachen können, dass es hierfür nur einer melonengroßen Menge Urans bedarf, um dieses Wunder zu vollbringen?

Direkte Nachkommen der Ägypter sind die Kopten. Ihr Name leitet sich von *Gypti*, Ägypter, ab. Infolge ihrer Religion haben sie sich eine sehr reine Tradition erhalten. In den alten koptischen Überlieferungen heißt es, dass König Surid vor der Sintflut die große Pyramide vollendet habe. Sie beinhaltet das gesamte Wissen seiner Priesterschaft. Der erste Ägyptologe war Herodot. Er bereiste um die Mitte des 5. Jahrhunderts Ägypten. In seinen neun den Musen gewidmeten Geschichtsbüchern berichtet er im zweiten und dritten Buch über das Land am Nil. Man hat diesem griechischen Gelehrten oft nicht die Beachtung geschenkt, die er verdient hätte. Man hat ihm vorgeworfen, er habe sich nicht für die Kunstdenkmäler an sich, sondern nur novellistisch für ihre Entstehungsgeschichte interessiert. So habe er nicht einmal die gigantische Sphinx bei Gise erwähnt. Heute wissen wir, dass sie zur Zeit Herodots unter dem Sand der Sahara begraben lag. Die neuere Forschung hält seine Darstellung der beiden Jahrhunderte, die ihm vorausgingen, für zuverlässig. Warum bezweifelt sie seine Berichte über die ältere Vergangenheit? Liegt es daran, dass sie nicht mit unserer Denkschablone über das Altertum übereinstimmen?

So berichtet er, die Priester von Theben hätten ihm 341 Kolossalstatuen gezeigt. Jede hätte die Generation eines Hohepriesters dargestellt. Die Ahnenreihe wäre danach 11 340 Jahre alt gewesen. Noch zu Herodots Zeiten pflegte jeder Hohepriester zu Lebzeiten sein Standbild in Auftrag zu geben. Sie waren steinerne Kalender. Die Priester versicherten Herodot, dass die Angaben dieses Kalenders sehr genau seien und durch Schriften aus der jeweiligen Zeit belegt wären. Ihre Zählung hätte begonnen, als die Götter untergegangen seien. Wir glauben heute, dass Ägypten 6 500 Jahre alt ist, obwohl vieles dafür spricht, dass die Geschichte des Landes sehr viel älter sein muss.

Die Pyramide und der Obelisk haben mit der späteren ägyptischen Kultur nichts gemeinsam. Bei den Tempelbauten ist alle Formgestaltung – wie auch in der Schrift, Malerei und Plastik – organischen Ursprungs. Die Säulenköpfe sind offene oder geschlossene Lotusblüten. Man erkennt Akanthusblätter und gebündelte Schilfballen in den architektonischen Details. Der Tempel, die heilige Straße, die Sphinx und die Skulpturen sind eindeutig richtungsbezogen. Die Pyramide ruht absolut statisch in sich selbst. Ihre streng geometrische Form entspricht nicht dem ägyptischen Schönheitsideal. Versucht man nachzuempfinden, aus welchem Raumerlebnis heraus die Pyramide entstanden ist, so gelangt man zu dem Schluss, dass eine mathematisch exakte Pyramide ebenso wenig eine architektonische Aussage besitzt wie ein gleichseitiges Dreieck eine malerische. Nur aus der Vogelschau vermag man die Pyramide zu erfassen. Der Betrachter sieht immer nur zwei Seiten. Die perspektivische Verzerrung der Dreiecke ist so verwirrend, dass man von all den geheimnisvollen Proportionen, die zwischen Grundrisslinien, Seitenkanten und Höhe bestehen, nicht das Geringste erkennen kann.

Die Pyramide ist ein reiner Zweckbau wie ein Atomreaktor oder ein Spiegelteleskop. Sie ist nicht auf visuelle Wirkung ausgelegt, sondern auf präzises Funktionieren.

Als man 1956 mit modernen elektronischen Messgeräten die exakte Ausrichtung der Cheopspyramide ermittelte, stellte man fest, dass die millionenfach vorhandenen, tonnenschweren Granitblöcke so genau auf den vier Achsen der vier Himmelsrichtungen lagen, dass die Abweichung an den fast einen viertel Kilometer langen Grundrisskanten weniger als einen halben Millimeter ausmachten. Nur wenige Großbaufirmen wären heute in der Lage, mit modernen technischen Hilfsmitteln ein Bauwerk mit einer Präzision zu errichten, die man der Feinmechanik oder der Optik abverlangt. Die Steinblöcke wurden mit uhrmachermäßiger Genauigkeit übereinandergefügt. Die mörtellose Verfugung ist so dicht, dass kein Haar dazwischen Platz findet. Architektonische Gründe kann es für diese Exaktheit nicht geben? Bei der enormen Größe der Pyramide wäre selbst eine Fuge von einem Zentimeter unsichtbar für das menschliche Auge. Hinzu kommt, dass die ursprüngliche Pyramide als Außenhaut eine Kalksteinverkleidung trug. Man hätte also beim Unterbau, der nach außen verborgen blieb, nicht so genau verfahren müssen. Für die sichtbare Erscheinung des Gebäudes hätte es genügt, wenn man die Außenhaut fugenlos zusammengefügt und diese dann auf die Himmelsrichtung bezogen hätte. Mit solch einer Genauigkeit errichtet man kein Gebäude, sondern technische Apparaturen von höchster Präzision.

Warum tat man das?

Der Kairoer Physiker Dr. Amr Gohed, der 1970 die von dem amerikanischen Atomphysiker Luis Alvarez geleiteten Strahlungsuntersuchungen in der Cheopspyramide auswertete, kam zu dem Ergebnis: »Die kosmische Strahlung im Inneren der Pyramide widerspricht allen bekannten Gesetzen der Wissenschaft.«

Der tschechische Radioingenieur Karel Drbal und der Franzose Jean Martial studierten über zehn Jahre lang die Zusammenhänge zwischen der Form einer Pyramide und deren physikalischen Prozessen im Innenraum. Es kam beispielsweise zu einer beschleunigten Mumifizierung. So verlor ein Fisch in 13 Tagen zwei Drittel seines Gewichtes, ohne zu verwesen. Diese Art der Austrocknung und Konservierung toter Körper wurde inzwischen an einer Vielzahl tierischer Organismen bestätigt.

Interessant ist die Beobachtung, dass das menschliche Bewusstsein bei längerem Aufenthalt in einer Pyramide von Halluzinationen heimgesucht wird. Es muss heute als sicher gelten, dass die Form der Pyramide eine Akkumulierung kosmischer Strahlen oder magnetischer Schwingungen bewirkt, die wir noch nicht, oder besser: nicht mehr kennen. Es scheint so, als wirke die Pyramide wie eine Linse oder ein Kondensator für eine Energieform.

Dieser Tatsache haftet durchaus nichts Utopisches an. Vielleicht handelt es sich um eine ähnliche Lichtbündelung wie beim Laserstrahl? Laser ist nichts anderes als eine Verstärkung gewöhnlicher Lichtwellen (*light amplification by stimulated emission of radiation*). Das dadurch entstehende Licht ist millionenfach heller als das Sonnenlicht. Die dadurch entstehenden elektromagnetischen Wellen vermögen Metalle zu schneiden, Gewebe abzutragen, Daten zu übertragen und ganze Städte auszulöschen.

Außer der Cheopspyramide gibt es noch ein anderes Beispiel, dass die alten Kulturen die Sonnenenergie in einer Weise zu nutzen wussten, die verloren gegangen ist. Das ist der Obelisk.

Dieses rätselhafte Granitgebilde ist wie die Pyramide von der Nachwelt nicht mehr begriffen worden. Das äußert sich nicht zuletzt in den albernen Namen, die man ihm gab. Die Griechen sprachen von *Obeliskos*, das heißt »Bratspießchen«, die Araber von *massala*, »Nähnadel«, der altägyptische Name lautet *techen*.

Schon lange bevor der älteste Pharao der 1. Dynastie (etwa 3100–2900 v. Chr.) aus der Dämmerung der vordynastischen Zeit ins Licht der Geschichte trat, standen Obelisken in Heliopolis. Man glaubte, dass es sie seit unendlicher Zeit gäbe. Sie hießen *Ben* oder *Benben* und waren Atum, dem Urgott der untergehenden Sonne, und Re, der Gottheit der aufgehenden Sonne, geweiht. In einem Grabspruch aus der 5. Dynastie heißt es: »Oh, Atum, du strahlst im Benbenstein von Heliopolis.«

Die Spitze des Obelisken endete in einer kleinen Pyramide, dem sogenannten *Pyramidon*. Dieses Pyramidon besaß eine Metallverkleidung aus Kupfer, Elektron und Gold, ähnlich der Spitze der Cheopspyramide. In diesem Obelisken wurden auf uns noch unbekannte Weise Sonnenstrahlen akkumuliert. Noch die Zeitgenossen Napoleons berichten von einem Obelisken, der bei Sonnenaufgang zu tönen begann. Als man Ausbesserungsarbeiten an der »tönenden Säule« vornahm, verstummte sie für immer.

Im Steinbruch von Assuan liegt ein fast herausgearbeiteter Obelisk, dessen Alter man nicht kennt. Er ist fast 42 Meter lang, hat einen Querschnitt von 18 Quadratmetern und wiegt weit über 1 000 Tonnen. Er besteht aus einem einzigen Stück glasharten Granit. Sir Reginald Engelbach, der sich ausführlich mit dem Obelisken von Assuan beschäftigt hat, kommt zu dem Schluss, dass mindestens 6 000 Menschen drei Jahrzehnte an dem Stein gearbeitet haben müssen. Dutzende von Brunnenschächten mussten gegraben werden, um unter der Erde eine 40 Meter lange Steinplatte aus einem Guss ohne Sprünge und Risse zu finden. Dann musste das ganze Gebiet bis zum eigentlichen Stein horizontal abgetragen werden. Dann konnte die eigentliche Arbeit beginnen. Der Obelisk, so hoch wie ein fünfzehngeschossiges Gebäude, musste in einem Stück aus dem glasharten Granit herausgestemmt werden, und zwar nicht nur winkelgerecht an den Seiten, sondern auch auf der Unterseite, auf der er lag. Wie das geschah, wissen wir nicht. Sir Reginald Engelbach schreibt: »Auffallend ist das Fehlen irgendwelcher Anzeichen für das Verwenden von Keilen und Meißeln. Die Meißel der Antike hinterlassen unverwechselbare Spuren. Hier finden wir senkrecht verlaufende, homogene Schnitte, so als wäre der Stein mittels eines riesigen Käsestechers abgeschnitten worden.«

Wenn die Stemmarbeit – wie auch immer – erledigt war, dann musste der fünfzehngeschossige Gigant über eine Entfernung von München bis Berlin quer durch das Land gezogen werden, über Tausende von Bewässerungsgräben. Granit ist zwar hart, aber unelastisch wie Porzellan. Eine Steinnadel dieser Länge würde bei der geringsten Fehlbelastung brechen. Dutzende von Obelisken müssen zu Bruch gegangen sein, bevor es gelang, einen ans Ziel zu bringen, Millionen vergeblicher Arbeitsstunden. Warum hat man diese unglaubliche Sisyphusarbeit auf sich genommen? Wäre es nicht sehr viel leichter gewesen, man hätte den Obelisken »scheibchenweise« herausgestemmt, in kleineren Einheiten transportiert und dann am Ziel aufeinandergesetzt, wie man es während der Antike mit den Tempelsäulen gemacht hat? Dass das nicht geschah, beweist, dass es sich hier wie bei den Pyramiden nicht um einfache Baudenkmäler handelte, sondern um zweckbestimmte Apparaturen. Sie vermochten ihre Aufgabe nur zu erfüllen, wenn sie aus einem Guss waren. Ein zusammengekittetes Weinglas vermag nicht zu klingen, und auch eine optische Linse kann nur ein unverzerrtes Bild liefern, wenn sie nahtlos aus einem Guss ist.

Nur ein Narr kann heute noch behaupten, dass die Obelisken und die mit äußerster Präzision errichteten Pyramiden von bäuerlichen Sklavenheeren mit Hanfstricken und Holzrollen erbaut worden seien, um ihren Königen einbruchsichere Grabmäler zu errichten. Es muss eine völlig andere Erklärung dafür geben, dass die Pyramiden derart exakt konstruiert worden sind, während die großen Tempel, wie der Amontempel von Ramses II., so stümperhaft erbaut wurden, dass den 23 Meter hohen Säulen die Fundamente fehlen und sie wiederholt umfielen, zuletzt 1898.

Es ist eine Tatsache, die zu wenig beachtet wird, dass die Cheopspyramide nach ihrer Vollendung mehrfach umgebaut worden ist. Die Kammern wurden immer höher hinauf gebaut. Es passierte dasselbe, als würde bei einem Fernglas oder Mikroskop der Brennpunkt hinauf- oder heruntergeschraubt.

Eine der offiziellen Lehrmeinungen lautet: »Vielleicht war Pharao Cheops ein Klaustrophober. Er beschloss, nicht in der fertiggestellten Kammer zu ruhen. Es wurde daher ein neuer Raum darüber ausgespart. Das Dach war bereits fertig, der Boden nur zum Teil, als Cheops beschloss, noch weiter nach oben zu gehen. So bohrte man den Zugang zur neuen Kammer durch die vorhandene Steinkonstruktion hindurch.« Dieser Unfug ist kaum noch zu überbieten.

Die hervorragenden Geister der Geschichte haben sich mit der Pyramide befasst, Newton, Flammarion, Herschel und viele andere. Sie glaubten, vor dem Monstermausoleum eines Herrschers zu stehen, der über ein Reich von der Größe Belgiens regierte. In Wahrheit wurde die Pyramide mehrere tausend Jahre vor Cheops gebaut. Niemand weiß, wie und zu welchem Zweck. Wir vermögen die Pyramide nicht zu begreifen.

Auch die altägyptische und altamerikanische Kultur hatten einen gemeinsamen Ursprung in einer Kultur, die wir nicht mehr kennen. Sowohl in Ägypten als auch in Mexiko wurden Pyramiden gebaut, deren gigantische Abmessungen Jahrtausende danach nicht wieder erreicht wurden. Die meisten zeitgenössischen Archäologen behaupten, man könne die ägyptischen und die mexikanischen Pyramiden nicht miteinander vergleichen. Die Ersteren seien Grabkammern gewesen und die Letzteren Sockel einer Tempelanlage. Diese Interpretation ist falsch. Die Pyramiden Ägyptens waren keine monströsen Grabkammern. Sie wurden von den Ägyptern übernommen und für ihren Totenkult gebraucht. Das gilt auch für die altamerikanische Pyramide. So hat man in Palenque, der klassischen Kultstätte des alten Reiches, in einer Pyramide die Grabstätte eines Priesterkönigs entdeckt. Dieser Fund war in mehrfacher Hinsicht eine Sensation. Der Sarkophag, ein drei Meter langer Monolith, zeigt bis ins Detail ägyptische Merkmale.

Was veranlasste jene Menschen, ihre bedeutenden Toten zu mumifizieren wie die Ägypter, und was veranlasste sie, sich ihre Schädel zu Lebzeiten zu deformieren? Eine eingedrückte Stirn galt bei den Mayas als schön. Warum aber waren sowohl die Mayas als auch die alten Hebräer so vernarrt in Schädelverformungen, dass es selbst Jahwe für nötig hielt, den Hebräern einzuschärfen: »Ihr sollt nicht abrunden die Ecken eurer Köpfe.«

Hatte diese Praxis in der für uns so fremden Geisteswelt der vorsintflutlichen Geschichte vielleicht eine reale Bedeutung? Das Gehirn des Pferdes ist nicht nur anatomisch, sondern auch in seinen Funktionen allseitig gleich angelegt. Ähnlich ist es beim Menschenaffen. Der Sprung zum Menschen zeigt, dass wichtige psychologische und sinnesphysiologische Leistungen auf die eine oder andere Hirnhälfte lokalisiert sind. Erstaunlicherweise wird diese funktionelle Differenzierung zwischen früher gleichwertigen Gehirnhemisphären selten oder nie erwähnt, wenn es darum geht, die Grenzen zwischen dem Tierreich und dem Menschsein abzustecken. Man zitiert den aufrechten Gang, die Nutzbarmachung des Feuers und viele andere sekundäre Fakten, die vermutlich eine Folge der Gehirnumstrukturierung sind. Diese Fixierung der Gehirnhälften entwickelt sich im Verlauf der ersten Lebensjahre, also sehr früh. Als Beweis kann angeführt werden, dass Kleinkinder mit linksseitigen Hirnschäden sich ohne sprachliche Störung zu entwickeln vermögen, weil die rechte Hälfte dann die Funktion übernimmt, die normalerweise bei 95 Prozent aller Menschen der linken Hirnseite vorbehalten ist.

Das Zusammenpressen der Stirn- und Hinterkopfpartien bei Kleinstkindern vor Erreichen des ersten Lebensjahres muss gewaltige sinnesphysiologische Umgruppierungen im Gehirn zur Folge haben. Ein Blick auf das menschliche Gehirn mit seinen unterschiedlichen motorischen und sensorischen Zentren zeigt, dass dabei das optische Erinnerungsvermögen am meisten betroffen wird.

Woher kommt der Ausspruch, »jemand hat ein Brett vor dem Kopf«? Vielleicht lohnt es sich, über diesen Satz nachzudenken? Warum trepanierten die Menschen damals ihre Schädel? Bei der Trepanation wird ein Teil der Schädeldecke entfernt, um das Gehirn von zu hohem Druck zu entlasten. Auch Hippokrates empfahl diese bei jeder Gelegenheit. Im östlichen Mittelmeerraum war sie ein gebräuchliches Allheilmittel. In peruanischen Gräbern fand man mehr als 10 000 trepanierte Schädel. Sind es Zufälle?

Die Religionen Mittelamerikas berichten alle von einem blonden, bärtigen Gott, der in grauer Vorzeit bei Sonnenaufgang kam und wieder verschwand. Er besaß Kenntnisse, die den alten Indianerkulturen unbekannt waren, und wurde »Bringer des Wissens«, »Baumeister der amerikanischen Kultur« und »Herr der Pyramide« genannt.

Warum sollten sich die Indianer Mittelamerikas nicht wie andere primitive Fantasiegötter erfinden? Warum schafft sich ein rothäutiges, bartloses Volk bärtige weiße Götter, die so auffällig im Zusammenhang mit den Kulturen der alten Welt stehen? Und Quetzalcoatl ist nicht nur der einzige wunderbare Gott. In Peru verehrt man Kon-Tiki Viracocha, »Schaum des Meeres«, der ein Sohn der Sonne gewesen sein soll. Auch er war weiß und trug einen Bart. Er brachte den Peruanern die Bildhauerkunst und die Architektur. Lange vor der Zeit der Inkas segelte er mit dem Versprechen über das Meer, einst wiederzukommen.

In Kolumbien kam Bochica zu den Mocca-Indianern in der Ebene von Bogotá. Er lehrte sie, zu bauen und zu säen, fasste sie in Gemeinschaften zusammen und setzte die Regierung ein. Auch er war weiß und bärtig.

Woher kamen diese weißen Götter, die so stark in der Erinnerung der Mayas und Azteken lebten, dass sie sich bedingungslos einer Handvoll spanischer Konquistadoren unterwarfen, die sie für zurückkehrende Götter aus dem Osten hielten?

Eines der auffallendsten Musikinstrumente der alten Welt, die Panflöte, die nach der griechischen Mythologie der bocksfüßige Gott Pan erfunden und geblasen haben soll, war auch in Panama, Kolumbien und Peru bekannt. Wer hat sie erfunden? War es eine zufällige Doppelerfindung?

Wie erklärt sich die Tatsache, dass die Baumwolle, die man in Mittelamerika in Gewebestückchen fand, aus einer hybriden Art von Baumwollpflanzen aus der alten und der neuen Welt herstammt? Die Botaniker schlossen daraus, dass in der alten Welt gezüchtete Baumwolle in der neuen Welt aufgetaucht ist und sich mit der einheimischen Art gekreuzt hat.

Aber wie? Vögel fressen keine Baumwollsamen. Der Westwind kommt nicht infrage. Steinzeitmenschen können den Samen von Asien nicht mitgeschleppt haben, weil der Samen die lange Reise nicht überleben würde. Es bleibt noch die Möglichkeit über eine Schiffspassage. Hieß dieser Mensch Quetzalcoatl, Kon-Tiki Viracocha oder Bochica, der den Menschen von Bogotá den Ackerbau beibrachte? Wir wissen nicht, woher er kam, aber es spricht vieles dafür, dass er von der Insel im Osten kam, von der Indianerkulturen sprechen. In Ägypten, Kleinasien, Indien und Mittelamerika lebte sein Erbe weiter.

Es gibt so viele Indizien für die Existenz einer alten gemeinsamen Kultur, dass diese ausreichen würden, einen Angeklagten vor Gericht zu verurteilen. Niemand kennt den Namen dieser vorsintflutlichen Kultur – vielleicht hieß sie *Atlantis*.

Wie konnte das Wissen um Ägypten und seine atlantische Überlieferung so in Vergessenheit geraten?

Ägypten war doch zu allen Zeiten den Völkern bekannt. Es war nie in Vergessenheit geraten wie die Hethiter oder die Kulturen des Zweistromlandes. Ähnlich wie die Spanier in Mittelamerika, so hat auch die Antike über Ägypten gestaunt, ohne es zu erfassen.

Als während der Ptolemäerherrschaft das Land voll von Griechen war und die alexandrinischen Gelehrten die Möglichkeit hatten, die Kultur des Landes fast noch unberührt zu studieren, hat sich auch nicht die Spur einer Ägyptologie entwickelt. Für sie war Altägypten ein logisch nicht begreifbares, barbarisches Märchen.

Menschen unserer Denkstruktur muss Ägypten und seine Vorgeschichte fantastisch erscheinen – aber wir können uns die älteste

Geschichte gar nicht fantastisch genug vorstellen. Unsere Zeit ist von so materialistischer Geistesstruktur, dass selbst in unserer Religion das Spirituelle vor lauter philosophischer Textkritik ein fast vergessener Bestandteil des Glaubens geworden ist.

Unsere Zeit lebt in dem Irrglauben, man könne alles kausal und logisch mit der Werteskala der Naturwissenschaften erfassen. Unsere Geschichtsbücher wollen uns glauben machen, die Menschen wären zu allen Zeiten die Gleichen gewesen. Der Unterschied sei nur, dass der Pharao im Pferdegespann gereist sei und der Präsident der Vereinigten Staaten im Düsenflugzeug. Ersterer hätte Atum verehrt und letzterer Christus. Zum Beweis führen jene Gelehrte Handelsverträge, Liebeshymnen und Gesetzeserlasse an, die sich von den heutigen nur wenig unterscheiden. Gewiss hatten die Mayas auch Zahnschmerzen, ihre Frauen Menstruationsbeschwerden und ihre Kinder Fieber. Aber dürfen wir daraus folgern, dass wir in ihren geistigen Welten leben und sie unsere Verstandesgaben besaßen?

Die moderne Psychologie vertritt die Meinung, dass die Welt des Kindes, unabhängig vom Wissen, völlig anders strukturiert ist als die des Erwachsenen, und doch unterliegen wir den gleichen anatomischen und physiologischen Gesetzen. Im übertragenen Sinn gilt das auch für die atlantische Kultur.

Es spricht sehr vieles dafür, dass den Atlantiern logischer Verstand und Kausalitätsdenken, wie wir es besitzen, fehlten. Diese Unfähigkeit zu abstrakter Kombination wurde durch ein hoch entwickeltes bildhaftes Erinnerungsbewusstsein ausgeglichen. Begünstigt wurde diese Veranlagung durch den Brauch, Neugeborenen so den Schädel so zu verformen, dass das optische Erinnerungsvermögen umstrukturiert wurde.

In dieser Richtung muss auch die Öffnung des Schädeldachs gesehen werden. Bekanntlich haben Neugeborene eine offene Stelle in der Schädelplatte, die sich erst in den ersten Lebensmonaten schließt. Das logische Denkvermögen steht mit der Verhärtung des Schädels in Zusammenhang. Das Offenbleiben der Fontanelle bewirkt grundlegende Veränderungen in der Verarbeitung von Sinnesreizen.

Die Welt des Kindes ist dem Traumbewusstsein verwandt. Ein Kleinkind vermag Traum und Wirklichkeit nicht klar zu unterscheiden und ist deshalb doch nicht geistesgestört. Die Gestalten aus dem Märchenbuch sind genauso eine Realität wie Eltern und Geschwister.

Auf die Menschen der atlantischen Kultur bezogen heißt das: Die Götter waren genauso eine Alltagsrealität wie die Menschen der Umgebung. Es bestand eine tiefe Seelenverwandtschaft mit der Natur und dem Tier. Sie beherrschten die Natur mit anderen Kräften als wir. Im Leben der Hindus spielt das *Prana* eine wichtige Rolle. Prana ist eine Energieform, die nicht dem Verstand unterliegt, sondern der Atmung. Mithilfe dieser Kraft vermag man, über glühende Kohlen zu laufen, ohne sich zu verbrennen. Der Yogi ist in der Lage, Dinge zu vollbringen, die sich naturwissenschaftlich nicht erklären lassen.

Die alten Chinesen glaubten, dass jeder Mensch ein Kraftwerk sei, in dem eine Lebensenergie erzeugt würde, die zwischen der Einzelpersönlichkeit und der Natur energiemäßige Zusammenhänge schaffe. Variationen zu diesem Thema ziehen sich durch die ganze Menschheitsgeschichte. Paracelsus glaubte, dass es eine Vitalenergie gäbe, die er »Munis« nannte. Helmont, der Entdecker der Kohlensäure, vertrat 100 Jahre später die Meinung, dass es eine Vitalenergie gäbe, die den Willen eines Menschen über große Entfernung hinweg beeinflussen könne, eine Tatsache, die unter dem Namen »Hypnose« wissenschaftlich anerkannt ist. Der deutsche Arzt Mesmer lehrte, dass dem Menschen eine magnetische Bioenergie innewohne, die durch Handauflegen zu heilen vermöge. Diese Reihe lässt sich beliebig fortsetzen. Wir leben heute in einem mechanischen Verhältnis zur Natur, die Atlantier oder wie immer wir sie nennen wollen, hatten ein vitales Verhältnis zur Natur. »Wie man heute aus Steinkohle und Erdöl Wärme und Energie herausholt, so verstanden es die Atlantier, die Samenkraft des Lebens in ihren Dienst zu stellen. Man denke an ein Getreidekorn. In diesem schlummert die Kraft, die aus dem Samen den Halm hervorbringt. Die Natur kann diese im Samenkorn ruhende Kraft wecken. Der gegenwärtige Mensch kann es nicht willkürlich.« (Rudolf Steiner) Alle alten chinesischen und ägyptischen Überlieferungen sprechen von dieser Bioenergie. Ist der Schlüssel zum Geheimnis der Pyramiden in dieser Richtung zu suchen? Manches spricht dafür, dass man auf Atlantis nicht nur die Fähigkeit der Telepathie, der Gedankenübertragung besaß, sondern auch die Gabe der Telekinese, die Fähigkeit, einen Gegenstand mithilfe gedanklicher Kräfte zu bewegen. Wem das zu fantastisch erscheint, der möge sich daran erinnern, dass die Telepathie zu den Forschungsobjekten unseres materialistischen Zeitalters gehört.

Wir leben in einer Zeit, die die Verstandeskräfte absolut überbewertet. Unsere Kenntnis über die Natur besteht aus Wissen, wie der Name »Naturwissenschaft« sagt. Die Ratio ist ein bloßer Techniker. Sie vermag nicht in das Leben einzudringen.

»Ich habe Hunderte von Leichen seziert«, soll der berühmte Pathologe Virchow gesagt haben, »ich habe niemals so etwas wie eine Seele gefunden.«

Aufgrund der Vielzahl von Fakten kann heute die Existenz einer vorsintflutlichen Kultur nicht mehr ernsthaft geleugnet werden. Seine mächtigsten Zeugen sind die Pyramiden.

Die Cheopspyramide ist ein reiner Zweckbau, ein kosmisches Kraftwerk unbekannter Energien, deren Sinn wir nicht kennen. Dieser gigantische Präzisionsmechanismus aus einem Guss wurde mithilfe von Kräften errichtet, die sich unserer Kenntnis entziehen. Fest steht nur, dass der technische und zeitliche Bauvorgang anders verlaufen sein muss, als wir es uns vorstellen vermögen.

Die Pharaonen haben die Pyramiden nicht errichtet. Sie benutzten sie für ihren Totenkult. Ihre sterblichen Hüllen wurden nicht in die Pyramide gebracht, um sie vor Grabräubern zu schützen. Dann hätte man die Gänge in voller Länge mit Steinquadern gefüllt, anstatt nur die Eingänge zu verschließen.

Troja, Kreta und Jericho mussten entdeckt und ausgegraben werden, um lebendig zu werden. Die Pyramiden stehen mitten unter uns in unserer Welt, aber wir müssen sie von den Schuttmassen unserer Vorurteile befreien. Die Pyramiden stehen nicht am Anfang der Kulturgeschichte. Sie sind keine Ouvertüre, sondern ein Finale, ein Requiem für eine vorsintflutliche Kultur, die wir nicht kennen.

Die Pagode

Das Feuer hat mir mein Haus geraubt,
nun kann ich mich ganz dem Mond hingeben.
Laotse

In keiner alten Kultur
ist der Höhlenkomplex so schwach entwickelt
wie in China.
Es gibt keine Innenräume.
Alles ist draußen,
sogar der Mittelpunkt der Bauten.
Die Formensprache der Pagode
ist unserem Raumerlebnis
absolut entgegengesetzt.
Genauso verhält es sich mit
der gesamten chinesischen Kultur.
Wir glauben, wir formen unsere Häuser,
aber formen die Häuser nicht uns?

Obwohl sich die altchinesische Geschichte mit Bestimmtheit nur bis ins dritte Jahrtausend vor unserer Zeitrechnung zurückverfolgen lässt, erkennen wir an ihren Bauten, dass sie sehr viel älter ist. Die Formensprache dieser eigenartigen Kultur ist unserem Denken so fremd und entgegengesetzt, dass wir sie nicht zu begreifen vermögen.

Wie erlebte sich der Chinese in seiner Welt?

Versuchen wir uns in ein Bauwerk jener eigenartigen Kultur einzufühlen, so kommen wir zu Ergebnissen, die uns fremd erscheinen müssen. Das auffallendste Merkmal des chinesischen Tempels ist seine Dachform. Sie wird bestimmt von geschwungenen Schalen, die sich nach oben hin öffnen. Man könnte sie mit unseren Radarschirmen oder Spiegelteleskopen vergleichen. Meist sind mehrere Dachschalen übereinandergestapelt, die nach oben hin immer kleiner werden. Versucht man diesen Bau räumlich nachzuerleben, gelangt man zu der überraschenden Erkenntnis: Der räumliche Schwerpunkt und der optische Brennpunkt dieser Bauten liegen nicht in ihrem Inneren. Er liegt außerhalb. Der Mensch des chinesischen, japanischen und tibetanischen Raumes erlebte sich nicht als schöpferischer Mittelpunkt auf dieser Erde. Das eigenständige Individuum war ihm fremd. Er fühlte sich als Glied einer Kette, die aus dem Außerirdischen kommt und wieder dahin zurückkehrt.

Um das zu verstehen, muss man sich die Religion und den Ahnenkult vor Augen halten. Wir leben für unsere Kinder, in die Zukunft gerichtet. Das, was wir schaffen, ist wesentlich. Der Chinese lebt für die Ahnen. Sein Blick ist rückwärts gerichtet, in die Vergangenheit. Kinder sind wichtig, damit der Ahnenkult fortgesetzt wird. Der Chinese erlebte sich auf dieser Erde als flüchtiger Gast aus den Weiten des Alls. »Söhne des Himmels« nannten sie sich über Jahrtausende. Die Erde ist lediglich eine bedeutungslose Zwischenstation, die es zu durchlaufen gilt, um Kinder zu zeugen, um einen Platz in der Ahnenreihe zu erhalten.

Solange man lebt, ernährt man die Eltern. Wenn sie gestorben sind, betrauert man sie, wenn die Trauer beendet ist, bringt man ihnen Opfer dar. Das ist der Sinn des Lebens und ein Teil der Weltordnung.

Nichts ist so wichtig wie Überlieferung und Tradition. Aus diesem Grund sind die alten chinesischen Überlieferungen die reinsten und unverfälschtesten unserer Geschichte. Die chinesische Religion kennt keine Begriffe wie »Gott« und »Teufel«. Wenn man vom Göttlichen spricht, meint man das ewige Naturgesetz der Ordnung. Böse ist nur das Chaos, die Unordnung. Die menschliche Gesellschaft ist ein Naturereignis wie der Wechsel der Jahreszeiten. Ein Kaiser oder ein Staat, die den Ordnungsgesetzen treu bleiben, erhalten die Harmonie. Sie sind gut. Feindliche Überfälle, Dürre, Hungersnot oder Erdbeben sind nicht von Gott gesandte Plagen oder Zufälle, außerhalb des Ordnungsprinzips angesiedelt … Sie sind Zeichen für die Störung der tieferen Weltordnung, deren Ursache man im moralischen Bereich suchen muss. Ein Wahlspruch der alten Kaiser lautete: »Eroberung ist nichts, Ordnung ist alles.« Um die menschliche Natur zu veredeln, bedarf es vor allem der Musik. Im Wohlklang der Musik erkennt man die Harmonie zwischen Weltall und Menschen. Die Musik ist die Grundlage aller Erkenntnis. Sie allein unterscheidet den Menschen vom Tier. Musik war mehr als eine der schönen Künste. Sie war erlebte Harmonie und Religion. Beim Studium der Musik durfte man kein Fleisch essen. Man glaubte, das Zarte, Ätherische nicht wahrnehmen zu können, wenn man Blutiges zu sich nahm. Ein eigenwilliges architektonisches Phänomen sind die chinesischen Tore. Sie stehen mitten in der Landschaft. Man hat behauptet, sie seien Überreste alter Tempelanlagen. Das stimmt nicht. Man findet sie schon auf alten Tuschezeichnungen, immer allein in der Natur stehend. Diese rätselhaften Gebäude sind keine Prozessionstore oder Triumphbogen wie im alten Rom. Sonst hätte man sie an Straßen errichtet. Sie stehen mitten in der Landschaft.

Für uns bedeutet Tür oder Tor: Eingang zu irgendetwas. Hinter den chinesischen Holztoren befindet sich nichts, weder ein Tempel noch eine Einzäunung. Ganz gleich, von welcher Seite man sie betritt: Durch diese Tore geht man immer nach draußen. Diesem Denken der alten chinesischen Kultur begegnet man auf allen Gebieten, in der Philosophie, in den Sozialgesetzen, in Dichtung und Malerei. Deren Eigenart ist es, die Erscheinungen der Sinneswelt von einem außermenschlichen Standpunkt her zu begreifen. Selbst die Perspektive kennt keine Schnittpunkte im Räumlichen. Die Strahlen laufen parallel und schneiden sich erst im Unendlichen.

Unser Kulturkreis erlebt die Welt hauptsächlich mit der linken Gehirnhälfte, dem Sitz des logisch-analytischen Denkens und des räumlichen Vorstellungsvermögens. In China ist die rechte Großhirnhemisphäre stärker ausgeprägt. Wie viel stärker ist der Chinese dem Bilderbewusstsein verhaftet, wie bildhaft ist seine Schrift. Während wir analytisch Buchstabe an Buchstabe reihen, hat der Chinese für jedes Ding ein Schriftzeichen. Das chinesische Schriftzeichen ist die gezeichnete Abbildung eines Begriffs.

Vergleicht man die Menschen des alten China mit Menschen des alten Europa, so erinnern die einen an Vögel, die Letzteren an Säugetiere. Wir wohnen wie Höhlentiere in massiven Bauten aus Stein und Ziegel. Sie wohnen in durchlässigen, leichten Gehäusen aus Bambus, Holz und ölgetränktem Pergament. Wenn der Chinese isst, so pickt er wie ein Vogel die Reiskörner mit spitzen Essstäbchen. Unsere Essweise mit Messer und Gabel erinnert an die Essweise von Säugetieren. Die Mächtigen unseres Kulturkreises nannten sich Albrecht der Bär und Heinrich der Löwe. Die chinesischen Kaiser führten Titel, in denen Lotusblüten, der Vogel Phönix und der Drache eine Rolle spielten. Wobei der chinesische Drache einen anderen Symbolgehalt hat als der nordische Lindwurm, der schwerfällig in finsterer Höhle haust. Der chinesische Drache ist ein Geschöpf der Lüfte. Er wohnt im Himmel. Im Gegensatz zum Drachen der nordischen Saga gilt er nicht als böse, sondern als gut und weise. Der heilige Michael als Drachentöter wäre für die Chinesen ein Barbar. Ob ein Mensch gut oder böse ist, hängt für uns von seinem Handeln ab, von dem, was er tut oder unterlässt. Nicht so im alten China: Höchstes Menschenziel ist Einssein mit dem Weltengesetz. Letzte sittliche Bestimmung ist nicht das Tun, sondern das Sein.

Das Ruhende ist wichtiger als Bewegung. Fortschritt, Dynamik, Zukunft als Triebfeder sind Ideale unserer Lebensform. In Altchina sind sie bedeutungslos, sie stören die bestehende Harmonie. Worte und Taten zerrinnen ins Nichts. Der Weise meditiert und bewahrt seine innersten Gedanken für sich.

Dort aber wo der alte Chinese handelt, geschieht das immer im passiven Sinn. Sich zu opfern ist wichtiger, als siegreich zu überleben. Kamikaze und Harakiri im Asiatischen sprechen für sich. Der Tod ist ein Teil der großen Ordnung. Die Farbe der Trauer ist leuchtend weiß. Alle Funktionen des Lebens werden auf eine geheimnisvolle Art und Weise vergeistigt. Selbst die Prostitution als unterste Stufe zwischenmenschlicher Beziehungen wird davon erfasst. Zwischen dem Begriff der Hure und der Geisha liegen geistige Welten.

Die Menschen unserer Kultur brauten jahrtausendelang ihr Hauptgetränk aus Roggen, Gerste und Hopfen, kelterten Wein oder bereiteten Honigmet. Das chinesische Getränk ist der Tee. Während Bier, Wein und Met das Bewusstsein berauschen und benebeln, wirkt Tee elektrisierend auf die Nerven und regt die Gedanken an. Aber selbst da, wo der Rausch gesucht wird, erfolgt das nicht durch dumpfen Alkoholgenuss, sondern durch Opium. Die innere Erlebniswelt wird mobilisiert bis zur Ideenflucht.

Das alte chinesische Lebensgefühl ist dem unseren auf vielen Gebieten entgegengesetzt. Die Menschen unseres Kulturkreises bauten, um die Natur zu überwinden. Unsere frühen Bauten waren wie Höhlen. Wir schufen uns unseren eigenen Lebensraum. Die Natur blieb draußen. Fenster und Türen waren bis zu Beginn der Neuzeit mit Fellen und Holzläden verhängt. Es gab eine klare Trennung zwischen drinnen und draußen, zwischen Haus und Natur.

Ganz anders verhält es sich im chinesisch-japanischen Bereich (die japanischen Inseln wurden um 2500 v. Chr. von den Chinesen in Besitz genommen). Während wir heute noch zuerst das Haus bauen und vielleicht dann den Garten anlegen, legt der Japaner zuerst den Garten an und fügt dann wie eine Pflanze später das Haus hinzu.

Die Liebe zum Garten und Park entstand in Europa erst nach den Kreuzzügen. Die Kultur des Islam hatte in regem Austausch mit dem Fernen Osten die Gartenkultur Asiens übernommen. Das Wort »Paradies« stammt aus dem Altpersischen und heißt »Garten«. Wie sehr unsere ersten Gärten im Chinesischen verwurzelt waren, erkennt man daran, dass die barocken Parkanlagen mit chinesischen Brücken, Teehäusern und Pagoden geschmückt waren. In China ist die Natur ein Teil des menschlichen Lebens. Der Kaiser ist ein Spross der Sonne, und die Häuser sind ein Teil des Gartens. Der Mensch in Altchina hat sich nicht bemüht, die Natur zu bezwingen. Er hat sich immer nur eingefügt. Niemand verschließt sein Haus vor der Natur, und niemand bekämpft den Winter mit Ofenwärme.

Eine alte japanische Architekturlehre, nach der heute noch gebaut wird, besagt: »Ein Architekt, der ein Haus plant, soll die Natur, in die der Bau eingefügt wird, ein Jahr lang beobachten, damit er weiß, wo im Frühjahr die erste Nachtigall schlägt, wo im Sommer das erste Steinmoos wuchert, wo im Herbst die ersten Ahornblätter aufleuchten und im Winter der Schnee am längsten liegen bleibt. Das Mondlicht, das durch die Zweige fällt, ist für die Lage des Hauses wichtiger als der Anschluss an die städtische Kanalisation.

Noch heute gibt es in jedem japanischen Supermarkt Gartenwegkies und zentnerschwere Moossteine. Während der Mensch unseres Kulturkreises vollkommene Innenräume schuf, legten die Himmelssöhne vollendete Gärten an.

Woher stammt dieses uns so fremde Raumgefühl?

Vieles weist darauf hin, dass es lange vor unserer Steinzeit eine Bambuszeit gab, die nicht mehr nachzuweisen ist, da Bambus schneller zerfällt als Feuersteinkeile. Die Menschen in Altchina bauten schon mit Bambus, als unsere Vorfahren noch in Höhlen hausten.

Eine andere Möglichkeit liegt wahrscheinlich in der chinesischen Bauform begründet.

Wie wir bereits anhand der Pyramide aufgezeigt haben, gibt es physikalisch beweisbare Zusammenhänge zwischen der Form eines Raumes und den elektromagnetischen Strahlen. Vielleicht gilt das für andere Raumformen auch.

Jedes Kind weiß, dass man Sonnenlicht mithilfe eines Brennglases so verstärken kann, dass es Feuer entfacht. Mithilfe eines Hohlspiegels sind wir in der Lage, Signale aus dem All aufzufangen, die viele Lichtjahre entfernt sind. Mikroskope vermögen unserem Auge Objekte tausendfach zu vergrößern. Alle diese Wunder werden nur vollbracht, indem man einem Glas eine bestimmte Form oder Krümmung verleiht.

Unsere Erde wird pausenlos von einer Vielzahl bekannter und unbekannter kosmischer Strahlen beschossen. Was geschieht, wenn diese Strahlung durch eine Dachkuppel einer bestimmten Krümmung dringt? Das Beispiel der Pyramide zeigt, dass dabei ähnliche Strahlungsakkumulierungen entstehen können wie beim Durchgang des Lichtes durch eine Glaslinse. Aber welchen Einfluss hat die gebündelte Strahlung auf die Menschen, die unter dieser Kuppel leben?

Wir wissen heute, dass bestimmte Strahlen tief greifende Veränderungen der Erbmasse bewirken, Krebs erzeugen und zerstören oder Depressionen hervorrufen. Was bewirkt diese Strahlung noch? Wir verbringen den größten Teil unseres Lebens in Häusern. Wir glauben, dass wir unsere Bauten formen, aber vielleicht formen unsere Bauten uns?

Alle modernen mehrgeschossigen Gebäude haben Betondecken. Diese Decken werden zusammengehalten durch ein Netz von Betonstahl. Solch ein Stahlnetz nennt man in der Physik »Faradaykäfig«. Er verhindert den Durchgang bestimmter Strahlen. Architekturstudenten, die das Studienfach »Landwirtschaftliches Bauen« belegen, lernen, dass man unter einer Stahlbetondecke kein hochwertiges Zuchtvieh halten soll. Die Raumform und die Materialien der Bauten, in denen wir leben, üben einen Einfluss auf uns aus, den man nicht hoch genug bewerten kann.

Das Dach der Pagode umschließt nicht den Raum. Es hebt sich von ihm ab. Der optische Mittelpunkt dieser gekrümmten Dachschale liegt wie bei einem Spiegelteleskop irgendwo im All. Dieses Dach steht in Gegensatz zu allen uns bekannten Raumformen. Es ist ganz gewiss kein Zufall, dass gleichzeitig auch die altchinesische Kultur in krassem Gegensatz zu unserer Kultur steht.

Es bestehen tiefe und geheimnisvolle Zusammenhänge zwischen den Bauten einer Kultur und ihrem Denken und Fühlen. Griechen und Römer sagten: »In einem gesunden Körper wohnt ein gesunder Geist.« Die alten Chinesen glaubten, ein gesunder Geist schafft sich einen gesunden Körper: Beides ist richtig. Der Geist formt den Körper, und der Körper formt den Geist. Diese Erkenntnis trifft auch auf unsere Bauten zu.

Die Chinesen wussten ganz offensichtlich um diese Zusammenhänge. Stammt dieses Wissen aus einer gemeinsamen Quelle mit Mittelamerika und Ägypten? Wahrscheinlich. Denn hier wie da geschahen rätselhafte Dinge mit den großen Toten. 1975 wurde in der Provinz Hupeh der Körper eines Chinesen ausgegraben, dessen Sterbealter man auf 50 Jahre schätzt. Seine Haut ist elastisch, kein Zahn fehlt im Mund. Er lag wie in Ägypten in drei ineinander verschachtelten Särgen. Der äußere trug das Datum der Bestattung. Der Mann war vor 2 142 Jahren begraben worden. Sein Leichnam war in einer Verfassung, als wäre der Mann erst seit wenigen Tagen tot. Der Kommentar, den Maos Wissenschaftler abgaben, ist typisch für unsere materialistische Gegenwart: »Der Zustand der Haut und der Zähne beweist, dass der Tote das parasitenhafte Leben der ausbeuterischen Klasse geführt hat.«

Die Pagode ist uns deshalb so fremd, weil wir nichts über die alte Harmonielehre wissen. Dieser rätselhafte Baukörper ist die reinste Verkörperung des Yin und Yang.

»Der Mensch«, so sagen die Chinesen, »steht zwischen Himmel und Erde«. Himmel und Erde aber sind zwei Pole, die sie *Yin* und *Yang* nannten. Der Mensch lebt in dem Spannungsfeld dieser Pole. Alle Gegensätze bestehen aus Yin und Yang. Yin steht für Erde, unten, drinnen, dunkel, kühl, feucht, weiblich, passiv, nehmend. Yang ist der Himmel, oben, draußen, hell, heiß, trocken, männlich, aktiv, gebend.

Die Chinesen glaubten, dass die Yin-Yang-Eigenschaften nicht starr sind, sondern fließend ineinander übergehen. Der Tag wird zur Nacht, hell zu dunkel und Winter zu Sommer. Eis ist Wasser im Yin-Zustand, Wasserdampf ist Wasser im Yang-Zustand. Lebensspendendes Wasser wie der Regen liegt in der Mitte, in der rechten Harmonie. Das ganze Universum strebt nach Harmonie, nach dem Gleichgewicht zwischen Yin und Yang. Wird dieses Gleichgewicht gestört, so entstehen Krankheit, Krieg und Sünde. Die Tugend ist nicht wie bei uns das Gegenteil der Sünde. Sie liegt zwischen zwei Sünden. Sparsamkeit ist das Gleichgewicht zwischen Geiz und Verschwendung. Mut ist die harmonische Mitte zwischen Feigheit und selbstzerstörerischem Übermut. Beim Menschen befindet sich der Mittelpunkt des Yin und Yang in der Körpermitte, im Zentrum des vegetativen Nervengeflechts, verkörpert durch den Nabel. Deshalb schießt sich der Selbstmörder nicht durch den Kopf, sondern stößt den Dolch in den Mittelpunkt der Seele. Das ist der Grund, weshalb Buddha mit einem dicken Bauch dargestellt wird. Nicht weil er ein Dickerchen ist, sondern sein Bauch symbolisiert die übergroße Kraft an Yin und Yang.

Das Pagodendach verkörpert alle Yang-Energie. Es ruht nicht wie eine Kuppel oder ein Giebeldach auf dem Baukörper, sondern bäumt sich auf, hebt sich optisch ab, ist aktiv. Der Mittelpunkt der gekrümmten Schalen liegt draußen. Der Unterbau als Verkörperung des Yin hält den Dächern die Waage. Dabei spielt in allen Abmessungen die Zahl Fünf eine dominierende Rolle. Es gibt fünf Sinne, fünf Grundfarben – Rot, Gelb, Blau, Schwarz, Weiß –, fünf Himmelsrichtungen –

Osten, Westen, Süden, Norden und die Mitte –, fünf Lebensalter und fünf Jahreszeiten – die bei uns fehlende ist der Spätsommer.

Den erstaunlichsten Beweis aber, dass die altchinesische Harmonielehre mehr ist als willkürliche Zahlenspielerei, liefert die Akupunktur.

Die Chinesen erkannten, dass der menschliche Körper sein eigenes elektrisches Spannungsfeld besitzt. Der Wiener Physiker Maresch hat in umfangreichen Versuchen den elektrischen Hautwiderstand beim Menschen gemessen und festgestellt, dass an bestimmten Stellen der Körperoberfläche der Widerstand stark abfällt. Diese Stellen stimmen mit den chinesischen Akupunkturpunkten des Yin-Yang überein.

Menschen, die vor mehreren Jahrtausenden von elektrischen Spannungsfeldern wussten, die wir heute erst mit höchst sensiblen Messgeräten nachweisen können und die dieses Wissen zu einer alles beherrschenden Lebensharmonie entwickelten, haben diese Erkenntnisse in einem Bauwerk festgehalten wie in einem Buch, das offen vor uns liegt.

Der Heilige Weg

Der Weg ist das Ursymbol der
ägyptischen Seele.
Oswald Spengler

Das altägyptische Bewusstsein
erlebt den Einzug des Menschen
in das Haus seines Leibes.
Das Wesen Ägyptens ist von
tiefer Bezogenheit auf das Haus.
Die Wohnungen der Lebenden
heißen Herbergen,
die der Toten
ewige Häuser.

Oh Ägypten, Ägypten, von deinem Glauben werden nur Fabeln künden, den späteren Geschlechtern unglaublich. Nur Worte auf Steinen werden übrig bleiben, die von deinen frommen Taten künden.« (Lukian)

Der antike Autor jener Worte hatte mit seiner wehmütigen Prophezeiung nur zur Hälfte recht. Ägypten ist zerfallen, aber nicht die Worte auf den Steinen sprechen, sondern seine Werke aus Stein. Wir vermögen zwar die Schriftzeichen zu entschlüsseln, aber wir kennen von keinem Ägypter den Namen, von keiner Stadt und von keinem Gott. Von all den Pharaonen des alten Ägyptens wissen wir nur eines mit voller Bestimmtheit, dass sie nicht so geheißen haben wie wir sie nennen.

Die Ägypter schrieben wie die Hebräer, die Araber und andere Orientalen nur Konsonanten und ließen die Vokale weg. Da die Schreiber wussten, wie man das Wort aussprach, fügten sie beim Lesen die Vokale hinzu. Sie verhielten sich nicht anders als ein deutscher Vorleser, der bei dem Buchstaben »ch« jedes Mal etwas anderes ausspricht, je nachdem ob das »ch« in dem Wort »weich«, »Achse« oder »Rachen« vorkommt. Es ist dasselbe Schriftzeichen, aber wer die Sprache nicht kennt, weiß nicht, wie es klingt. Ist der Klang der lebendigen Sprache gestorben, so weiß niemand mehr, wie sie gesprochen wurde, auch wenn die Wörter entschlüsselt sind. Jene lesbaren Fragmente sind dann eher mathematische Zeichen und symbolhafte Hinweise und nicht Schrift oder gar Sprache.

Aus welchem Erleben heraus wurde der ägyptische Tempel erbaut? Das Auffallendste an ihm ist seine gewaltige, alles überragende Stirnwand, der Pylon. Dahinter staffeln sich, immer kleiner und niedriger werdend, die Räume des Gotteshauses. Dieser Tempel ist kein Gebäude, um das man herumgehen kann oder in dem man verweilt. Seiten und Rückfront liegen ungestaltet hinter einer frei stehenden Mauer, die den gesamten Tempelbezirk hinter dem Pylon umgibt. Nur die Eingangswand stemmt sich dem Gläubigen entgegen.

Dieser Tempel ist kein Gehäuse, sondern das Ende eines kultischen Wegs. Oswald Spengler hat den Weg als das »Ursymbol der ägyptischen Seele« bezeichnet. Diesen Tempel betrat man nicht als Einzelner zu einer beliebigen Tageszeit. Man näherte sich ihm von ferne in feierlicher Prozession. Der Zug ging durch die heilige Allee von Sphinxen, die rechts und links des Weges lagerten und in geheimnisvollem Schweigen auf die Menschen herabsahen. Weihrauch mischte sich mit dem vibrierenden Klingen der Musik und steigerte die erregten Seelen der Menschen in Höhen, die wir Heutigen mit Trance oder Verzückung umschreiben, ohne recht zu wissen, was es ist. Am Ende des Weges stieg aus der flachen Wüste die riesige Wand des Pylons immer höher empor, gigantisch, übermenschlich und drohend. In der Mitte, winzig klein, ein enges, schmales Tor, nur eine Pore in dem Bergmassiv, und doch ist der gesamte Vorbau, ja, der ganze Tempel nur um dieses Tores willen da, das mit magischem Sog die Näherkommenden in sich hineinzwingt. Wir vermögen kaum noch zu erahnen, welche Erschütterungen die Menschen befiel, die diesen heiligen Weg beschritten.

Das ist das architektonische Erleben Ägyptens: sich hineinzwängen müssen in ein Inneres, mag es auch dunkel und drohend oder von dem rätselhaften Leuchten der Gottheit erfüllt sein. Jahrtausendelang sind die Tempel am Nil aus demselben Erlebnis heraus erbaut worden. Die Gotteshäuser späterer Epochen, kurz vor Christi Geburt, glichen in allen wesentlichen Merkmalen denen, die 2000 und mehr Jahre vorher erbaut wurden.

Es scheint so, als wären die Seelen der Menschen damals noch traumhaft, schlafwandlerisch mit der Natur verbunden gewesen. Die Tempel waren eine Erziehung zur Einkehr. Hinter dem Pylon müssen immer wieder neue Pforten durchschritten werden, und jede Tür wird enger und niedriger, jeder Raum kleiner und bedrückender, bis man am Ende der Gottheit von Angesicht zu Angesicht gegenübersteht. Dieser letzte Gang war allerdings den Priestern und Eingeweihten vorbehalten. Die Masse der Gläubigen verweilte in dem großen Vorhof hinter dem Pylon, in dessen Mitte der Opferaltar stand. Dieser Weg ist Teil der Strecke, die der Mensch im Laufe seiner jahrtausendelangen Entwicklung zu sich selbst geht. Der Ägypter erlebt das Einziehen des Menschen in das Haus seines Leibes. Ein Gang in die Materie beginnt, der trotz vieler Unterbrechungen seinen stetigen Fortgang genommen hat und in der Gegenwart seinen Kulminationspunkt erreicht zu haben scheint. Der ägyptische Tempel war so abgeschlossen von der Außenwelt wie eine Grabkammer. Er war Inneres ohne ein Außen. Sehr deutlich wird das bei den Felsentempeln, die nur noch aus Innenraum bestehen. Aber auch der frei stehende Tempel besitzt nur ein Innenraumkonzept. Es gibt keine Fenster als Verbindung zur Welt draußen. Eine zweite Wand umhüllt die Außenwand wie eine Schale. Über den schmalen, stockdunklen Gang, der die beiden Außenwände wie ein Schacht umläuft, ist viel gerätselt worden. Man begreift ihn nur, wenn man den ägyptischen Tempel seinem Wesen nach verstanden hat. Die Tür muss von tiefer mythischer Bedeutung für den Ägypter gewesen sein, denn er gestaltet selbst da Türen, wo keine vorhanden sind, indem er sie an die Wände malt. Die offizielle Lehrmeinung der Archäologie hält diese Türbilder für Scheintüren, die die Aufgabe gehabt hätten, Grabräuber zu täuschen. Uns erscheint diese Erklärung zu simpel. Selbst ein Kind könnte sich durch Ankratzen der Malerei in wenigen Minuten davon überzeugen, dass es sich um Scheintüren und keine Durchgänge handelt. Und warum hat man manche der Türen geöffnet dargestellt und einen Menschen darin abgebildet, der, einem entgegenkommend, die Tür durchschreitet? Der Ägypter erlebte sich in seinem Bewusstsein auf der Türschwelle zweier Welten. Auf der einen Seite ein verzweifeltes Bewahrenwollen des großen mythischen, atlantischen Bewusstseins, auf der anderen Seite der bedingungslose Entschluss zum Einzug in den Erdenleib, zur materialistischen Diesseitigkeit. Ägypten ging langsam, aber stetig den Weg zum letzteren. Vor diesem Hintergrund versteht man den

Mumienkult, das Festklammern am leiblichen Gehäuse weit über den Tod hinaus.

Nur Menschen, für die der Einzug in die Materie noch ein kosmisches Ereignis war, vermochten den Stein und seine Monumentalität so zu begreifen. In keiner anderen Kultur wurde der Begriff monumental so vollendet erlebt wie in Ägypten. Das ist nicht Folge der gigantischen Abmessungen. Gegen das Empire State Building sind die Pyramiden klein. Monumentalität ist nicht eine Frage der äußeren Größe, sondern des inneren Gewichts. Noch die kleinste ägyptische Plastik ist monumentaler als der riesige Steinhaufen des Völkerschlachtdenkmals in Leipzig. Auch die Sphinx, jenes eigenartige Fabelgeschöpf mit einem Menschenkopf auf einem Tierleib, ist ein Schwellenerlebnis. Der Mensch ringt sich aus dem Tiersein hervor. Das Tierhafte darf nicht als tierischer Primitivismus betrachtet werden. Tiersein bedeutet für den Ägypter eins sein mit der Natur. Aus diesem geheimnisvollen Verbundensein mit dem Tier erklärt sich auch, warum die ägyptischen Götter Tierköpfe haben oder als Tiergestalten erlebt werden. Es ist Unsinn, daraus zu schließen, die Ägypter hätten Tiere als Götter verehrt. Selbst die Verehrung des heiligen Apisstiers darf nicht so verstanden werden. Die wiederkäuende, dumpf muhende Kuh, ganz und gar hingegeben an das träumerische Wohlgefühl der sie ausfüllenden Lebensprozesse, ist die Verkörperung der vegetativen Kräfte in der Natur, aus denen schöpferisch immer wieder neues Leben geboren wird. Man sagte: »In der Apis ruht die Seele des Ptah. Ptah aber ist der Schöpfer allen Lebens. Der Horusfalke verkörpert die hellwache Welt der Sinne.

Von allen Lebewesen hat der Vogel, und ganz besonders der Falke, die höchstentwickelten Sinnesorgane. Er besitzt die größte Intensität des Erlebens. Sein Auge ist das vollkommenste. Der Vogel ist in allen drei Dimensionen des Raumes zu Hause. Er vermag zu fliegen. Es fehlt den meisten heutigen Menschen die Vorstellungskraft, die gesteigerte Lebensintensität des Vogels nachzuempfinden. Der Ägypter hatte ein enges brüderliches Verhältnis zur Welt der Tiere. Auch in der unmittelbaren Darstellung des menschlichen Leibes, in der Plastik, lebt dieses Gefühl. Nur eine Art Wesen gibt es auf Erden, die so schreiten: die Tiere. Wie wir wissen, hat sich der Mensch langsam entwickelt. Er war einmal Teil des Mineralreiches, der Pflanzenwelt und des Tierreiches. All diese Entwicklungsstadien leben als kosmische Erinnerungen in uns. Und so wie in einem Menschenleib der Schritt zum Erwachsensein mit dem Verlust der Kindheit bezahlt werden muss, so bedeutet auch jeder Gewinn im Leben einen unersetzlichen Verlust, ein Immer-mehr-Herausgleiten aus der kindhaft tierverwandten Daseinsordnung. Sphinx, tierköpfige Gottheit, Apisstier, sind Erinnerungen an eine Zeit, in der der Mensch noch unschuldig in kosmischer Ordnung lebte. Erinnerungen an das Paradies. Man sehe sich die ägyptischen Tierplastiken einmal unter diesem Gesichtspunkt an.

Das Wesen des Ägypters ist von tiefer Bezogenheit auf das Haus: *Pharao* heißt: »das große Haus«, sein Grab trägt den Namen »Haus des Ka«. Die Hauptstadt Menofer, die Herodot »Memphis« nannte, bedeutet »Haus der Seele des Ptah«. Haus bedeutet für den Ägypter aber nicht Wohnung in unserem Sinn. Seine irdische Unterkunft war bedeutungslos. Man nannte sie »Horizont«. Wichtig war nur die Totenwohnung, in der die Seele weiterlebte. Nur sie und die Häuser der Götter waren aus ewigem Stein. Die Sterblichen lebten in einfachen Hütten aus Lehm. Der Mensch lebt nach ägyptischer Auffassung in dreifacher Form. Dieser Dreifaltigkeits-Seelenglauben besagt in kurzen Worten Folgendes: Der Mensch lebt erstens als Körper, und der Leib ist über den Tod hinaus von großer Bedeutung. Der Mensch lebt zweitens als *Ka*, das man mit »Persönlichkeit« oder »Lebensodem« übersetzen könnte. Das Ka trennt sich vom Menschen im Schlaf oder im Tod. Das Ka lebt auch im Schatten des Menschen, im Spiegelbild, in seinem Namen, im Abbild eines Kunstwerkes und in den Bauten, die man errichtet. Der Mensch lebt drittens in seinem *Ba*. Der Ba kann überall sein, bei den Göttern, in der Mumie des Toten oder bei den zurückgebliebenen Weiterlebenden. Der Ba ist weder an Zeit noch an Raum gebunden und wird meistens als Vogel abgebildet.

Ein eigenartiges, intimes Verhältnis hatten die Ägypter zum Tod. Nach Diodor nannten sie die Wohnungen der Lebendigen »Herbergen«, die Grabstätten der Toten »Ewige Häuser«. Auf die ersteren verwandten sie daher keine große Mühe, den letzteren aber widmeten sie großartige Aufmerksamkeit. Der Ägypter starb nicht: Er ging lebend zur Ruhe. Das Schattenreich der Toten heißt »Lebensland«. Der Körper soll dem Ka als Wohnung erhalten bleiben, weshalb er mumifiziert wird. Dabei wurden nach streng vorgeschriebenem Ritual die Eingeweide herausgenommen. Diese wurden in vier heiligen Krügen aufbewahrt. Sie sollten vor Hunger und Durst bewahren, da deren Ort die Eingeweide waren. Das Herz wurde manchmal ausgetauscht gegen einen steinernen Skarabäus. Man hielt es für den Ort aller Gedanken. Herzlos handeln hieß im Ägyptischen: dumm sein. Gefühl und Verstand waren für den Ägypter noch eine Einheit wie Leben und Tod, Religion und Wissenschaft, Traum und Alltag. Noch Aristoteles sah im Hirn nur eine Art Kühlsystem für die heißen vom Herzen aufsteigenden Dämpfe. Man könnte die Menschen der alten Geschichte bis zum Beginn der Neuzeit als »Herzensmenschen« bezeichnen. Der gehirnbetonte Mensch ist eine Erfindung der jüngeren Vergangenheit. Die meisten Gelehrten glaubten bis zu Ende des Mittelalters, dass das Gehirn ein untergeordnetes Organ sei, das bei Schnupfen Schleim absondere, der einem aus der Nase laufe. Sitz der Seele, der Gedanken und des Lebens war das Herz. Es schlug bei schlechtem Gewissen lauter. Der Mensch war tot, wenn es aufhörte zu pochen. In unserer Sprache lebt noch etwas von alledem, wenn wir von gutherzigen oder großherzigen Menschen sprechen, wenn wir uns ein Herz fassen oder herzlich grüßen lassen. Es gibt nicht ein vergleichbares Idiom über das Gehirn.

Herodot schreibt, dass die Ägypter bei der Mumifizierung ihrer Toten dem Gehirn nur wenig Achtung zollten: »Mit eisernen Haken wird so viel wie möglich von dem Gehirn aus den Nasenlöchern herausgeholt, und was der Reißhaken nicht zu fassen vermag, wird danach mit chemischen Lösungen herausgespült.« Der Leichnam wurde dann mit harzgetränkten Binden umwickelt, und es wurde häufig eine porträtähnliche Statue des Toten aufgestellt, um die wahrhafte Lebensform des Körpers zu bewahren. Daher hieß der Bildhauer auch: »der am Leben erhält«. Der Tote bekam nicht nur Speisen und Getränke mit ins Grab, sondern Waffen, Gewänder und tägliche Gebrauchsgegenstände wie Schmuck, Geld und Kleidung. Man fand sogar eine nackte weibliche Holzpuppe auf einem Bett liegend mit pornografischen Bildern und Texten dazu.

Jene tierhafte Naturbezogenheit finden wir in unserem Kulturkreis nur noch bei Kindern, und die Ägypter waren trotz beachtlicher Begabungen ein kindliches Volk. Ein eigentümliches Fluidum von Infantilität geht von allen ihren Schöpfungen aus: ihrer Schrift, Kunst und Religion. Für sie war ähnlich wie bei unseren Kindern die Welt der Märchen Realität. Die schwarzen Naturvölker Afrikas leben noch so. Leo Tolstoi hat einmal gesagt: »Vom fünfjährigen Knaben bis zu mir ist es nur ein Schritt. Vom Neugeborenen bis zum fünfjährigen Kind ist eine schreckliche Entfernung.« Vielleicht ist das der Grund, weshalb uns Ägypten so fremd erscheint. Wie alle Kinder und Naturstämme waren die Ägypter naive Realisten. »Mit gutem Grund hat man zu allen Zeiten gefunden, jeder Künstler habe etwas vom Kinde; und umgekehrt lässt sich behaupten: Im Kindesalter ist jeder Mensch ein Künstler. Das beiden Gemeinsame ist die symbolische Auffassung allen Daseins. Noch nie hat ein Kind im Ernst geglaubt, der Stiefelknecht sei ein Krokodil und die Puppe esse Bonbons; das wäre nicht kindlich, sondern schwachsinnig. Sondern die symbolisierende Kraft ist so stark, dass sie die Realität überdeckt.« (Friedell)

Auch wir Heutigen bekleiden die Verstorbenen, ehe wir sie begraben, und wir besuchen sie auf den Friedhöfen, nicht ohne einen Blumenstrauß mitgebracht zu haben. Warum tun wir das? Niemand denkt darüber nach. Es ist ein Teil des Wesens, den wir aus der Welt des Kindes oder, was dasselbe ist, aus der Welt der Ägypter bewahrt haben.

Wenn man heute von Ägypten spricht, so denkt man an Palmen, Kamele und Pyramiden. All diese Begriffe haben nichts mit dem alten Ägypten gemeinsam. Palme und Kamel wurden erst Jahrhunderte nach der Herrschaft der Pharaonen am Nil eingeführt. Die Pyramiden, die als das großartigste Vermächtnis Ägyptens angesehen werden, wurden nicht von Ägyptern erbaut und sind ihrem Wesen nach absolut unägyptisch. Hatschepsut und Nofretete, Ramses, Cheops und Tutenchamun hießen in Wirklichkeit völlig anders. Ihr Leben, ihre Siege und Niederlagen wurden schon zu Lebzeiten von den Schreibern verfälscht, da die Verherrlichung der göttlichen Allmacht wichtiger war als wahrheitsgemäße Berichterstattung. Alles, was wir von Ägypten wirklich wissen, verdanken wir seinen Schöpfungen in Stein. Wir müssen nur lernen, sie zu lesen.

Der Tempel

Der Säulenschaft, auch die Triglyphe klingt.
Ich glaube gar, der ganze Tempel singt.
Goethe

Unser Bild vom klassischen Griechenland
ist falsch.
Musik war angewandte Mathematik.
Die Bauten waren tönende Musikinstrumente.
Architekten und Bildhauer
zählten zu den Banausen.
Die griechische Demokratie
hat es nie gegeben.
Knaben betrügt man mit Würfeln,
Männer mit Verträgen.

An vielen Oberschulen kann man sich entscheiden, ob man den mathematisch-naturwissenschaftlichen Weg einschlagen will oder den sprachlich-musischen. Im ersten Fall regieren die Gesetze der Logik, im anderen die schöngeistigen Ideale der Antike. Den ehernen Regeln der Mathematik stehen Homer und die Musen gegenüber, nach dem Motto: »Wenn ihr's nicht fühlt, ihr werdet's nicht erjagen«. Das ist falsch. Die antiken Bauten Griechenlands beweisen es.

Die Griechen waren ein ausgesprochen mathematisches Volk. Ihre Religion, ihre Kunst, ihre ganze Umwelt erlebten sie als mathematische Ordnung. Für Pythagoras, den großen griechischen Wissenschaftler, war Mathematik Religion. Er verlangte von seinen Schülern Ehelosigkeit, raue Leinenkleidung, Enthaltsamkeit von Fleisch, Fisch und Bohnen, tägliche Selbstprüfung und mehrjährige Schweigepflicht. Das klingt wie die Forderungen eines asketischen Mönchsordens.

Was lehrte dieser Pythagoras?

Auf dem Stundenplan der Pythagoreer standen: Algebra, Geometrie, Arithmetik, Astronomie, Musik, Heilkunde und Gymnastik. Alle diese Fächer waren – wie wir sehen werden – nach griechischer Auffassung rein mathematische Disziplinen. Für die Griechen des Altertums waren Musik und Mathematik eine untrennbare Einheit. Sie erlebten Mathematik als Musik, als klingende Zahlenharmonie. Als Erste erkannten sie, dass sich die Tonabstände Quarte, Quinte und Oktave darstellen lassen durch die einfachen Zahlenverhältnisse 4:3, 3:2, 2:1.

In ihren Kunstwerken leben geometrische Proportionen wie der Goldene Schnitt und die reinen Zahlenverhältnisse. Sie gelangten auf diesem Gebiet zu so tiefen Erkenntnissen, dass bereits die Spätantike sie nicht mehr verstand. Sie erlebten Dinge, die wir heute abstrakt erlernen müssen, als sinnliche Wahrnehmung. So hieß es von den Pythagoreern, sie könnten die Harmonie des Weltalls, die Bewegung der Gestirne als Sphärenmusik hören.

Es gibt keinen Zweifel, dass die Griechen ihre Tempel als eine Art Musik des Wohlklangs erlebten. Diese Tempel tönten für ihre Erbauer.

Goethe, der ein äußerst feines Gespür für sinnliche Wahrnehmungen besaß, schreibt zu Beginn von *Faust II*: »Der Säulenschaft, auch die Tripglyphe klingt, ich glaube gar, der ganze Tempel singt.«

Wem das zu fantastisch erscheint, der möge sich vor Augen halten, dass es auch in unserer Welt Menschen gibt, die sich so intensiv in die Notenzeichen einer Partitur versenken können, dass sie die Klangfülle eines ganzen Orchesters hören. Das ist von Komponisten und Dirigenten bezeugt. Bei den Griechen war die sinnliche Wahrnehmung von mathematischen Proportionen auf's Äußerste verfeinert.

Der griechische Tempel ist ein mächtiger musikalischer Akkord aus reinen Verhältniszahlen. Die Bauglieder durchdringen sich nach den Gesetzen der Musik. Jeder Tempel hatte andere wohlgeordnete Maßverhältnisse, jede Gottheit eine andere Zahlenharmonie. Um das zu erreichen, wurden nicht Form oder Aussehen der Säulen verändert, sondern der Luftraum, der Abstand zwischen den Säulen, ähnlich einer Flöte, bei der man durch Zuhalten der Löcher den Luftraum vergrößert oder verkleinert und dadurch einen Wohlklang erreicht. Die Abstände zwischen den Säulen, die den Tempel umgeben, verhalten sich wie die Tonabstände der Quarte, Quinte und Oktave.

Diese Bauten konnten nur von Menschen erbaut werden, die die Welt *Kosmos* nannten, das heißt: »das Wohlklingende, das harmonisch Geordnete«. Nach griechischer Auffassung wird der Mensch erst zum Menschen durch die Kenntnis und Wahrnehmung dieser mathematischen Ordnung. Maßlose Menschen nannte man verächtlich »Barbaren«. *Barbaros* heißt nicht »kulturlos sein«, denn sie nannten auch solche Völker Barbaren, deren Kultur sie anerkannten und bewunderten, wie die der Ägypter.

Sogar die Sprache wurde von der Zahl beherrscht. Die griechischen Buchstaben wurden gleichzeitig auch als Zahlen verwendet:

a = 1, b = 2 und so fort, entsprechend der Reihenfolge im griechischen Alphabet.

Der antike Architekt (!) Ailios Nikon schrieb in Pergamon Gedichte, bei denen die Quersumme von jeweils vier Zeilen immer genau die gleiche Summe ergab. Warum tat er das? Seine Zeitgenossen nannten alle Zahlen über tausend »Unzählige«. Nur wenige waren in der Lage, bis tausend zu zählen.

Das Ganze ergibt nur einen Sinn, wenn man davon ausgeht, dass diese Menschen ein so erstaunliches Feingefühl für Zahlenharmonien hatten, dass sie die gleichbleibenden Quersummen der Buchstaben intuitiv als schön erlebten.

Auch Johann Sebastian Bach erlebte diese Zahlensymbolik als Wohlklang. Er fühlte sich mit der Kombination von 1 und 4 im Einklang, wobei er zum Beweis die Buchstaben seines Namens nach ihrem Platz in der Reihenfolge des Alphabets addierte, was 14 ergibt. Wenn er dem Namen Bach die Anfangsbuchstaben seiner Vornamen hinzufügte, so erhielt er die Summe 41 als Spiegelbild zu 14. Dass diese Zahlensymbolik mehr als nur oberflächliche Spielerei war, erkennt man in der letzten Komposition, die er, blind und vom Tode gekennzeichnet, niederschrieb. Es ist der Choral »Vor Deinen Thron tret ich hiermit«. Die erste Zeile enthält 14 Noten und die vollständige Melodie 41. Es ist die Ankündigung, dass J. S. Bach bereit ist, einzugehen in die himmlischen Harmonien, von denen nur wenige Sterbliche so viel verstanden wie er.

Die gleichen mathematisch-musikalischen Gesetze herrschten in der Heilkunst. Hippokrates lehrte: »Der menschliche Leib ist ein Tempel. Krankheit ist ein Bruch in der Harmonie. Gesundheit ist Wohlklang.«

Es gab berühmte Sanatorien, wie das von Epidauros, mit einem Amphitheater als Mittelpunkt, denn man glaubte, vollendete Architektur, Musik, Dichtung, Tanz und rhythmische Gymnastik besäßen eine heilende Wirkung.

Das Wesen Griechenlands tritt am klarsten hervor, wenn man seinen Tempel mit dem ägyptischen vergleicht.

Der ägyptische Tempel war ganz nach innen gekehrt. Er war wie ein ausgehöhlter Steinblock, wie eine unterirdische Grabkammer. Er besaß keine äußere Konzeption, er war nur Innenraum. Man konnte sich ihm nur aus einer bestimmten Richtung nähern, nämlich auf der heiligen Straße.

Der griechische Tempel ist die genaue Umkehrung hierzu. Er ist ganz nach außen zum Licht gewandt. Der Reichtum seiner Gestaltung wird nach außen hin verstrahlt. Das Innere ist nebensächlich. Niemand außer einem Priester betritt den Innenraum, in dem die Statue der Gottheit aufbewahrt wird. Der Tempel steht immer frei sichtbar auf einer Anhöhe. Man nähert sich diesem Bauwerk nicht aus einer vorgeschriebenen Richtung. Der Bilderfries, der zwischen Dach und Gebälk um den ganzen Tempel herumläuft, fordert den Menschen auf, den Tempel zu umschreiten und von allen Seiten zu betrachten. Dieses ausgewogene, in sich selbst ruhende Gebilde verlangt, dass man es von allen Seiten mit den Sinnen ergreift und begreift. Und begreifen, das war es, was der Grieche um jeden Preis wollte. Hier in Griechenland wurden zum ersten Mal Begriffe entwickelt, Begriffe als Grundlage der Philosophie. Vorher gab es den Mythos, der überwältigte und führte. Der Grieche ließ sich nicht mehr von göttlichen Urmächten überwältigen. Er stand seinen Göttern selbstständig gegenüber. Er besaß einen eigenen Standpunkt. Damit gewann er unendlich viel und verlor zugleich Unendliches. Denn war auch der Ägypter weniger selbstständig, so war er doch noch ein Teil der göttlichen Ordnung. Sein ganzes Leben war darauf ausgerichtet, nach dem Tod einzugehen in das lebendige und ewige Reich der Toten und der Götter.

Für den Griechen war der Tod der unerbittliche Abschied von allem, was er liebte. »Lieber ein Bettler in der Oberwelt als ein König im Reich der Schatten!« Diesen Ausruf Homers hätte ein Ägypter des alten Reiches nicht verstanden.

Ein Mensch, der sich aus der Geborgenheit der Götter gelöst hat, besitzt ein Schicksal. Vorher hatte der Mensch noch kein Schicksal, ebenso wenig wie Kleinkinder oder Tiere Schicksalsempfindungen haben.

Als der Mensch sein Schicksal bewusst auf sich nahm, wurde er zum Erfinder der Tragödie. In den griechischen Skulpturen lebt zum ersten Mal die tragische Wehmut der Vergänglichkeit. Der Mensch wird zum Maß aller Dinge. Über dem Orakel von Delphi standen die Worte: »Erkenne Dich selbst.« Man wollte sich und die Welt begreifen. Denken aber war eine künstlerische Tat, so wie man Mathematik sinnlich als musikalische Harmonie erlebte.

Man sollte meinen, dass die Gesetze der Mathematik zu allen Zeiten und auf allen Planeten die gleichen seien. Einmal eins ist eins und bleibt eins. Und trotzdem war Mathematik bei den Griechen etwas völlig anderes als das, was wir heute darunter verstehen. Erst wenn man sich über dieses andere Verhältnis zur Zahl klar wird, versteht man das Wesen Griechenlands und seine vollendeten Bauten.

Unsere Mathematik ist abstrakt und leblos. Alle größeren Berechnungen werden nicht mehr von Menschen ausgeführt, sondern von elektronischen Rechnern. Unsere Mathematik ist weder harmonisch noch maßvoll. Sie ist in ihrer computerhaften Leblosigkeit und in ihrer unfassbaren Unendlichkeit das Verwirrendste und Maßloseste, was es gibt. Das Elektronengehirn vollzieht im Bruchteil eines Augenblicks Rechenvorgänge, für die viele Menschen Jahre brauchen würden. Nur Genies wie Albert Einstein überschauen noch das gigantische Chaos der höheren Mathematik. Nichts ist von kosmischem Wohlklang so weit entfernt wie unsere Mathematik. Woran liegt das? Besaßen die Griechen eine andere Mathematik als wir?

Nach griechischer Auffassung war der Punkt die Dimension der Einheit, die Linie – da sie zwischen zwei Punkten verläuft – die Dimension der Zweiheit, die Fläche war die Dimension der Dreiheit, da das, was sich zwischen drei Punkten ausspannt, immer eine Fläche ergibt. Der Körper besaß die Dimension der Vierheit.

Aus 1, 2, 3, 4 besteht die ganze materielle Welt und die ganze Zahlenwelt der Mathematik, denn $1 + 2 + 3 + 4$ ergeben zehn. Alle folgenden Zahlen sind nur Wiederholungen von 1, 2, 3, 4. Die Welt besteht aus Gegensätzen wie heiß-kalt, groß-klein, gut-böse und so weiter. Das findet seinen Niederschlag in geraden und ungeraden Zahlen. Die ungeraden Zahlen verkörpern das Vollkommene, Maßvolle, Gute, Schöne. Die geraden Zahlen symbolisieren das Maßlose, Barbarische, Unbegrenzte, weil man sie je nach ihrer Größe beliebig oft teilen kann. Alle ungeraden, also vollkommenen Zahlen sind Differenzen von nebeneinanderliegenden Quadraten. $3 = 2^2 - 1^2$, $5 = 3^2 - 2^2$, $7 = 4^2 - 3^2$, $9 = 5^2 - 4^2$. Die Summe der aufeinanderfolgenden Ungeraden ergibt immer Quadrate. $1 + 3 = 2^2$, $1 + 3 + 5 = 3^2$, $1 + 3 + 5 + 7 = 4^2$. Diese Rechenoperationen galten als Beweis, dass die Ungeraden etwas Besonderes darstellen und den Geraden überlegen sind.

Quarte, Quinte und Oktave bestehen – wie schon erwähnt – aus den einfachen Zahlenverhältnissen der Frequenzen 4 : 3, 3 : 2, 2 : 1, also jeweils aus einer geraden und einer ungeraden Zahl. Sie sind Gegensätze. Gegensätze aber sind schöpferisch wie Mann und Frau, Tag und Nacht, Frühling und Herbst. Diese Zahlenharmonien ließen sich noch an vielen Beispielen aufzeigen. Vielleicht lassen sich mit dieser Mathematik keine statistischen Hochrechnungen aufstellen und keine Flugbahnen für Marsflugkörper berechnen, aber sie ist voller Wohlklang und maßvoller Überschaubarkeit. Wir verdanken ihr die vollendesten Kunstwerke, die Menschen je erschaffen haben. Diese Zahlenharmonie tönt noch heute in den Tempeln Griechenlands, wenn wir Ohren haben zu hören.

Wir glauben heute, gestützt auf Einsteins Relativitätstheorie, dass Raum und Zeit voneinander abhängige Größen sind. Dieses Buch versucht aufzuzeigen, dass jede Kultur ein eigenes Verhältnis zum Raum und damit zum Bauen hatte und es wäre nichts weiter als logisch, wenn sie auch ein anderes Verhältnis zur Zeit besessen hätte. Das hat sie auch. Das heißt aber, dass es keine ewig geltenden Werte gibt. Selbst die Mathematik und die scheinbar zeitlosen Gesetze des Weltalls sind einem subjektiven Wandel unterworfen. Die Gestirne, die wir heute am Himmel sehen, sind etwas ganz anderes als das, was die Menschen vor 2000 Jahren in ihnen sahen.

Die Griechen glaubten, dass der Zeit eine Gesetzmäßigkeit zugeordnet sei, die sich durch nichts beeinflussen lasse, nicht einmal durch die Götter. Dieses Gesetz nannten sie *Nomos*. Nomos bedeutet sowohl Gesetz als auch Musik. Je mehr man sich mit den Bauten des alten Griechenlands befasst, umso mehr wird einem bewusst, welche alles beherrschende Rolle die Musik in dieser untergegangenen Welt gespielt hat.

Apollon, der griechischste aller Götter, galt als Verkörperung der Macht des Gesangs. Er ist der Gott der Musik und der Harmonie. Gleichzeitig ist er der Gott der Weissagung, der das Verborgene und Zukünftige enthüllt. Die Musik beherrschte das Leben der Griechen in einer Intensität, die wir heute kaum noch nachempfinden können. Mindestens seit 600 v. Chr. war die Musik die führende Kunst in Hellas. Alle große Dichtung war Musik. Ein Dichter war auch immer ein hervorragender Musiker. Für Anakreon oder Pindar hat der Text dieselbe untergeordnete Rolle gespielt wie für Richard Wagner. Wir wissen nichts mehr von ihrer Musik und können ihre Kunst nur so beurteilen, als besäßen wir von Richard Wagner nur ein paar Texte.

»Die Empfindsamkeit der Griechen für die Macht der Töne muss nach unseren Begriffen geradezu pathologisch gewesen sein. Die Berichte über Heilungen durch musikalische Behandlung sind so zahlreich und zu ernsthaft, als dass es sich um Legenden handeln könnte. Der zweite Messenische Krieg wurde nur durch die Lieder des Tyrtaios gewonnen. Umgekehrt galten schlechte Melodien, die lähmend, überreizt oder gegen die guten Sitten wirkten, geradezu als Landesverrat. Sogar zur Paarung der Rosse spielten die Griechen Musik, eine sogenannte Rosssprungmelodie. Man glaubte, dass auf diese Weise schöne Fohlen entstünden« (Friedell).

Wenn man bedenkt, dass uns kein Ton dieser Musik erhalten geblieben ist, dann erkennt man, wie unvollkommen unser Bild von dieser Zeit ist. Genauso verhält es sich mit der Malerei. Sie führte mit Abstand unter den bildenden Künsten.

Bei allen griechischen Autoren wird mehr von der Malerei gesprochen als von der Plastik oder gar von der Architektur. Der Maler Zeuxis wurde so hoch verehrt, dass er seine Bilder verschenkte, da sie als unbezahlbar angesehen wurden. Die großen Maler wie Zeuxis, Apelles und Polygnot wurden verehrt wie Halbgötter. Dagegen besaßen die Bildhauer nur ein geringes Ansehen. Sie galten als Banausen, weil sie körperliche Schwerarbeit verrichteten. Noch Plutarch schreibt, dass kein edler junger Mann sich wünschen würde, Bildhauer zu werden. Er sagt wörtlich: »Wir schätzen Wohlgerüche und Purpur, halten aber Salbenköche und Färber für Banausen. Genauso verhält es sich mit den Baumeistern und Bildhauern.« Plutarch sah zwischen dem Hersteller eines Parfums und dem Schöpfer eines Tempels keinen großen Unterschied. Nur die Musiker, Dichter, Maler und Teppichweber wurden als Künstler verehrt. Im Gegensatz zu unserer heutigen Einstellung war die Teppichweberei der Malerei gleichgestellt. Die berühmtesten Weber waren Askesas und Helikon. Wenn man in Athen sagte: »Wie von Askesas und Helikon«, so hieß das, es gibt nichts Vollkommeneres.

Nichts von alledem, was die Griechen als Kunst verehrten, ist uns erhalten geblieben. Von der gesamten Malerei besitzen wir ein paar bemalte Vasen. Das ist so, als ob von der abendländischen Malerei der letzten drei Jahrhunderte nichts weiter existieren würde als ein paar angeschlagene Meißner Porzellantassen.

Praxiteles, den wir heute als den größten Bildhauer der Antike verehren, arbeitete für den Maler Nikias, der die Skulpturen bemalte und sie damit erst zu Kunstwerken machte. Dabei wurden Techniken angewandt, die heute in Vergessenheit geraten sind. Die Farben wurden aus pflanzlichen Ölen und heißem Bienenwachs gemischt. Dabei wurden Farbeffekte erreicht, bei denen die Fleischfarbe der Haut durch die Gewänder hindurchschimmerte. Das, was wir heute von diesen Skulpturen besitzen, ist nichts weiter als ein halb fertiger Kern.

Ähnlich verhält es sich mit der Architektur. Alle Tempelfassaden waren bemalt. Diese Bemalung galt als höchste Vollendung der äußeren Erscheinung. Da auch die Farben der klingenden Zahlenharmonie der Pythagoreer zugeordnet wurden, war die Bemalung nicht nur dekorative Zutat, sondern auch ein gliederndes Element wie die plastischen Teile der Bauform. Ein Grieche hätte unsere klassischen weißen Bauten unfertig und langweilig gefunden wie Gerippe ohne Haut.

Wenn unsere Geschichtslehrer von Hellas sprechen, klingt alles so vertraut und heimisch, dabei wissen wir wenig von dieser Zeit.

Die gesamte Landschaft von Attika war nicht einmal so groß wie das heutige Luxemburg. Zur Zeit der größten Blüte, im 5. Jahrhundert v. Ch., lebten dort so viele Menschen wie im heutigen München. Aristoteles schrieb: »Ein Staat von zehn Bürgern ist genauso undenkbar wie einer von hunderttausend. Ist er zu klein, so kann er sich nicht behaupten. Ist er zu groß, so hört er auf, ein Staat zu sein. Er muss wohlüberschaubar sein, und alle Bürger sollten sich untereinander kennen.«

Alle griechischen Staaten waren nach heutigen Maßstäben kleinbürgerliche Provinzstädte, voller Lokalpatriotismus und fremdenfeindlich. Das griechische Wort *εχθρός*, »der Feind«, bedeutete ursprünglich »der Auswärtige«.

Aber auch die Einheimischen waren nur zu einem geringen Teil Vollbürger. Wenn heute die Schwarzen in Südafrika die Demokratie für sich beanspruchen, so können sie unmöglich die klassische Demokratie Griechenlands meinen, denn selbst die Rassenpolitik der Buren, bei der nur Weiße wählen durften, war um ein Vielfaches demokratischer, als die Demokratie Athens jemals war. In Athen war das Verhältnis zwischen Vollbürgern und nicht wahlberechtigten Sklaven 1:15.

Da Frauen weder wählen noch Ämter bekleiden durften, war der Anteil der politisch ausgegrenzten Bürger noch sehr viel höher.

Wer keine Bürgerrechte hatte, konnte keinen Boden erwerben, keine gültige Ehe schließen, keine Prozesse führen und war von allen politischen Entscheidungen ausgeschlossen. Frauen standen ihr ganzes Leben unter der Vormundschaft des Vaters oder Ehemanns. Frauen führten eine Art orientalisches Haremsleben. Bei der Angabe ihres Alters zählte man nur die Jahre nach der Eheschließung. Eine unverheiratete Frau hatte kein Alter, sie existierte nicht.

Die viel gepriesene griechische Demokratie war in Wahrheit die Diktatur einer privilegierten Minderheit. Es gab weder Menschenrechte noch Ansätze zur Gleichberechtigung. Sklaven galten als Sache. Sie hießen »Menschenfüße«. Damit waren sie dem Vieh gleichgestellt, das man mit »Starkfüße« bezeichnete. Der Herr wurde zwar zur Rechenschaft gezogen, wenn er einen Sklaven tötete. Dasselbe geschieht jedoch auch mit einem Bürger unserer Zeit, der seinen Hund misshandelt.

Winkelmann, Goethe, Hölderlin und ihre Zeitgenossen, die von Arkadiens goldenen Tagen träumten, von edler Einfalt und stiller Größe, sie alle schwelgten in Wunschträumen, die von der damaligen griechischen Wirklichkeit weit entfernt waren.

Wenn man in einer Kulturgeschichte unserer Tage liest, dass Griechenland von so überirdischer Leuchtkraft war, dass den Menschen, die sich 2000 Jahre danach seiner wiedererinnern, nichts weiter bleibt als aufzuschluchzen, so kann man eigentlich nur den Kopf schütteln.

Die politische Situation Griechenlands erinnert in seiner Unfreiheit an stalinistische Ostblockpraktiken. In Sparta herrschten ein paar Funktionäre über eine hundertfache Minderheit, die sie rücksichtlos unterdrückten. Das erreichten sie durch völlige Absperrung gegen das Ausland und durch eine Geheimpolizei, *Krypteia*, die Verdächtige ohne Rechtsverfahren folterte und ermordete. Es gab nur wertloses

Eisengeld, das in der Fremde keine Kaufkraft besaß. Reisen ins Ausland waren bei schwerer Strafe verboten.

In Athen war es nicht viel anders. Dort wurden zwar alle Beschlüsse von den wahlberechtigten Bürgern gefasst, aber was besagt das schon. Aufgehetzt durch sprachgewandte Anwälte, entschied das Volk in öffentlichen Gerichtsverhandlungen über Leben und Tod. Wie wenig diese Pöbelherrschaft mit Gerechtigkeit zu tun hatte, beweist das Todesurteil gegen den harmlosen alten Sokrates.

Wenn es stimmt, dass die Wahrheitsliebe das Fundament aller höheren Sittlichkeit ist, so gehören die Griechen moralisch zu den übelsten Typen der Geschichte. Sie waren das klassische Volk der Lüge und Heimtücke. Ihr Nationalheld Odysseus war solch ein Meister des Betrugs, dass die Göttin Athene voller Stolz von ihm sagte: »Im Lügen übertreffen ihn nur noch die Götter.«

Was man von den griechischen Handelsgepflogenheiten zu halten hat, erkennt man an der Tatsache, dass der Gott Hermes gleichzeitig der Schutzpatron der Kaufleute und der Diebe und Betrüger war. Der Meineid war eine so allgemein übliche Verkehrsform, dass er nicht einmal juristisch unter Strafe gestellt wurde. Die griechische Geschichte wimmelt von Verwandtenmorden. Ihre sexuelle Moral war selbst nach unseren laxen modernen Begriffen haarsträubend. Fast alle Großen ihrer Geschichte waren Päderasten. Auch die Götter mischten mit. Zeus trieb es mit Ganymed, Poseidon mit Pelops und Apollon mit Hyakinthos. Geschlechtsverkehr mit Tieren war bei den Göttern an der Tagesordnung.

Das Hauptinteresse galt dem Sport.

Die Liebe zum Sport überragte alles. Die hervorragendsten Dichter und Musiker verfassten Lobeshymnen für den olympischen Sieger. Die Elite der Bildhauer und Maler verewigte ihn in Marmor und Farbe. »Geehrt wie ein Athlet« war das Höchste, das man sich an Ruhm vorstellen konnte.

Die Wettkämpfe in Olympia waren das wichtigste Ereignis im griechischen Alltag. Sie dienten sogar der Zeitrechnung. Die vierjährige Zeitspanne zwischen den Spielen hieß Olympiade und wurde nach dem Sieger im Wettlauf benannt. Das war der allerhöchste Ruhm, den ein Sterblicher erreichen konnte. Etwas Höheres gab es nicht. »Wer diesen Sieg erringt, hat die Säulen des Herkules erreicht«, so jubelte Pindar. Zur festlichen Gestaltung – gewissenmaßen als Pausenfüller – sangen und musizierten die größten Dichter des Landes. Es ist eine fast makaber anmutende Tatsache, dass kein Kulturvolk seine Künstler – und vor allem seine Bildhauer und Baumeister – so stiefmütterlich behandelt hat wie die Griechen und dass diese Nation von Rekordläufern, Preisboxern, Super-Speerwerfern, Bodybuildern und Pferderennfanatikern nur durch seine Künstler, vor allem durch seine Bildhauer und Baumeister, Unsterblichkeit erlangte.

Es ist nicht wahr, dass die Griechen im Sport in erster Linie etwas Ästhetisches sahen. Das sahen seine Künstler, die sich wünschten, es wäre so. Sport war für die antiken Griechen totaler Kampfsport. Es zählte nur der Sieg, weiter nichts. Der Sieger war ein Halbgott, der Verlierer ein Fast-Krimineller. Athleten, die nach einer Niederlage außerhalb ihrer Heimat um Asyl baten, waren keine Seltenheit. Dionys, dessen Pferdegespanne in Olympia eine Sensation für sich waren, ließ seine Wagenlenker vergiften, wenn sie nicht siegreich waren.

Weil es in diesem Kampf um Sein oder Nichtsein ging, war schon das Training so hart, dass man einen Wagenlenker an seinen Narben und seinem hinkenden Gang erkannte. Der Faustkämpfer besaß als typisches Merkmal eine eingedrückte Nase und zerquetschte Ohren. Viele endeten im Schwachsinn. Die vollendeten Skulpturen der Wagenlenker und Faustkämpfer haben nichts mit ihren lebenden Vorbildern gemein.

Der griechische Künstler idealisierte. Er glaubte an die Einheit des Ethischen und Ästhetischen. Schön und gut waren das dasselbe. Es gibt im Griechischen nur ein Wort für beides. Der Künstler, der eine gute Arbeit leistete, musste sie auch schön gestalten, nur dann war sie vollendet.

Eine der bekanntesten Großskulpturen ist die Laokoon-Gruppe. Ein Vater und seine Söhne werden von Schlangen getötet. Welch vollendete, tänzerisch anmutende Bewegungen! Wie gelassen und voller Würde sterben diese Menschen! Gibt es etwas Abstoßenderes als eine Schlange, die ihr Opfer erwürgt? Die Laokoon-Gruppe ist schön, aber wir können von ihr keine Rückschlüsse auf Schlangenbisse im klassischen Altertum ziehen. Für alle griechischen Skulpturen gilt, bei allem anatomischen Realismus sind sie niemals realistisch. Die Skulpturen des Phidias sind genauso wenig ein Beweis dafür, dass die Griechen besonders schön waren, wie die Bilder Picassos des 20. Jahrhunderts Beweise dafür sind, dass diese Menschen missgestaltet waren. Ein Künstler erschafft die Dinge, wie er sie sehen will. Er würde aufhören, ein Künstler zu sein.

Oscar Wilde schreibt über einen Maler, der nach Japan ging, um die Japaner kennenzulernen, die er auf den Bildern des Malers Hokusai so sehr bewunderte: »Er fand sie nicht und kehrte tief enttäuscht wieder zurück. Er wusste nicht, dass die Japaner des Hokusai einfach eine besondere Spielart sind, eine prachtvolle Spielart der Kunst. Wenn man etwas über das Japanische zu sehen wünscht, wird man nicht nach Tokio gehen. Im Gegenteil, man wird zu Hause bleiben und sich in die Arbeiten verschiedener japanischer Künstler vertiefen, die mehr über das Wesen Japans aussagen als der japanische Alltag.« (Oscar Wilde)

Alles, was der griechische Künstler anfasst, idealisiert er zu klassischer Schönheit, sogar die banalsten Dinge. So gibt es eine berühmte Skulptur, die einen jungen Sportler darstellt, der sich nach dem Wettkampf den Schweiß von den Beinen schabt. Wer käme auf die Idee, einen Fußballspieler in Bronze zu gießen, der sich die Schweißfüße wäscht?

Dass diese griechischen Halbgötter Krampfadern, Pickel oder Filzläuse hatten, erscheint uns fast undenkbar, und doch war es so. Von Aristoteles wissen wir, dass er glatzköpfig und kurzsichtig war, einen

Sprachfehler hatte, den seine Schüler nachäfften, und auf dünnen, kurzen Beinen einen Spitzbauch durch die Gegend schob.

Jeder Mensch trägt ein Wunschbild in sich, einen Traum, ein Ideal, wie er gern sein möchte. Das gilt auch für Kulturen. Aus dieser Sehnsucht erwächst die künstlerische Gestaltung.

Ähnlich verhält es sich mit dem 19. Jahrhundert. Wagner beschwört mit seinen Tönen Drachen und Riesen. Böcklin, Schwind und Richter malen heile Märchenlandschaften. Der Bayernkönig Ludwig verbaut Millionen für Nymphengrotten und Nixenseen. Die Bürgerhäuser sehen aus wie Gralsburgen und Dornröschenschlösser. Börsen wirken wie Tempel und Bahnhofsfassaden wie gotische Kathedralen. Man vermag es nicht zu begreifen, dass hinter allem eine Welt von Kleinbürgern steht, die im Gaslichtdunst muffiger Büros, in spießbürgerlichen Bierkellern und kitschigen Cafés zu Hause ist.

Genauso verhielt es sich in Griechenland. Auch hier war die Diskrepanz zwischen dem Alltag und der Traumwelt der künstlerischen Vision extrem groß. Es ist ein Treppenwitz der Weltgeschichte, dass Hölderlin, Wilhelm von Humboldt, Rilke, George und all jene, die sich gegen den verlogenen Stil ihres Jahrhunderts auflehnten, von Griechenland schwärmten, wo – wie sie glaubten – Alltag und Kunst sich in vollendeter Harmonie durchdrungen hätten. Winckelmanns Griechenland unterscheidet sich von dem geschichtlichen Hellas wie Wagners Nibelungen von den Neandertalern. Die Antike ist die idealistische Verwirklichung eines Wunschtraums: »Nichts Modernes ist dem Antiken vergleichbar« (Wilhelm von Humboldt), oder »Griechenland war die Wiege der Menschheit« (Herder).

Homer war der Sage nach blind. Denn nach griechischer Auffassung ist ein großer Künstler immer ein Seher, der die Welt nicht mit den Augen des Körpers sieht, sondern mit den Augen der Seele.

Unser Leben ist ausgefüllt mit Tatsachen und wissenschaftlichen Erkenntnissen. Aber das Geheimnis der Kunst wird denen verborgen bleiben, die die Realität mehr lieben als die Schönheit.

Für die Griechen war schön und gut dasselbe. »Gut« war kein moralischer Begriff als Gegenteil von »böse«. Ein Zeitgenosse des Perikles hätte es nicht verstanden, wenn wir von einem Fass Schmieröl sagen: »Das ist ein gutes Produkt«. In den verschiedenen Auffassungen des Wortes »gut« liegt ein wesentlicher Unterschied zwischen uns und Griechenland. Dort entstanden vollendete Kunstwerke. Wir entwickeln die perfekte Technik.

Die griechischen Bauten sind die genaue Umkehrung zu den unsrigen. Die Forderung, die einer der Begründer der modernen Architektur, Le Corbusier, an unsere Baukunst stellt, lautet: »Es kommt in Zukunft nicht darauf an, wie ein Bau aussieht, sondern dass er so gut wie eine Maschine funktioniert.« Diese Forderung hätte in der Antike gelautet: »Es kommt überhaupt nicht darauf an, ob ein Bau funktionstüchtig ist, wichtig ist nur, dass er vollendet schön ist.« Denn wer erwartet von der Musik praktische Funktionen. Ihr Wert liegt im Wohlklang.

So schnell wie Griechenland aufleuchtete, so schnell verlosch es wieder. Als es zum Weltgriechentum wurde, starb es, um unsterblich zu werden.

Übrig blieb ein großes Ruinenfeld. Malerei und Musik sind für alle Zeit verloren gegangen. Die Dichtung besteht nur aus fragwürdigen Fragmenten. Die meisten Skulpturen sind spätere Kopien, halbfertige Rohlinge, denen die Farbe fehlt. Die Tempel sind zerbrochene Musikinstrumente. Nur wem es gelingt, die Harmonien dieser Bauten nachzuempfinden, dem offenbart sich noch ein Teil des alten Griechenland.

Das Buch des Kosmos ist in mathematischen Lettern geschrieben. Mathematik ist sinnlich wahrnehmbarer Wohlklang. Gut ist, was schön ist.

Wir moralisieren den Intellektmenschen. Wir wären in den Augen der Griechen trotz Computerwelt und Weltraumraketen nichts weiter als Barbaren und Banausen.

Der Triumphbogen

Rom hat die Welt im Namen
einer Stadt zusammengefasst.
Alius Aristides

Obwohl zu keiner Zeit
mehr gebaut worden ist,
war die Weltherrschaft Roms eine
kulturelle Sonnenfinsternis ohnegleichen.
Der Römer ist der amusischste Mensch
der Geschichte und der Erfinder des Kitsches.
Rom besaß die ganze Welt,
nur nicht sich selbst.
Sadismus und Masochismus
und die Marterspiele der Indianer.

Es ist bis in die Gegenwart nicht möglich, Medizin, Rechtswissenschaft, Theologie oder Naturwissenschaften zu studieren, ohne Latein gelernt zu haben.

Unsere Sprache besteht zu mehr als zwei Dritteln aus Wörtern, die ihren Ursprung im Lateinischen haben. Unsere Gesetze basieren auf römischem Recht. In unseren Kirchen wird ein großer Teil der Liturgie in der Ursprache der Römer vollzogen. In unseren Gymnasien und Universitäten lebt noch immer römisches Gedankengut.

Von Petrarca bis Goethe und von Gogol bis Stendhal haben die schöpferischen Geister Europas Monate, ja, selbst Jahre damit verbracht, den Geheimnissen der alten römischen Kultur nachzuspüren. Ein längerer Aufenthalt in Rom galt über Jahrhunderte als unentbehrliche Grundlage für eine humanistische Bildung. Sie alle standen vor den Trümmern einer zerfallenen Epoche. Das Bild, das sie sich von Rom machten, war falsch. Sie sahen in den Ruinen etwas, das sie sehen wollten, weil es zu dem Bild passte, das sich der Humanismus von Rom machte.

Aber – so könnte man jetzt einwenden – es gibt doch wunderbar erhaltene Ruinen, aus denen man sehr wohl ablesen kann, wie diese Bauten ausgesehen haben.

Alles, was wir besitzen, sind Bauskelette, deren Fleisch und Außenhaut fehlt. Es fällt sogar Fachleuten schwer, ein Tigerskelett von einem Löwenskelett zu unterscheiden. Doch was für ein Unterschied zwischen den beiden Tierarten.

Bis in die Gegenwart werden römische und griechische Baukunst in einem Atemzug genannt. Griechen und Römer haben die gleichen Stilelemente benutzt, die gleichen Säulen, Kapitelle und den gleichen architektonischen Schmuck. Marmor war ihr gemeinsamer Lieblingsbaustoff. Griechische Baumeister waren für Rom tätig.

Das stimmt, und doch unterscheidet sich Rom von Griechenland wie die Gotik vom 19. Jahrhundert, das auch gotische Elemente zum Verkleiden seiner gusseisernen Bahnhofshallen verwendet hat.

Nicht die Materialien und die Architekturelemente sind entscheidend, sondern der Geist, der die Bauten formt. Die römischen Bauten wurden von ganz anderen Kräften geprägt als die griechischen. Rom und Griechenland sind Gegensätze wie Feuer und Wasser.

Der griechische Nationalheld Odysseus trug den Beinamen »der Listenreiche«. Nach griechischer Vorstellung war es eine hervorragende Eigenschaft, seine Gegner zu täuschen und zu überlisten, nach dem Motto: »Knaben betrügt man mit Würfeln, Männer mit Verträgen.«

Die Römer verabscheuten Verschlagenheit in Handel und Politik. Verschlagenheit war in ihren Augen eine Untugend der Sklaven und Dirnen. Sie besaßen sogar spezielle Gottheiten, Fides und Pietas, als Götter der Vertragstreue gegen jedermann, auch gegen Sklaven und Feinde. Der Römer glaubte an die unverbrüchliche Ordnung von Recht, Sitte und Gesetz. Aber alles, was mit Wissenschaft und Kunst zu tun hatte, verachtete er als eine Art Unfug. Alle geistigen Beschäftigungen, die nicht unmittelbar der staatlichen Praxis dienten, galten als *studia minora*, als minderwertige Studien. Der Römer hatte ein Verhältnis zu den musischen Dingen wie ein heutiger Oberschüler zu den Fächern Chorsingen und Handarbeiten.

Der römische Volkstypus bestand aus einem Menschenschlag, der die Gabe besaß, gute Bauern, Soldaten, Verwaltungsbeamte, Politiker und Juristen hervorzubringen. Ihr Ideal war puristisch und puritanisch. Unter diesen Voraussetzungen ist es kein Wunder, dass die Römer zu den amusischsten Menschen gerechnet werden müssen, die die Geschichte bis dahin kannte. Der römische Dichter Vergil drückte das in einem Satz aus: »Lass andere Völker das Erz zu lebensvollen Kunstwerken verarbeiten. Du, Römer, gedenke, die Völker mit erzenem Schwert zu beherrschen!«

Schon die Römer der frühen Königszeit waren das Soldatenvolk, als das sie später in die Geschichte eingehen sollten. Bereits in der Frühzeit waren sie auf allen Gebieten des täglichen Lebens von geradezu phänomenaler Fantasiearmut. Die Griechen benutzten in den verschiedenen Stadtstaaten nebeneinander verschiedene Monatsnamen, die Anzahl der Personennamen war fast unbegrenzt. Man erfand immer wieder neue klangvolle, bildreiche Eigennamen.

Die Römer hießen vornehmlich Quintus, Sextus oder Decimus, das heißt »der Fünfte«, »der Sechste« oder »der Zehnte«, je nach Reihenfolge ihrer Geburt. Ihre Monatsnamen waren auch nur Nummern. September, Oktober, November, Dezember heißen übersetzt »der Siebte«, »der Achte«, »der Neunte«, »der Zehnte«. Der Juli und der August hießen ursprünglich »der Fünfte« und »der Sechste«. Sie wurden zu Ehren der Kaiser Gaius Julius Caesar und Augustus erst später umbenannt.

Das römische Essen war von neandertalhafter Einfallslosigkeit. Es bestand im Wesentlichen aus Kohl, Zwiebeln, Getreide, Hülsenfrüchten und Schweinefleisch. Es zeugt wiederum von erschreckender Fantasiearmut, dass aus diesen primitiven Bauerngerichten viele Familiennamen hergeleitet wurden. So kommt Cicero von *cicer* – »die Kichererbse Erbse«, Lentulus von *lens* – »die Linse«, Fabius bedeutet »der Bohnenmann«. Die Adelsgeschlechter der Porcier und Sullier haben ihre Namen gar vom Schwein. Caesar, aus dem im Deutschen »Kaiser« wurde, leitet sich her vom Verb »herausschneiden«, weil Caesar mit einem Kaiserschnitt zur Welt kam. *Salve Caesar!* heißt so viel wie: »Gegrüßet seist du, Herausgeschnittener!«

Heiraten hieß *in matrimonium ducere* – »der Mutterschaft zuführen«. In seiner so direkt zur Sache kommenden Nüchternheit erinnert es an Deckpraktiken der Viehwirtschaft. Alkoholgenuss war den Frauen verboten. Glücksspiel, Tanz und Gesang war selbst den Männern nur an bestimmten religiösen Feiertagen erlaubt und wurde als Pflicht und nicht als Vergnügen aufgefasst. Noch Cicero schrieb: »Keinem Nüchternen wird es einfallen zu tanzen, es sei denn, er wäre verrückt.«

Man muss schon Studienrat an einem althumanistischen Gymnasium sein, um in dieser musischen Beschränktheit tugendhafte Größe zu sehen.

Die römische Sprache ist in ihrer nüchternen Klarheit ein reiner Zweckbau. Die römischen Götter waren zweckbestimmte Funktionsträger. So gab es eine Gottheit Isipago, die den Kleinkindern die Knochen festigen sollte, und einen Gott Terminus, der auf die Grenzsteine der Bauern aufpasste. Auch die Bautätigkeit blieb auf Zweckbauten beschränkt. Als die Römer später zu politischer Macht gelangten, wollten sie ihren Machtanspruch auch nach außen demonstrieren. Da sie keine eigene Kunstform besaßen, importierten sie sie mit der ihnen gegebenen nüchternen Art von dort, wo es sie fix und fertig gab, also von den Griechen und den hellenistischen Städten des östlichen Mittelmeers. Griechenland bot sich idealerweise an, da man es gerade unterworfen hatte und bei dieser Gelegenheit Schiffsladungen von Kunstwerken nach Rom als Beutegut gebracht hatte. In den Römern war dadurch eine zunehmende Liebe für griechische Formen geweckt worden. Da die römische Gesellschaft städtisch war, fand man in den hellenistischen Städten die architektonischen Ideen und Lösungen, die sich gut für Rom verwenden ließen.

Wie sehr man sich an Griechenland orientierte, beweist der Rechenschaftsbericht, den der römische Kaiser Augustus über die von ihm veranlasste Neugestaltung der Stadt Rom herausgab. Mit Stolz berichtet er, wie er die Lehmstadt in eine Marmorstadt verwandelt habe, »ebenbürtig den Städten Griechenlands«.

Keine andere Epoche hat so rücksichtslos andere Kulturen geplündert wie Rom, aber – man mag das als grausame Gerechtigkeit des Schicksals werten – kaum eine andere ist auch so brutal von ihren Nachkommen ausgeplündert worden wie Rom. Nicht nur dass die Vandalen und Goten alles wegschafften, was beweglich und von Wert war. Die schlimmsten Räuber waren die Kirchenfürsten der späteren christlichen Ära. Sie benutzten die noch gut erhaltenen römischen Bauten als Steinbrüche für ihre Kirchen und Paläste. So wurden die alten Bronzetüren der römischen Kurie, durch die schon Caesar gegangen war, aus den Angeln gebrochen und in die Basilika San

Giovanni in Laterano eingesetzt. Urban VIII. aus dem Haus Barberini plünderte das antike Rom so rücksichtslos, dass es hieß: »Quod non fecerunt barbari, fecerunt Barberini« (Was die Barbaren nicht zerstört haben, erledigten die Barberini). Den Höhepunkt der Geschmacklosigkeit auf diesem Gebiet aber leisteten sich die Nachfolger Petri, als sie die ehrwürdigen Gebeine des großen Kaiser Hadrian aus seinem Marmorsarkophag entfernten und diesen in die Peterskirche schafften, wo er noch heute als Taufbecken steht.

Die Römer besaßen eine Grundeinstellung zur Kunst, die sie von den bekannten Kulturen darin unterscheidet, dass sie alle schöpferischen Elemente – also das, was Kunst eigentlich ausmacht – völlig negierten. Kunstwerke waren für sie in erster Linie Dekoration. Ob es sich hierbei um Originale handelte oder um billige Kopien, war gleichgültig und nur eine Preisfrage. Wichtig war ihr Wirkungswert. Die Kunst diente der staatlichen Macht und dem privaten Gepränge wie edle Pferde, schöne Frauen und kräftige Sklaven.

Und so wie Rom keine seiner Machtfülle entsprechende Kunst hervorgebracht hat, so hat es auch keine Architektur als Ausdruck einer Idee entwickelt. Zu keiner Zeit, außer der unsrigen, wurden so viele und so gigantische Zweckbauten errichtet. Nie zuvor wurde so viel Geld ausgegeben für Straßen, Brücken, Aquädukte, Kloakenrohre, Rennbahnen, Sportplätze, Hallenbäder, öffentliche Toiletten, Markthallen, Gladiatorenschulen, Bordelle und viele andere Zweckbauten. Diese technisch großartigen Ingenieurbauten können trotz Bogen- und Tonnengewölbe genau wie unsere Schlachthöfe, Gasanstalten und Kläranlagen keinen künstlerischen Anspruch erheben. Wenn wir in diesen Konstrukten aufgrund ihres ehrwürdigen Alters und ihrer gewaltigen Abmessungen heute Kunstwerke sehen, so ist das eine posthume Aufwertung, die den Ruinen unserer Wurstfabriken und Straßenbahndepots vermutlich auch nicht erspart bleiben wird.

Denkwürdig ist, dass man sich im alten Rom nicht, wie wir es heute tun, mit kunstlosen Konstruktionsgerüsten und funktionswichtigen Wänden begnügte, sondern ihnen Kunstattribute aufklebte, zum Beispiel Teile des griechischen Tempels. Diese wurden so zu funktionslosem Kitsch wie ein eisernes Kreuz auf der Brust eines halbstarken Motorradrockers oder ein barocker Engel über einer Hausbar.

Ein gutes Beispiel hierfür ist das *Flavische Theater* in Rom, das wir wegen einer Kolossalstatue, die wir dicht daneben fanden, das Kolosseum nennen. In den mehr als 200 Bögen seiner Außenfassade standen überlebensgroße Marmorskulpturen griechischer Götter und Heroen. Diese Standbilder wurden aus griechischen Tempelanlagen geraubt oder kopiert. Verglichen mit unserer Zeit wäre das etwa so, als wenn die Deutschen nach Hitlers Sieg über Frankreich die Heiligenfiguren von den Portalen in Chartres oder Notre-Dame nach Deutschland deportiert hätten, um damit die Außenfassade des Fußballstadions von Schalke zu verschönern. Eine größere Geschmacklosigkeit ist nicht vorstellbar.

In gleicher Weise, wie sich die Macht Roms ausbreitete, verbreiterten sich auch seine Ingenieurbauten mit hellenistischer Tempeldekorationen. Welch ein Unterschied zur griechischen Architektur!

In Griechenland waren die Tempelbauten so sehr Ausdruck eines tief im Religiösen wurzelnden Geistes, dass sie über alle nationalen Feindseligkeiten der Stadtstaaten erhaben waren. Selbst in so entgegengesetzten politischen Systemen wie Athen und Sparta blieb die architektonische Form des Tempels ein gemeinsames Anliegen.

Wie haben die Römer neben ihren Funktionsbauten ihre Tempel gestaltet? Sie übernahmen die Tempelform der Etrusker und bewahrten seine Grundform während ihrer ganzen Herrschaft. Als Erklärung gaben sie an: »Die Götter wollen es nicht, dass die etruskische Tempelform eine Änderung erfahre.« Nachzulesen beim römischen Historiker Tacitus.

Zusammenfassend lässt sich sagen: Die Römer degradierten alle lebendige Kunst zu Bühnendekoration und Kitsch. Sie haben sich die griechische Kunst wie einen dekorativen Mantel umgehängt, aber unter der Hülle blieben sie immer sie selbst.

Gerade weil die Oberflächengestaltung so sehr in den Vordergrund rückt, ist das meiste, was von den Bauten überliefert ist, unvollständig, skeletthaft. Wenn wir vom Rokoko nur die nackten Steinruinen besäßen, wenn die Decken- und Wandmalereien, die Stuckarbeiten, die kostbaren Holzvertäfelungen, die Gobelins, die Seiden- und Brokattapeten verloren gegangen wären, so wüssten wir nichts über diese Zeit, denn sie bestand hauptsächlich aus Oberflächenkunst. Ähnlich verhält es sich in Rom. Dafür haben wir einen wunderbaren Beweis.

Im Jahr 79 nach christlicher Zeitwende brach der Vesuv aus. Er verschüttete die Städte Pompeji, Herculaneum und Stabiae. Dabei geschah das einmalige Wunder, dass ein Stück belebte Vergangenheit urplötzlich unverfälscht für die Nachwelt konserviert wurde. Die feine Lavaasche, die alles umhüllte, wurde hart und bewahrte alles, sogar die Formen der Menschen im Augenblick ihres Sterbens. Die Körper zerfielen dann im Laufe der Jahrhunderte zu Staub. Der italienische Archäologe Fiorelli kam auf den Gedanken, diese erhaltenen Hohlformen mit Gips auszugießen. Auf diese Weise gewann man die lebensechten Figuren der Menschen zurück. Man fand Liebende in leidenschaftlicher Umarmung und einen Mann, der in einem Laden mit klingender Münze bezahlen wollte.

Wie sahen die Häuser dieser Menschen aus?

Das Auffallendste an diesen Räumen ist ihre Farbigkeit und ihr reiches Interieur. Wenn auch alle Textilien zerfallen sind, so leuchten doch die Mosaiken und Wandmalereien wie vor 2 000 Jahren. Die vorherrschende Raumfarbe war nicht wie bei uns Weiß, sondern ein warmes Ockerrot, das man auf den frischen Putz spachtelte und versiegelte, indem man Bienenwachs heiß auftrug. Die Farben wirkten dadurch feucht und satt. Man erblickt auf diesen Wänden Landschaften, die sich perspektivisch öffnen und die Räume illusionistisch erweitern. Da spielen Putten zwischen Blüten und Obstarrangements.

Geheimnisvolle kultische Szenen wechseln mit sinnenfrohen Pornografien. Wenn man bedenkt, dass Pompeji neben Rom nur ein Kurort war, so muss die Innenausstattung in der Hauptstadt um ein Vielfaches fantastischer gewesen sein. In Pompeji erkennt man bestürzt, welch armselige Knochenreste die heutigen Ruinen sind, deren leuchtende Oberflächen unwiederbringlich verloren gegangen sind.

Für die Griechen war der architektonische Baukörper wichtiger als der Innenraum. Das römische Baukonzept geht vom Innenraum aus. Dabei spielte die Farbe die dominierende Rolle. Wir wissen von einer Statue des Jupiter auf dem Kapitol, die bunt bemalt war mit schweinsrosanem Gesicht, einem goldenen Blitz in der Faust und wie eine Schaufensterpuppe mit kostbaren Stoffen bekleidet. Alle Säulen am Kapitol waren goldlackiert, das Dach mit vergoldeten Bronzeziegeln gedeckt und die Hartholztüren mit Goldblech überzogen. Gold schien überhaupt die bevorzugte Farbe Roms gewesen zu sein. Alle Triumphbögen und Siegessäulen waren bunt. Das Forum Romanum, dessen Ruinen wir heute in klassischem Marmorweiß bestaunen, war zu Glanzzeiten des kaiserlichen Rom eine bunte Mischung aus süditalienischem Friedhofskitsch und farbiger Rummelbudenromantik. Wie überhaupt Rom für sich in Anspruch nehmen kann, den Kitsch erfunden zu haben.

Die römische Basilika wird in allen Baugeschichten immer besonders hervorgehoben, weil man in ihr die wichtigste Vorstufe des christlichen Kirchenbaus sieht. In Rom hatte die Basilika keinen sakralen Charakter, sondern war eine Halle zur Abwicklung der Markt- und Handelsgeschäfte. Sie ist griechischen Ursprungs und wurde in den hellenistischen Städten entwickelt, wo sie meist Ort der Gerichtsbarkeit war. Ihr Name stammt aus dem Griechischen, der *Stoa Basilika,* der »königlichen Halle«.

Von dem Triumphbogen glaubt man allgemein, dass er eine ureigene römische Schöpfung sei. Diese steinernen Tore sahen damals ganz anders aus als heute. Sie trugen riesige vergoldete Figuren als oberen Abschluss. Die Triumphbögen, die heute mitten in der Stadt stehen, standen damals am Anfang oder Ende einer Straße. So begann die *Via Sacra* mit dem Titusbogen. Der Trajansbogen stand als Eingang des gleichnamigen Forums. Wir kennen 36 Triumphbögen des alten Rom. Diese Bögen waren nicht nur Siegesdenkmäler, sondern hatten vor allem eine sehr reale juristische Funktion. Auch sie waren Zweckbauten. Wenn die römischen Legionen außerhalb Roms kämpften, so unterstanden sie nicht dem römischen Gesetz. Sie mordeten, plünderten und vergewaltigten wie alle Heerhaufen der damaligen Zeit. Das Plündern und Rauben war ein wichtiger Teil ihrer Heeresversorgung. Der Legionär war Selbstversorger. Er musste Beute machen, um satt zu werden. Wenn diese ungezügelten Horden zurückkehrten, so war ihre Einordnung unter das Gesetz der römischen Republik immer wieder ein Problem. Der heimkehrende Legionär unterwarf sich mit dem Durchschreiten des Triumphbogens wieder dem bestehenden Recht. Aus dem »Vandalen« wurde wieder ein Bürger.

Wie sehr der Römer bei all seinen Baukonzeptionen vom Innenraum ausgeht, erkennt man im Städtebau. So wie der Innenraum eines Gebäudes wichtiger war als die umgebende Baumasse, so war im Städtebau der Raum zwischen den Häusern wichtiger als die Gebäude. Daher sind die bedeutendsten architektonischen Schöpfungen in Rom seine Plätze.

Das Forum Romanum war der Mittelpunkt und das Herz des römischen Imperiums. Dort gab es einen Stein, von dem aus man alle Entfernungen in die bekannte Welt maß. Schon in den frühen Morgenstunden strömte das Volk zum Forum, sei es wegen der Geschäfte und Prozesse, oder um bedeutende Senatoren oder Konsuln reden zu hören, sei es nur, um Freunde und Bekannte zu treffen oder gesehen zu werden. Schon zur Zeit des republikanischen Rom fanden hier alle Prozessionen, Gerichtsverhandlungen und Wahlkundgebungen statt.

Unter Caesar, Augustus und Tiberius erhielt dieser Platz seinen monumentalen Charakter. Hier entschieden Männer wie Sulla, Cato, Cicero, Caesar und viele Mächtige über das Schicksal der Welt.

Es ist eine eigenartige Tatsache, über die es sich lohnt nachzudenken, dass der Mittelpunkt des Römischen Reiches nicht ein Tempel, ein Palast, eine Reichskanzlei oder sonst irgendein Gebäude war, sondern ein Platz.

Bis in die Gegenwart gibt es wohl in keiner Stadt der Erde so viele und so vollendete Plätze wie in Rom. Der Römer war von einer fast krankhaften Platzbesessenheit.

Während sich andere Mächtige in der Welt Bauten als sichtbares Symbol ihres Machtwillens errichten ließen, schufen die Kaiser des römischen Imperiums sich Plätze. So gibt es in Rom das Caesar-Forum, das Trajans-Forum, das Augustus-Forum, das Nerva-Forum, das Forum des Vespasian und viele andere. Um sein Forum zu verwirklichen, musste Caesar so viele Privathäuser enteignen lassen, dass ihn das Projekt mehr als eine Million Sesterzen kostete. Am Forum des Augustus wurde noch 100 Jahre nach seinem Tode gebaut. Um diesen Platz ließ Augustus eine steinerne Mauer ziehen, um ihn vor den Bränden zu schützen, die regelmäßig in den übervölkerten Stadtteilen ausbrachen. Mochten die Bauten ruhig in Schutt und Asche zerfallen, solange nur die Foren als erhabene Innenräume der Stadt erhalten blieben. An den Bauten waren nur die Fassaden wichtig, die dem Platz zugewandt waren, die abgewandten Außenwände waren nicht einmal verputzt.

Die beliebteste Wohnhausform der Römer war das Atriumhaus. Und auch hier ist der platzartige Innenhof der wichtigste Teil des Hauses. Hier lebt man.

Letztlich sind auch die Stadien, Rennbahnen, das Kolosseum, der Circus Maximus nichts weiter als riesige Plätze und Innenräume für das Volk von Rom.

Alle großen Plätze waren wie die Festräume der Bauten mit Edelhölzern und wertvollen Stoffen geschmückt, sonst hätte man sie nicht so sorgfältig gegen Feuer geschützt. Wer heute in der ovalen Arena des Kolosseums steht, erfährt nur noch einen schwachen Eindruck von diesem Bauwerk, denn es fehlt das Wichtigste: das Dach, das *Velarium*. Das Velarium war ein riesiges Segeltuch als Schutz vor der Sonne. Das Aufziehen dieses Zeltdachs oblag der kaiserlichen Flotte. Das Hissen und Reffen dieses größten Topsegels aller Zeiten war eine komplizierte Operation und verlangte hohe technische Ausbildung. Nicht nur das Ausmessen und Platzieren der Einzelteile und die Bedienung der Hebelmaschinerie, sondern auch die richtige Verteilung der hundertfachen Arbeitskräfte verlangten höchste Präzision und militärischen Drill. Für die Montage benötigte man 2 400 Matrosen, die zweimal im Jahr mit Kriegsschiffen den Tiber heraufgebracht wurden. Es wird berichtet, dass der Wind in den Velarien einen unbeschreiblichen Krach verursacht haben soll. Es ist mehr als wahrscheinlich, dass auch die Kaiserforen mit Segeltuch überspannt waren. Diese Tatsache ist deshalb so erwähnenswert, weil sie wieder einmal beweist, wie bruchstückhaft die heutigen Ruinen sind.

Es gab im Kolosseum Kampfspiele, die 100 Tage dauerten und bei denen – wie der antike Schriftsteller Dion Cassius berichtete – 9 000 wilde Tiere und 2 000 Gladiatoren ihr Leben ließen. Das Knattern des Windes in dem riesigen Zeltdach, das Gebrüll der Tiere und das emphatische Geschrei der Zuschauer soll man noch eine Tagesreise außerhalb Roms vernommen haben. Um seinen Sieg über die Draker zu feiern, ließ Trajan 11 000 wilde Tiere und 10 000 Gladiatoren kämpfen. Antonius Pius brachte sogar Tiger, Elefanten, Giraffen, Krokodile und Nilpferde in die Arena. Nero ließ Verbrecher, Kriegsgefangene und Christen als lebende Fackeln brennen oder warf sie als Futter den Löwen zum Fraß vor.

Wie ist es möglich, dass ein Kulturvolk mit so ausgefeilten Idealen wie Recht, Sitte, Ordnung, Gesetz sich zu solchen Exzessen an Brutalität hinreißen lässt? Das Maß für Leid und Mitleid ist nur bedingt kulturabhängig. So werden bei den Ritualtötungen in Afrika vom lebenden

Opfer Augen, Ohren, Nase, Zunge abgeschnitten, ohne dass einer der Anwesenden Mitleid empfindet. Das gleiche Phänomen findet man bei den nordamerikanischen Indianern, die nur deshalb Krieg führten, um Kriegsgefangene am Marterpfahl opfern zu können.

Die Gladiatoren bestätigen eigentlich nur, was uns die Bauten bereits verraten haben: Die Römer waren im Grunde ihres Wesens noch ein Naturvolk von primitiven Wilden, deren hervorstechende Eigenschaft ist, dass ihnen der schöpferische Impuls fehlt, Architekturen als Ausdruck einer Idee zu errichten.

Die blinde Vertragstreue der Römer, ihre Kampfestugend, ihr Ehr- und Pflichtgefühl, das alles sind Tugenden, die man auch bei Zulus und Irokesen antrifft. Und hier wie dort sind der Krieg und die Marterspiele ein wichtiger Bestandteil ihres Lebens.

Vielleicht haben manche junge Völker auf einer bestimmten Entwicklungsstufe mehr Energie, als sie ausleben können. Sie müssen sich in Aggressionen und Kämpfen austoben. Es ist gewiss kein Zufall, dass in dem sadistisch geprägten Bannkreis Roms eine neue Ideologie geboren wurde mit extrem masochistischer Todessehnsucht. Während es für den Römer nichts Erregenderes gab, als mit dem Schwert dreinzuschlagen, zu erobern oder sich daran zu ergötzen, wie Mensch und Bestie sich in der Arena zerfleischen, so waren die Christen beseelt von dem Wunsch, zu leiden und wie ihr gekreuzigter Heiland das Martyrium auf sich zu nehmen. Mit dem Christentum begegnen sich zwei Kräfte, die absolut entgegengesetzt sind und sich dennoch vollendet ergänzen, weil der Masochismus nichts so sehr braucht wie den Sadismus und umgekehrt. Aus dieser Gegensätzlichkeit wird die Kultur des christlichen Abendlandes geboren, nicht aus der Ehe des alten Roms mit dem jungen germanischen Blut. Der Unterschied zwischen den römischen Barbaren und den germanischen bestand in Wahrheit nur an der Oberfläche. Die Teutonen und Vandalen waren von gleichem militärischen Sendungsbewusstsein erfüllt wie das alte Rom und benahmen sich beim Einfall in die Ewige Stadt wie die

Römer bei ihren Kriegszügen, sie plünderten, sie raubten und kopierten fremdes Kulturgut.

Nach der sieg- und ruhmreichen Regierungszeit Trajans kam ein Kaiser an die Macht, der unter dem völlig unrömischen Leitmotiv regierte: Frieden auf Erden! Er gab freiwillig fast alle Eroberungen Trajans auf, um zukünftige Kriege zu vermeiden. Er richtete eine soziale Fürsorge ein und besuchte höchstpersönlich Kranke und Alte. Er verabscheute jeden Luxus und trug einen Vollbart. Das war eine Revolution, denn seit einem halben Jahrtausend ging die antike Welt glattrasiert. Eine Ausnahme bildeten nur die Philosophen. Hadrian übertrug in christlicher Nächstenliebe den Begriff der *humanitas* auch auf die Sklaven und verbot mit puritanischer Prüderie, dass Männer und Frauen gemeinsam die Bäder besuchen durften. War Hadrian ein Christ?

Nein, keinesfalls, aber die Zeit war reif für das Christentum. Die Verkörperung des neuen Welterlebens offenbart sich am deutlichsten in einem Bauwerk, dem *Pantheon*. Dieser Tempel ist weder ein unbeseelter Zweckbau noch eine griechische oder etruskische Kopie. Solch einen Tempel hatte es noch nie gegeben. Eine neue Ära hatte begonnen. Das Pantheon sollte ein Tempel für alle Götter sein. Schon gab es einen Altar für den unsichtbaren Gott der Christen.

Zwischen dem Triumphbogen des Trajan und dem Pantheon seines Nachfolgers Hadrian vollzieht sich ein geistiger Umbruch, den wir ohne das Pantheon nicht mehr nachempfinden könnten.

Es gibt eine Skulptur als Wahrzeichen der Ewigen Stadt Rom. Das ist die kapitolinische Wölfin, die Romulus und Remus säugt. Diese Wölfin ist in Wahrheit eine etruskische Plastik, sehr viel älter als Rom. Die saugenden Knaben unter der Wölfin wurden von einem Barockbildhauer sehr viel später hinzugefügt. Nichts an dem Wahrzeichen Roms ist römisch, und doch ist es ein echtes Wahrzeichen, denn Rom besaß die ganze Welt, nur sich selbst nicht. Politisch betrachtet war das *Imperium Romanum* ein gewaltiges Ereignis, das die

Welt veränderte, künstlerisch betrachtet war es eine geistige Sonnenfinsternis. Über dieser Zeit stehen die Worte Vergils aus dem 6. Buch der Äneis:

Bist du ein Römer, so sei dies deine Mission:
regiere die Welt, denn du bist ihr Herr.
Gib dem Frieden Ordnung und Gesetz.
Begnadige, die sich gehorsam unterwerfen,
und zerschlage, was sich dir in den Weg stellt.

Rom ist eine große Lehrmeisterin für Hoch- und Tiefbauingenieure, für Militärstrategen, Juristen, Verwaltungsbeamte und Realpolitiker. Die Zeitgenossen Petrarcas, Goethes, Gogols und Stendhals, die die besten Jahre ihres Lebens damit verbrachten, im antiken Rom die Wurzeln der abendländischen Kultur zu ergründen, hätten besser daran getan, wenn sie sie dort gesucht hätten, wo auch die Römer sie gesucht haben, nämlich in Griechenland und in den hellenistischen Stadtstaaten Kleinasiens.

Die Gottesburg

Die Gesetze der Romanik
richten sich nicht nach der Logik,
sondern nach der Vision.
José Ortega y Gasset

Zwischen der Romanik und der Gotik,
die häufig in einem Atemzug genannt werden,
liegen geistige Welten.
Die Romanik entstand in
einer dichten Waldlandschaft.
Die Krypta wurde als ein
geistiges Kernkraftwerk erlebt.
Warum sind die romanischen Bauten
von einem Punkt her
kollektiv organisiert?
Die Welt unserer Märchen stirbt.
Die Nationalstaaten werden geboren.

Die Romanik und die Gotik werden häufig in einem Atemzug als die großen gemeinsamen Stilrichtungen des Mittelalters genannt. Die Romanik, das war die Zeit der Kaiser und Ritter. Die Gotik war das Zeitalter der Päpste. In unseren Schulbüchern steht noch heute der Satz: »Der gotische Stil ist aus dem romanischen hervorgegangen als Folge der Erfindung des Spitzbogens und des Kreuzrippengewölbes.« Was für ein Unsinn!

Zwischen der Romanik und der Gotik liegen geistige Welten. Zwischen beiden Epochen verläuft eine Grenze, die man zu den allerwichtigsten Einschnitten in der europäischen Geschichte überhaupt zählen muss.

Heute stehen sowohl die romanischen als auch die gotischen Kirchen mitten im Verkehr unserer Städte. Man unterscheidet sie nur durch ihren Stil. Die romanischen Kirchen aber entstanden in der unberührten Einsamkeit der riesigen Waldlandschaft, die bis zur Mitte des 12. Jahrhunderts Mitteleuropa beherrschte. Die jahrtausendealten Wälder Germaniens und Galliens waren noch vorhanden.

Die gotischen Kathedralen dagegen wurden in einer ganz anderen Welt errichtet, nämlich in der Stadt und für die Stadt als deren Herz und Mittelpunkt.

Bis zum Ende der Romanik spielte sich noch alles Leben in dichten Wäldern ab. Das raunende Dämmerdunkel der großen Wälder war die beherrschende Landschaft, von der wir heute kaum noch etwas wissen, sie prägte das Bewusstsein des Mitteleuropäers wie die arabische Wüste die Geisteswelt der Beduinen. Und genauso wie der Islam noch heute von der Kraft der Wüste zehrt, so leben auch wir noch heute von der Elementargewalt der Waldlandschaft, die zwar ausgerottet wurde, aber in uns weiterlebt, denn die Landschaft, in der der Mensch lebt, ist nicht nur Umgebung. So wie der Mensch in der Landschaft lebt, so lebt sie auch in ihm. Die romanische Kultur ist aber nicht nur Ausdruck eines untergegangenen Landschaftszustandes, sondern vor allem Ausdruck eines verloren gegangenen Bewusstseinszustandes in den Seelen der Menschen.

Dieser Verlust des alten Waldbewusstseins ist eine Tatsache, an der unsere kulturgeschichtliche Lehrmeinung mit erstaunlicher Nichtbeachtung vorübergeht. Ohne das Wissen um diese Zusammenhänge ist jede Darstellung der vormittelalterlichen Zeit falsch. Man geht heute allgemein von der unrichtigen Annahme aus, dass die Menschen vor dem 12. Jahrhundert genauso dachten und fühlten wie in der Ära der bürgerlichen Kultur, die mit der Gotik begann und in unserem Jahrhundert stirbt.

Die Menschen erlebten die Natur noch durchdrungen von überirdischen Kräften. Zwerge, Riesen, Elfen, Alraunen, Einhörner, Drachen und Nymphen lebten in dieser Wunderwelt. Aus ihr stammen unsere Märchen und Sagen.

In der Parzival-Erzählung, im alten *Nibelungenlied* und in den nordischen Sagen lebt dieses Landschaftserlebnis der großen Wälder. Es endet mit der Romanik.

Von allen Kulturperioden unserer Breiten ist die Romanik diejenige, von der wir am wenigsten wissen. Das, was überliefert wurde, haben spätere Jahrhunderte nicht mehr zu begreifen vermocht. Diese Zeit ist deshalb so schwer verstandesmäßig zu erfassen, weil ihre formgebenden Kräfte außerhalb unseres intellektuellen Denkens liegen. Die Romanik erlebte Wunder noch als Realität. Eine Krypta mit den Reliquien eines großen Heiligen war für diese Menschen ein geistiges Atomkraftwerk.

Wie haben diese Waldbewohner gebaut?

Wir wissen so gut wie nichts über die Bauten der vorromanischen Zeit. Es scheint so, als hätten die Menschen im mittleren Europa ein halbes Jahrtausend lang nicht gebaut, als hätten sie Rom und Griechenland vergessen.

Wie war das möglich?

Es liegt an der Vergänglichkeit des Baumaterials, dass uns diese Welt für immer verloren gegangen ist. Der Bischof von Poitiers, der im 6. Jahrhundert die Gegend zwischen Rhein und Mosel bereiste, berichtete begeistert von den kunstvollen Holzbauten. Sie müssen noch viel mehr als alle Steinbauten im Einklang mit der Natur gestanden haben, denn sie waren ja auch stofflich ein Teil der sie umgebenden Wälder.

Bis zum Ende der Romanik war eine Kirche ausschließlich Gotteshaus. Wie in allen alten Religionen war sie Heiligtum und Wohnsitz der göttlichen Allmacht. Mit der Gotik wurde daraus allmählich der Versammlungsplatz der Gemeinde, die Predigtkirche der Reformation. Die romanische Kirche war keinesfalls für die Gemeinde bestimmt. Das Wunder der göttlichen Anwesenheit ereignete sich auf den Altären in unberührter Stille. Es wurde vom Priester für die Gläubigen vollzogen, ohne dass diese anwesend zu sein brauchten. Erst mit dem Erstarken des intellektuellen Denkens wurde der Gottesdienst als geheimnisvolle kultische Handlung immer mehr verdrängt von der Predigt, die an den Verstand appelliert.

Die Teilnahme der Gemeinde am Gottesdienst war auf wenige Tage im Jahr beschränkt. Taufe und Abendmahl waren außergewöhnliche Höhepunkte im Leben des Volkes. Da aber, wo die Menschen Zugang zum Gottesdienst hatten, standen sie so weit entfernt vom Altar, dass sie der heiligen Handlung sowieso nicht folgen konnten. Sie erlebten alles nur aus der Ferne.

Um das Wesen der romanischen Kirche zu verstehen, muss man mit dem alten östlichen Christentum in Berührung gekommen sein, das sich im Gegensatz zum Islam vor jedem Intellektualismus verschlossen hat. Besinnung und Stille, Andacht und Verehrung sind hier wichtiger als das Verständnis der Schrift oder die Predigt des Wortes. In Istanbul und Athen findet man orthodoxe Kirchen, die so klein sind, dass nur die Priester in ihnen Platz finden. Das Volk versammelt sich um das Gotteshaus, ohne mit den fünf Sinnen an der heiligen Handlung teilnehmen zu können.

Die frühen romanischen Kirchen waren in diesem Sinn erbaut worden. Die meisten Gotteshäuser bestanden nur aus einem quadratischen Turm. Allein in Württemberg gibt es noch über 100 dieser sogenannten Ostchortürme. Sie sind so klein, dass man lange Zeit annahm, nur die Türme dieser Bauten wären aus Stein gewesen. Der übrige Bau aus Holz sei im Laufe der Zeit verfallen, abgebrannt oder umgebaut worden. In Wirklichkeit aber waren sie niemals größer, denn die Romanik benötigte für ihre Gotteswohnungen keine größeren Räume.

Wenn spätere romanischen Dome größer waren, so lag das an der vielköpfigen Gemeinschaft der Priester und Mönche und an der Repräsentationsfreudigkeit der jungen Kirche, die auch nach außen hin die Allmacht Gottes sichtbar machen wollte, besonders wenn es sich um Bischofssitze oder um den Aufbewahrungsort wertvoller Reliquien handelte.

Bei den alten germanischen und keltischen Stämmen lag das Heiligtum immer abseits der Siedlungen und Einzelgehöfte. Man traf sich dort nur an besonderen Festtagen, um Opfer darzubringen.

Genauso verhält es sich mit den frühen christlichen Kirchen, die fast alle an den Plätzen alter heidnischer Heiligtümer errichtet wurden; um den Sieg über die alten Götzen auch weithin sichtbar zu feiern und aus Ehrfurcht vor der Heiligkeit des geweihten Ortes, denn die heidnischen Heiligtümer waren niemals willkürlich in die Landschaft gesetzt worden. Sie standen immer an Plätzen, die ganz besondere kosmische Brennpunkte waren. Sie waren auf bestimmte Gestirne bezogen und lagen auf Schnittlinien von unterirdischen Wasseradern oder orientierten sich an Erdstrahlen. Auch Ameisen und Termiten errichten ihre Bauten nicht willkürlich irgendwo, sondern auf dem Schnittpunkt von Wasseradern. Man kann heute mit technischem Gerät nachweisen, dass es so ist, aber man weiß nicht, warum. Genauso verhält es sich mit den alten heidnischen Heiligtümern, auf denen die ersten christlichen Kirchen erbaut wurden.

Das Christentum der vorromanischen Zeit war etwas völlig anderes als das, was wir heute darunter verstehen. Die Kräfte des Kosmos spielten eine dominierende Rolle. Der Gottesdienst hatte magischen Charakter. Der romanische Dom ist die letzte Bauform in Europa, in der Menschen Wunder noch wirklich erlebten.

Der geheimnisvollste Teil des Domes war die unterirdische Krypta, ein kellerartiges Gewölbe unter dem Altarbereich, in das niemals Tageslicht fiel. Die Krypta steht in geheimnisvollem Zusammenhang mit dem Reliquienkult. Hier erfolgte die Priesterweihe.

Für die Menschen dieser Zeit war die Reliquien-Krypta das Gleiche wie für uns ein Atomkraftwerk, nämlich eine ungeheure Energiequelle. Reliquien sind Körperteile von Märtyrern, die für Christus ihr Leben gaben. Durch sie geschehen göttliche Wunder.

Bei der Weihe von St. Michael, dem Hildesheimer Dom, im Jahre 1015 wurden 66 Reliquien beigesetzt. Als der Körper des Heiligen Vitus von Franken nach Sachsen gebracht wurde, »begann das Reich der Franken zu zerfallen, und das der Sachsen nahm an Macht und Wohlstand zu«. Dieser Bericht stammt von einem Zeitgenossen Widukinds und beweist, welchen Wert die Sachsen den Reliquien beimaßen. Thietmar berichtet, dass im Jahre 960 der Leib des Heiligen Mauritius nach Regensburg gebracht und Otto dem Großen überreicht worden sei »zum Heile des ganzen Landes«.

Eine Kirche wurde nur dann zum Gotteshaus, wenn sie mindestens eine Reliquie enthielt. Bernward von Hildesheim nahm in Rom aus dem geöffneten Sarg des Heiligen Timotheus den linken Arm an sich. Für den Kaiser brachte er den ganzen Körper des Märtyrers Exuperantius mit, ein ungeheurer Besitz, wenn man bedenkt, dass schon dem kleinen Finger gewaltige Wunderkräfte innewohnten. Die Gräber der Märtyrer wurden so bewacht wie heute die Tresore unserer Banken. Es gibt Hunderte von Berichten aus dieser Zeit, die von Wundern berichten. Bei der Feuersbrunst von Hamburg im Jahre 983 sahen Tausende von Augenzeugen – so sagt der zeitgenössische Bericht – wie sich eine Hand aus der Höhe herabsenkte und die Reliquien der Heiligen vor den Flammen rettete. Man kann solche Berichte nicht nur als platte Lügenberichte belächeln. Sie beweisen einen Glauben – und damit eine seelische Kraft –, die für diese Zeit wirklich und gültig war. Das Übersinnliche wurde real erlebt. Josef

Grantner nennt die Romanik eine »Kunst der Visionäre« und ihre Werke »Gespräche mit Gott«.

Der romanische Dom ist eine Art überirdischer Raum. Er wurde nicht für Menschen konzipiert und erbaut. Im Inneren der Kirchen war es so dämmrig dunkel, dass man nur die Umrisse der Gegenstände zu erblicken vermochte. Die schießschartengroßen Fenster waren mit dickem trübem Glas besetzt, das selbst bei Sonnenschein nur einen schwachen Lichtschimmer durchließ. Glas war kostbarer als Silber. Die Maler und Steinmetze malten und formten in diesen Räumen nicht für menschliche Zuschauer. Ihr Schaffen war Gottesdienst und ihre Werke Opfergaben für die Gottheit. Die Malereien waren meistens so hoch oben an den Wänden der dunklen Längsschiffe angebracht, dass man sie nur zu erahnen vermochte.

Die romanischen Plastiken stehen in scheinbarem Gegensatz zur erhabenen Schlichtheit und dem tiefen Ernst der Architektur. Da wimmelt es von Kobolden und fantastischen Fabeltieren. Wie vereinbaren sich diese Affen, Drachen, Schlangen, ekelhaften Fratzen, Monster, Gnome, Krüppel und nackten Exhibitionisten mit dem feierlichen Ernst des Hauses? Es gibt zahllose Versuche, diese Fabelgestalten zu deuten.

Die meisten sehen in diesem Fieberspuk Allegorien, die die menschlichen Triebe symbolisieren sollen. Das ist falsch. So wie es in der romanischen Kirche noch keine Predigt gibt, so gibt es auch keine gemalte oder geformte Belehrung, die über den Intellekt Einfluss auf die Gemeinde ausüben will und kann.

Es gibt nur eine Welt, in der diese Spukgestalten zu Hause sind. Das ist unsere dem Unterbewusstsein verhaftete Welt der Träume, des Rausches, des Fieberdeliriums, der Märchen und Sagen, die wir alle schon erlebt haben, aber von der wir glauben, dass das Ganze nur eine Einbildung von Kindern, Betrunkenen und Verrückten sei. Vielleicht aber werden einmal spätere Generationen über uns den Kopf schütteln, weil wir Lichtwellen, Atomkerne und schwarze Löcher für Realitäten gehalten haben. Es gibt nichts Verfänglicheres als Tatsachen oder das, was wir dafür halten. Fast alle exakten Erkenntnisse, die frühere Zeiten gemacht haben, sind irgendwann einmal von nachfolgenden Generationen widerlegt worden. Es wird uns auch nicht anders ergehen. Alle Wahrheiten, auch wenn sie auf scharfer Beobachtung und wissenschaftlicher Beweiskraft beruhen, sind vergänglich. Das ändert nichts an der Tatsache, dass sie für die Menschen einer bestimmten Epoche einmal wahr gewesen sind. Erst heute, wo die fortschrittsgläubige Zeit des bürgerlichen Individualismus zu Ende geht, erahnt man wieder die Größe der Romanik. Denn so wie man aus einem Bauwerk Rückschlüsse auf seine Zeit ziehen kann, so lassen sich auch Erkenntnisse daraus gewinnen, wie die nachfolgenden Generationen zu der Architektur einer bestimmten Zeit stehen. Noch bis zum Ersten Weltkrieg begeisterten sich die Menschen vor allem für die gotischen Bauten. Sie sahen in ihnen ihre eignen Ideale, die emporstrebende »Sehnsucht nach Licht und Klarheit«. Im 19. Jahrhundert schlugen die Wogen der Begeisterung für die Gotik so hoch, dass man sie nicht nur überall kopierte, sondern sogar die bestehenden alten unvollendeten Kathedralen mit Millionenaufwand vollendete, wie den Kölner Dom.

Dagegen fand man die romanischen Bauten primitiv, dumpf und der Erde verhaftet. Selbst ein Mann wie Goethe, der die Gotik vergötterte, besaß keinen Blick für die romanischen Bauwerke.

Die Gotik verkörperte den Intellekt, die Stadt, den erstarkenden Individualismus und den Fortschritt. Die Romanik dagegen galt als Ausdrucksform des Mythos, der Waldlandschaft, sie war krasser Gegensatz zur Stadt. Man empfand sie als lebensfeindlich, und das war sie auch. Aus dem Gesagten wird klar, warum die Regenten des 18. und 19. Jahrhunderts sich in gotischen Kathedralen krönen ließen und der Nationalsozialismus die romanischen Dome, wie den Braunschweiger, zu Reichsweihestätten erklärten.

Man macht sich überhaupt ein falsches Bild von der Romanik. Es gab weder einen allgemein verbreiteten Reichsgedanken noch irgendein großes Zusammengehörigkeitsgefühl. Das heutige Deutschland bestand aus vielen verschiedenen Stämmen. An ihrer Spitze standen Stammeshäuptlinge, die sich Herzöge nannten. Die Stämme waren viel älter als Kaiser und Reich oder König und Volk. Dass die Stämme überhaupt zu einem losen Verband wurden, lag einzig und allein an der Kirche. Die Bischöfe und Äbte waren am Reich interessiert, weil sie außerhalb der Stämme standen. Sie waren die Träger aller geistigen Bildung. Der altdeutsche König war kein unumschränkter Herrscher. Er brauchte für alle Entscheidungen die Zustimmung der Adligen. Die ganze Staatsmacht beruhte auf freiwilligem Gehorsam. Niemand konnte dazu gezwungen werden. Der König besaß weder eine Polizei noch ein Heer. Deshalb appellierte er an die Treue. Aus diesem Grund ist auch die Treue das Fundament aller Tugenden. Das Nibelungenlied, das um 1200 entstand, ist das hohe Lied der Vasallentreue, Freundestreue und Gattentreue.

Man lehrt immer noch, dass Kaiser und Ritterschaft Träger der weltlichen Macht gewesen seien. Aber selbst auf weltlichem Gebiet war die Kirche mit Abstand allen überlegen. Bistümer und Klöster waren die Hauptträger des Heeresbudgets. Die Kirche war unermesslich reich. Fast unübersehbar waren die Besitztümer der großen Klöster wie Lorsch, Fulda, Reichenau und St. Gallen.

Als Kaiser Otto II. im Jahre 982 zum Kampf gegen die Araber in Unteritalien aufrief, stellten die Bischöfe und Äbte mehr als doppelt so viel Gepanzerte als alle weltlichen Großen zusammen. Sowohl an materiellen als an ideellen Kräften war die Kirche der größte Machtfaktor in Mitteleuropa.

Als Reich und Kirche zu Feinden wurden, war das deutsche Kaisertum zum Untergang verdammt, weil ihm das vereinigende Element fehlte. Nach dem Tode Friedrichs II. im Jahre 1250 gab es ein halbes Jahrhundert lang überhaupt keinen Kaiser mehr. Das deutsche Kaisertum war überflüssig geworden und als politische Macht erloschen.

Kaiser und Papst waren keine wirklichen Gegner. Die Kirche vermochte sehr wohl ohne die Kaiser auszukommen, was man umgekehrt nicht behaupten kann. Die Bischöfe waren sowohl weltliche als auch geistliche Machthaber. Sie bauten nicht nur Kirchen und Klöster, sondern vor allem Burgen. Sie waren Politiker und Feldherren.

Bischof Ulrich von Augsburg verteidigte mit eignen Truppen seine Stadt gegen die Ungarn. Und Bischof Bernward von Hildesheim schlug sich im Jahre 1001 in blutigen Straßenschlachten quer durch Rom, vom Aventin bis zur Engelsburg. Die Kirchenmänner jener Tage waren Realpolitiker. Träger aller Kultur waren die Domschulen und die Klöster. Sie formten das geistige Leben. Nur die Bischöfe und Äbte errichteten Bauwerke, denn sie waren sesshaft. Könige und Kaiser hatten nicht einmal ständige Residenzen. Sie zogen wie die Nomaden durchs Land und waren mit ihrem Gefolge mal in einer Reichsabtei, mal bei einem Bischof zu Gast. Es ist nicht richtig, wenn wir heute die großen Kirchen aus dieser Zeit als Kaiserdome bezeichnen.

Adel und Klerus durchdrangen sich gegenseitig. Beide waren aristokratisch, denn auf beiden Seiten waren alle wichtigen Ämter dem Adel vorbehalten. Beide waren sowohl weltliche als auch geistliche Machthaber. Für diese Herrenmenschen war selbst der Gekreuzigte kein gequälter und gedemütigter Heiland, sondern ein Held. Deshalb hängt er nicht leidend und halb nackt am Kreuz, sondern steht stolz mit offenen Augen und ausgebreiteten Armen wie ein Herrscher vor dem Kreuz.

Kulturell war die ganze Welt der Romanik noch eine große, heilige Einheit. Sie war im Gleichgewicht. Mythos und Intellekt, Diesseits und Jenseits, Individuum und Kollektiv hielten sich für einen historischen Augenblick die Waage.

Zu keiner Zeit hat es im Herzen Europas je eine so vollkommene Architektur gegeben, von außen und von innen gleichermaßen harmonisch und vollendet.

Der ägyptische Tempel war nur ein ausgehöhlter Block. Er besaß nur eine Innenkonzeption. Der griechische Tempel war nur nach außen gewandt. Im romanischen Dom aber ordnen sich Räume kraftvoll zueinander, innen und außen voller Wohlklang und Gleichgewicht. Türme, Langhaus und Seitenschiffe sind ein Kollektiv wie das Heilige Römische Reich Deutscher Nation. Der Kaiser war kein Gottkönig wie der Pharao, und das Reich war keine Demokratie im Geiste Athens. Der Kaiser war unter seinen Fürsten Gleicher unter Gleichen. Er wurde getragen von ihrem guten Willen. Alle lebten aus diesem feinen Zusammenspiel. Die Romanik endet genau dort, wo dieses Gleichgewicht gestört wird. Die vertikalen Kräfte dominieren die horizontalen, die inneren die äußeren. Der Intellekt siegt über den Glauben, das Individuum über das Kollektiv.

Mit dem romanischen Dom glühen noch einmal die Kräfte auf, die ihre Wurzeln nicht in der Logik haben, sondern im Wunder. In diesem Bau leben Kräfte, von denen unsere derzeitige Schulwissenschaft nicht einmal zu träumen vermag. Wenn es uns gelingen sollte, sie wieder zu entdecken, so würden sie unsere Zeit mehr verändern als der Flug in den Weltraum.

Die romanischen Dome sind die letzten Bauwerke in Europa, die nicht für Menschen gebaut wurden, sondern für eine Gottheit, die als kosmische Kraft erlebt wurde und sichtbare Wunder vollbrachte.

Zum Fortschritt besaß die Romanik kein Verhältnis. Wichtig war nur das Überlieferte, Zeitlose. Die Bekräftigung der bekannten Wahrheiten war wichtiger als Originalität. Alle höheren Werte standen unumstößlich fest.

In der Erziehung wurde nur wenig Wert auf die Ausbildung der Verstandesgaben gelegt. Selbst die Aristokratie erlernte weder lesen noch schreiben. Die Erziehung galt dem Körper und der Seele. Das Tugendideal war eine verhaltene, zurückgestaute Kraft, die den Menschen von innen her verwandelt. Die gleiche raumbildende Kraft lebt in den Bauten.

Das Alltagsleben war für unsere Begriffe unglaublich primitiv. Fast die gesamte Bevölkerung war in der Landwirtschaft tätig. Gepflügt wurde nicht mit Pferden, sondern mit Ochsen. Zum Eggen wurde ein Baum umgehackt und übers Feld geschleift. Weizen und Roggen wurden in mühseliger Handarbeit mit der Sichel geschnitten. Das Rechtsdenken wurde vom altgermanischen Gottesurteil bestimmt. Man überließ es Gott, die Schuld eines Angeklagten darzulegen. Dabei unterwarfen sich die Wehrfähigen dem Zweikampf. Für alle anderen gab es die Feuerprobe. Dabei musste der Beschuldigte einen Ring oder einen Stein aus einem Kessel mit siedendem Wasser herausholen. In manchen Gegenden hatte er ein glühendes Stück Eisen mit bloßer Hand eine bestimmte Strecke weit zu tragen. Wenn er sich nicht verbrannte, so galt das als Beweis seiner Unschuld.

Kein normaler Mensch hätte sich solch einem Urteil unterworfen, wenn von vornherein festgestanden hätte, dass man sich dabei immer verbrennt. Die Chancen müssen wie beim Zweikampf wenigstens eins zu eins gewesen sein. Wenn aber die Hälfte aller Menschen in der Lage war, glühendes Eisen anzufassen, ohne sich zu verbrennen, so verstößt das gegen alle Gesetze der Logik und ist in unseren Augen ein Wunder.

Im Jahre 1241 erscheinen die mongolischen Reiterhorden nach ihrem Siegeszug durch Russland und Polen an der böhmischen Ostgrenze. Das zahlenmäßig weit überlegene deutsche Ritterheer, das sich ihnen entgegenstellt, wird vollständig vernichtet. Im Halbdunkel der Kirchen flehen die Menschen um den Beistand der Heiligen. Die Mongolen ziehen sich ohne erkennbaren Grund zurück und machen Peking zur Hauptstadt ihres Reiches. Hätten sie ihren Weg fortgesetzt, wäre Europa eine chinesische Provinz geworden. Wer hinderte sie daran? Für die Menschen der Romanik gab es auf diese Frage nur eine Antwort.

Gegen Ende der Romanik werden keine Krypten mehr gebaut. Die Kirche verbietet die Gottesurteile. Die Kraft des Wunders ist erloschen.

Die Kathedrale

Fängt nicht überall das Beste mit Krankheit an?
Novalis

Mit der Gotik beginnt
die Verstädterung Mitteleuropas.
Die gotische Kathedrale ist
ein städtischer Bau.
Die himmelstürmende Gotik ist
kein Monument des Glaubens,
sondern des Intellekts.
Sie steht dem Islam näher
als der Romanik.
Diese Bauten sind in Wahrheit
pubertäre Phallussymbole
und Grabsteine für
einen gestorbenen Glauben.

Für die meisten Menschen ist die Gotik das goldene Zeitalter eines ganzen Jahrtausends. Man denkt an Könige, Kreuzritter, fahrende Scholaren, an mittelalterliche Städte mit malerischen Gassen. Und im Mittelpunkt über allem steht der gotische Dom als erhabenes Denkmal eines unerschütterlichen Glaubens.

Mit dem Wort Gotik verbinden wir sittliche Ordnung, traditionelle Kultur und Harmonie der Künste, echte Religiosität, mit anderen Worten: eine heile Welt. Das genaue Gegenteil ist richtig.

Die Märchengotik ist eine schöne Lüge, von Romantikern wie Goethe und Herder erdichtet, ein halbes Jahrtausend nach der Gotik.

Die gotischen Bauten sind keine Denkmäler einer heilen Welt, sondern Zeugen einer todkranken Epoche. Mit der Gotik beginnt eines der dunkelsten Kapitel europäischer Kulturgeschichte. Keine andere Zeit ist so voll von Perversionen und selbstzerfleischenden Widersprüchen wie sie.

Eine rätselhafte Weltangst ergriff die Menschen. In Scharen zogen Flagellanten von Ort zu Ort. Wenn sie sich singend einem Dorf näherten, läuteten die Glocken. Die Geißler rissen sich die Kleider vom Leib und peitschten sich bis aufs Blut. Dabei mahnten sie die Herbeigelaufenen zur Buße, sangen und tanzten, bis ihnen der Schaum vor dem Mund stand. In fiebriger Ekstase verkündeten sie, dass die Geißelung das wahre Abendmahl sei, da sich ihr Blut mit dem Blut des Gekreuzigten vermische. Die Geißler hatten solchen Zulauf, dass sich ganze Lawinen, Heuschreckenschwärme von masochistischen Fanatikern und religiösen Irren durchs Land wälzten. Zeitgenossen berichten, es seien doppelt so viele Männer wie Frauen unter den Flagellanten gewesen. Diese Veitstanzseuche verbreitete sich epidemisch über ganz Europa. Sogar Kinder wurden von dieser selbstmörderischen Hypnose erfasst. Sie ballten sich wie Lemminge zu Kinderkreuzzügen zusammen. Berühmt-berüchtigt wurde der Kinderkreuzzug zu Schwäbisch-Hall. Kinder, die man mit Gewalt zurückhielt, erkrankten an schwerem Nervenfieber. Viele starben daran.

Die alte Welt zerbrach. Der neue Zeitgeist erzeugte in den Menschen eine Art pubertäre Entwicklungskrankheit, die sich am schlimmsten in der Pest manifestierte. Ein rätselhaftes Massensterben erfasste ganz Europa. Die Zeitgenossen glaubten, die Pest sei ein Strafgericht Gottes. Moderne Historiker glauben, sie sei mit den Kreuzrittern und der Wanderratte eingeschleppt worden. Dagegen spricht, dass es bei den Arabern niemals größere Pestepidemien gab. Das Sterben verlief nach keiner logischen Gesetzmäßigkeit. Plötzlich war es da und hauste fürchterlich. In Europa starben nach Schätzungen 25 Millionen Menschen. Der kleine Ort Elbing verlor 13 000 Einwohner. Warum aber wurden andere Städte und sogar ganze Landschaften, wie Ostfranken, verschont? Ist es Zufall, dass es in Ostfranken auch keine Geißler gab? Und ist es Zufall, dass genau wie bei den Flagellanten doppelt so viele Männer wie Frauen der Seuche zum Opfer fielen?

Was war geschehen?

Die Gotik begann mit dem Sieg der Nominalisten über die Realisten. Die Realisten behaupteten, dass erst die Begriffe und Ideen da gewesen seien. Sie wären wichtiger als die sichtbaren Gegenstände. Die Nominalisten aber erklärten, nur die sichtbaren Gegenstände seien wirklich. Die Menschen hätten den Gegenständen erst später abstrakte Begriffe und Ideen angehängt, wie Namen.

Die Realisten erlebten die Welt der Ideen noch als etwas Objektives, Wirkliches, die Nominalisten als ein Produkt des menschlichen Verstandes. Unsere Schulwissenschaft übergeht diese Auseinandersetzung als Philosophengezänk und alberne Haarspalterei. In Wirklichkeit bedeutete der Sieg der Nominalisten das Ende der Welt, über die sich der romanische Dom wölbte. Das moderne Zeitalter des Intellekts wurde geboren.

Das heißt nicht, dass die Menschen der Gotik auf Gott verzichten wollten oder konnten. Sie hatten den Glauben verloren. Sie besaßen nicht mehr die Glaubenskräfte, mit denen man Berge versetzt und glühendes Eisen anfassen kann. Sie bemühten sich, Gott mit ihrem Gehirn zu begreifen. Die Scholastiker zerbrachen sich den Kopf darüber, ob Adam und Eva Bauchnabel gehabt hätten, ob Gott sich auch in einem Esel anstatt in Jesus von Nazareth hätte offenbaren können und wie viele Engel auf einer Nadelspitze Platz hätten. Der Glaube wurde zerdacht.

Und genau das ist das Wesen des gotischen Doms. Man hat seine Materie zerdacht. Die Wände wurden aufgelöst in statisch berechenbare Kraftlinien. Man versuchte, mit dem Intellekt den Himmel zu stürmen. Die Gotik interessierte sich vor allem für den Innenraum. Das Äußere wurde zur Rückseite des Innenraums herabgestuft. Wichtig war nur die Außenwand, durch die man hindurch musste, um den Raum zu betreten. Diese Westportale wurden architektonisch geschmückt. Bei den anderen Seitenansichten machte man sich nicht die geringste Mühe, die abstützenden Hilfskonstruktionen zu verkleiden.

Versucht man, den gotischen Dom nachzuempfinden, so erkennt man, dass er völlig aus dem Gleichgewicht ist. Es gibt keine Harmonie zwischen innen und außen oder zwischen tragenden und belastenden Kräften. Es gibt nicht einmal in sich selbst ruhende Räume. Die emporschießenden Vertikalen sprengen den Innenraum. Er ist so hoch, dass er nicht mehr als Raum empfunden wird. Man wäre nicht überrascht, wenn Wolken unter seiner Decke hingen?

Wollte man die Gotik mit einem Wort ausdrücken, so wäre das: Überwindung, Überwindung der Materie, der Angst, der Sünde. Mit der gleichen maßlosen Sehnsucht, mit der die Dome aufgetürmt wurden, zerfleischten sich die Geißler ihre Leiber. Der Sieg der Nominalisten veränderte das bestehende Weltbild mehr als die Erfindungen des Schießpulvers und der Buchdruckerkunst. Die Menschen verloren ihren seelischen Halt. Sie vermochten nicht mehr zu glauben, aber sie hatten auch noch kein so selbstverständliches Verhältnis zum Intellekt wie wir Heutigen.

Die Folge dieser inneren Zerrissenheit war ein tiefer Pessimismus. Jeder Psychologe weiß, dass Menschen in solchen Situationen von Neurosen befallen werden.

Alle alten Werte zerbrachen. Kaisertum und Papsttum, die beiden wichtigsten Pole des Lebens, verfielen. Im Jahre 1410 gab es drei deutsche Kaiser und drei Päpste. Für die Menschen war das so, als hätte es nicht einen Jesus, sondern drei gegeben, von denen jeder behauptet hätte, er sei der Richtige und die beiden anderen seien gottlose Betrüger. Da man nicht wusste, wer der Richtige war, zweifelte man an allen dreien und an Gott, der das zuließ. Der Klerus erfuhr eine ungeheure Abwertung. Wenn jemand besonders ausschweifend lebte, sagte man: »Er hurt wie ein Karmelitermönch.« Es galt allgemein die Auffassung, ein Bischof käme grundsätzlich nicht in den Himmel und ein Pfarrer brauche so lange nicht zu heiraten, wie die jungen Weiber der Bauern regelmäßig zur Beichte gingen. Während des Konzils zu Konstanz zählte man 860 registrierte Prostituierte in der Stadt, die sich schon damals über den unlauteren Wettbewerb der Nonnen beklagten.

Überhaupt offenbart sich das Wesen der Gotik vor allem in ihrer Einstellung zur Sexualität.

Das frühe Mittelalter war eine ausgesprochen männlich akzentuierte Zeit. Die Frau hatte keinen Platz im öffentlichen Leben. Während der Romanik vollzog sich ein deutlicher kultureller Wandel. Das Gestirn der Frau stieg am historischen Firmament empor. Durch eine seltsame Verwandlung von höchster Verfeinerung entstand beim Mann der Wunsch, die Beute möge sich aus eigenem Antrieb ergeben. Er wollte den Besitz umwerben und nicht erbeuten. Der Beherrscher machte sich freiwillig zum Gefangenen. Der Stärkere unterwarf sich aus Liebe.

Diese Epoche nahm ihren strahlenden Ausgang in der Provence. Die Provence war eine der reichsten und blühendsten Landschaften Europas. Die Menschen unterschieden sich in Sitten, Kleidung und

Sprache von der Bevölkerung des übrigen Frankreich. Ihre Kultur galt lange Zeit als Vorbild verfeinerter Lebensart in ganz Europa. Die Frau nahm nicht nur teil an dieser Gesellschaft, sie wurde ihr Mittelpunkt. Das war etwas Unerhörtes. Bis dahin gab es nur Männergesellschaften: Jagd, Gelage und Kriegshandwerk, alles Männersache. Da geschah es in einer der vollkommensten Landschaften Europas, dass die irdische Liebe wie eine zarte Melodie das gesamte Leben erfasste. Es war keine Liebe im heutigen Sinn, sondern eine übersteigerte Form geistiger Erotik. Sie war fast frei von aller Stofflichkeit, sie war Sehnsucht und Anbetung.

Damit aber geriet die Kultur der Provence in scharfen Gegensatz zur Lehre der Kirche, denn die Bibel stammt aus einer ausgesprochen männlichen Epoche. Eva ist nur ein Stück von Adams Rippe. Das Weib ist die Urheberin der Sünde. Es gab Kirchenkonzile, auf denen die Frage erörtert wurde, ob die Frau eine unsterbliche Seele hätte. Nach damaliger Auffassung hieß das, ob sie ein Mensch oder ein Stück Vieh sei.

Als Papst Innozenz III. 1198 zum Papst gesalbt wurde, machte er es sich zur Hauptaufgabe, die bedrohlich anwachsende Ketzerei in der Provence zu zerschlagen. Da es die Inquisition noch nicht gab, wandte er sich an die Herzöge der Provence und forderte, dass die Anführer der Albigenser, die besonders tolerant und fortschrittlich waren, verbrannt und ihre Anhänger des Landes verwiesen werden sollten. Den Herzögen muss diese Aufforderung des Papstes, ihre tüchtigsten Untertanen zu verbrennen oder fortzujagen, vorgekommen sein wie die Aufforderung Kaiser Wilhelms an die Fabrikanten, alle Sozialisten zu erschießen. Die Forderung des Vatikans war eine Ungeheuerlichkeit, denn Ketzerverbrennungen waren dem frühen Mittelalter völlig fremd.

Der Papst verkündete den Kreuzzug gegen die Provence, dem die Abenteurer aller Länder begeistert folgten, denn die Provence versprach reiche Beute, den Ablass aller Sünden eingeschlossen. Die

Gräuel waren unvorstellbar. Sie lieferten das Vorbild für alle späteren Hexenverfolgungen. Als unmittelbare Folge dieses Kreuzzuges erfolgte die Einrichtung der Inquisition als einer ständigen, nur dem Papst unterstellten Behörde. Obwohl sich der Albigenser Kreuzzug offiziell gegen alle Ketzer wandte, war er von Anfang an ein Kampf gegen die Frau.

Im Jahre 1486 erschien in Köln *Der Hexenhammer*, nach der Bibel das meistgedruckte Buch seiner Zeit. Ein krankhafter Frauenhass beherrscht jede Seite. Er richtet sich gegen alle Frauen. Eine Frau, die selten zur Kirche geht, ist so verdächtig wie eine Frau, die es häufig tut, denn sie will sich verstellen. Die flotte alte Witwe ist genauso verdächtig wie die fromme junge Nonne, denn an ihr hat Satan seine besondere Freude. Der Hass richtet sich nicht nur gegen Teufel und böse Magie, sondern gegen alle Frauen. Von männlichen Zauberern spricht *Der Hexenhammer* nur nebenbei. Er bedroht nur den Mann, der einer angeklagten Hexe beisteht. Hexenmeister wie Doktor Faustus waren hoch angesehen.

Der Hexenwahn der Gotik ist die äußere Projektion eines abartigen Machtkampfs, der sich außerhalb der Vernunft zwischen dem männlichen und weiblichen Gestaltungsprinzip abspielte. Gewiss haben die Menschen das nicht verstandesmäßig begriffen, aber sie haben es als etwas Ungeheuerliches erlebt, das sie in namenlose Angst versetzte.

Viele Menschen halten die Hexenverfolgung für einen Aberglauben aus finsterer Vergangenheit. In Wahrheit jedoch ist sie eine Erfindung der Neuzeit. Sie wurde mit der Gotik geboren und ist ein Teil von ihr wie ihre Dome. Mehr als zwei Millionen Frauen starben auf den Scheiterhaufen der Inquisition. Im frühen Mittelalter wäre das ganz unmöglich gewesen. Die Synode von Paderborn, die Karl der Große im Jahre 785 einberufen hatte, forderte die Todesstrafe für alle, die nach Art der Heiden glaubten, eine Frau könne eine Hexe sein.

Es ist keinesfalls so, dass der Aberglaube des Pöbels oder die Dummheit der Massen diesen Wahn geschaffen hätten. Taufpate war die intellektuelle Elite ihrer Zeit. Selbst der aufgeklärte Reformator Luther zweifelte keinen Augenblick an der Existenz von Hexen. Paracelsus, der bedeutendste Arzt und Gelehrte des 16. Jahrhunderts, war davon überzeugt, dass die meisten Krankheiten von Hexen verursacht würden. Die führenden Köpfe der Wissenschaft glaubten dem großen Trithenius, der verkündete: »Verabscheuungswürdig ist das Geschlecht der Hexen, die durch Hilfe böser Geister den Menschen unabsehbaren Schaden zufügen. Leider ist ihre Zahl sehr groß. Selbst im kleinsten Ort findet man noch eine Hexe.«

Im Mittelpunkt der gotischen Liebesdichtung steht nicht wie in der ritterlichen Lyrik die verheiratete Dame, sondern das junge Mädchen. Sie war nicht mehr unerfüllte Sehnsucht, sondern der Bettschatz, nicht unerreichbares Ideal, sondern Genussmittel.

Es herrschte eine unglaubliche Freiheit im Verkehr zwischen den Geschlechtern. Überall schossen Badehäuser aus dem Boden. Männer und Frauen badeten gemeinsam nackt in einer Wanne. Dabei wurde getafelt und getrunken. Dass diese Häuser vor allem Bordelle waren, erkennt man an der Tatsache, dass der Bader so gering geachtet war wie der Henker und die Hure. Ein Spruch aus dieser Zeit lautet: »Für unfruchtbare Frauen ist das Bad das Beste. Was das Bad nicht schafft, das schaffen die Gäste.«

Der Florentiner Poggio, der als Sekretär des Papstes nach Deutschland kam, schrieb in einem Brief: »Alle, die lieben wollen, strömen in die Bäder, wo sie finden, was sie wollen.«

Das Helbing Büchlein berichtet, dass auf einen Hornruf des Baders hin alles zur Badestube strömte. Die meisten Bürger und Bürgerinnen eilten fast nackt durch die Straßen. Aus Furcht vor Diebstahl ließen die meisten ihre Kleider zu Hause. »Mancher verbringt den größten Teil des Tages mit Baden, Trinken und Herzen.«

Die Bordellbäder waren so beliebt, dass sie an der Zerstörung der großen Waldlandschaft stark beteiligt waren. Nicht nur in Bruchsal wurde 1430 über die Verwüstung der Wälder durch die Bader geklagt. In Stuttgart mussten die Badetage von sechs auf zwei herabgesetzt werden. In Frankfurt wurden die 18 öffentlichen Bordellbäder auf zwei dezimiert wegen Mangels an Holz.

Das 19. Jahrhundert verschloss seine Augen vor diesen Tatsachen, weil sie nicht in das hehre Bild passten, das man sich von der Gotik gemacht hatte. 1890 versuchte der Verfasser des viel gelesenen Geschichtswerkes *Deutsches Leben in der Vergangenheit*, in den Badehäusern einen Beweis für »germanische Reinlichkeit« zu sehen.

Die Sexualität der Gotik ist voller Widersprüche. Während in den Klöstern Orgien gefeiert werden, zerfleischen sich die Geißler ihr sündiges Fleisch. Hohe Geistliche vertreten öffentlich die Meinung, das Zölibat sei so aufzufassen, dass Priester zwar nicht heiraten dürften, aber es gäbe kein Verbot, sich Mätressen zu halten. Der Marienkult erreicht seinen Höhepunkt. Die vollendetsten Dome, wie Notre-Dame, werden der unbefleckten Jungfrau geweiht, und im Schatten der Kathedralen werden junge, unbescholtene Mädchen als Hexen sadistisch zu Tode gequält.

Es gibt eine Phase im Leben eines jeden Menschen, in dem all diese Widersprüche im Kampf miteinander liegen können, und das ist die Pubertät. Die Gotik ist die Pubertät des Abendlandes.

Die gotischen Kathedralen wurden nicht errichtet im blinden Vertrauen auf die göttliche Vernunft, sondern in tiefer Verzweiflung an der menschlichen Unvernunft. Der Mensch hatte seinen Glauben, den unmittelbaren Zugang zu Gott verloren. Diese Entfremdung äußerte sich in der Umwandlung der Altäre. Bis zur Gotik gab es nur den Baldachinaltar. Der Priester stand auf der anderen Seite des Altars, das Gesicht der Gemeinde zugewandt. In den gotischen Kirchen entstand der Retabelaltar mit einer festen Rückwand. Jetzt stand der Priester auf der Seite der Gemeinde und schaute mit ihr gemeinsam in eine Richtung. Eine so konservative Institution wie die katholische Kirche hat am Altar, dem Mittelpunkt ihrer Liturgie, eine einschneidende Veränderung vorgenommen, und das hat einen tieferen Sinn. Es bedeutet eine klare Trennung von Diesseits und Jenseits. Bis jetzt stand wenigstens noch der Priester auf der »anderen Seite«. Es gab noch Eingeweihte, die eine überirdische Sonderstellung als Mittler zwischen Gott und den Menschen innehatten.

Das war jetzt vorbei. Der Priester war kein Magier mehr, der im Dunkel der Krypta mit überirdischen Kräften operierte, sondern ein Alltagsmensch, dem man zutraute, dass er sich im Beichtstuhl an den Eheweibern der Bauern verging. Wenn er dennoch über der Gemeinde stand, so nur deshalb, weil er ein studierter Intellektueller war wie ein Rechtsgelehrter. Die Religion verlor ihre Sonderstellung. Die Dome mit ihren himmelstürmenden Ausmaßen waren kein Zeichen mehr dafür, dass ihre Erbauer stark im Glauben waren, sondern dafür, dass sie ihren Glauben verloren hatten.

Die sterbenden Monarchien bauen sich stets die größten und prächtigsten Schlösser.

Die Gotik ist die Geburtsstunde der Stadt. Vereinzelt gab es schon immer Städte, aber mit einem Mal werden sie zum Mittelpunkt eines neuen Lebensgefühls. Eine Stadt ist ja nicht nur eine große Ansammlung bewohnbarer Häuser. Mit der Stadt entsteht ein ganz neuer, von der Natur abgegrenzter Lebensraum, eine neue, selbst geschaffene Welt. In der Stadt löst sich der Mensch von der Natur. In der engen Begrenzung hinter den Mauern entsteht eine neue Gemeinschaft, ein neuer Menschentyp: der Städter. Von Anfang an beherrscht die Stadt das Land. Die umgebende Natur ist nur dienendes Zubehör. Mit der Stadt wird der moderne Mensch der Gegenwart geboren. Intellektualismus und Materialismus sind seine Grundzüge. Das Zusammenleben auf engstem Raum zwingt zu rationalistischem und fortschrittlichem Denken. »Stadtluft macht frei«, so lautete das Schlagwort der Zeit. Die gotische Stadt war ein selbstständiger Organismus. Innerhalb der Mauern wurde alles hergestellt, was man zum Leben brauchte. Hier wurde geschlachtet, gesiedet, gehämmert und gestampft. Ein unerträglicher Lärm und Gestank lag über dem dicht zusammengepferchten Gemäuer. In der Gerbergasse, wo die frischen Häute in Erdgruben faulten, wimmelte es so von Maden, dass die Passanten auf ihnen ausrutschten. Unsere romantische Vorstellung von der gotischen Stadt ist falsch. Es gab dort auch nicht ein Mindestmaß an Hygiene. Die engen Gassen waren dunkel und stickig. Sie waren ungepflastert, und man versank so tief im stinkenden Morast, dass man die Straßen nur an bestimmten Stellen überqueren konnte. Es gab keine Kanalisation. Kot, Abfall und Regenwasser flossen durch die Gassen. Vor allen Häusern türmten sich Dunghaufen, auf die man selbst tote Tiere warf. Es gab nicht einmal Schornsteine. Ruß und Qualm suchten sich ihren Weg durch Fenster und Türen. Es gab keine Toiletten. Man hockte sich ungeniert irgendwo auf der Straße nieder. Nachtgeschirre wurden aus dem Fenster entleert. Hinzu kamen ganze Scharen von lebenden Tieren. Hühner, Gänse, Schweine, Schafe und sogar Kühe verunreinigten die Straßen. Die wenigen Patrizierhäuser, die uns aus jener Zeit erhalten geblieben sind, geben ein falsches Bild wieder. Die Dächer waren meistens noch aus Stroh. Die Fenster waren noch nicht verglast, waren mit Fellen verhängt und ließen den Rauch heraus. Es wimmelte überall infernalisch von Ratten, Mäusen, Wanzen, Flöhen und anderem Ungeziefer, an Markttagen konnte man die feilgebotenen Esswaren oft vor Fliegen kaum erkennen. Wie ist es möglich, dass zivilisierte Menschen unter solch unwürdigen, schmutzigen Umständen zu leben vermögen? Diese Frage werden sich dereinst auch unsere Enkel stellen im Hinblick auf die verschmutzte Umwelt, in der wir heute leben.

Erst vor dem Hintergrund dieser Zustände vermag man die gewaltige Wirkung des gotischen Stadtdoms richtig zu erfassen. Er war der einzige Platz in der ganzen Stadt, wo man nicht knöcheltief durch den Schlamm watete, wo es nicht stank und laut war, wo man nicht von der Enge erdrückt wurde. Er war das gute Zimmer, der Salon für eine ganze Stadt. Er war gleichzeitig Theater, Opernhaus, Kino, Kulturzentrum, Gemäldegalerie und Volkshochschule. Er war alles außerhalb der Wohn- und Arbeitswelt. Hier wohnten nicht nur Gott und die Heiligen, sondern alle Künste, denn außerhalb des Domes gab es keine Malerei, keine Plastik, Musik oder Dichtung. Der Dom war das Herz der Stadt, die Keimzelle einer neuen Zeit. Er wurde ohne Zweifel von seiner Zeit als viel, viel größer erlebt als heute von uns. Die Kathedralen von Ulm und Beauvais standen nicht wie heute in Großstädten, sondern in Orten von 5 000 Seelen und überragten die niedrigen Fachwerkhäuser bis in den Himmel.

Hand in Hand mit den Städtegründungen geschah eine der größten Landschaftsumgestaltungen unserer Geschichte. Die Versorgung der Städte war nur möglich durch Rodung großer Waldgebiete. Im Umkreis der Städte entwickelte sich ein mächtiger Bauernstand zur Versorgung der Städter.

Erst mit der Gotik wurde in Europa die Antike tatsächlich überwunden. Der gotische Baustil war etwas völlig Neues. Die Jahrhunderte nach der Gotik waren in dieser Hinsicht eigentlich ein Rückfall, denn sie knüpften wieder an die Antike an. Über ein halbes Jahrtausend lang sind in Europa keine Bauten mehr errichtet worden, die im wahrsten Sinne des Wortes so modern waren. Deshalb hat die Nachwelt die Gotik auch nicht mehr begriffen. So schrieb Vasari, der nur eine Generation nach der Gotik lebte: »Wir kommen nun zu einer Stilrichtung, die man die deutsche nennt. Sie ist in Ornament und Proportion völlig anders als die Antike. Sie wird von allen hervorragenden modernen (Renaissance-)Architekten nicht angewandt, sondern als monströs und barbarisch abgelehnt, denn es fehlt ihr jede Ordnung. Dieser Stil sollte Verwirrung und Unordnung heißen. Leider gibt es so viele Bauwerke dieser Art, dass sie die Welt anekeln. Der ganze Aufbau wirkt so unsicher, dass man fürchten müsse, die einzelnen Teile fallen jeden Augenblick herunter. Diese Bauten haben so viele Durchbrüche, Vorsprünge, Nischen und endlosen Zierrat, dass sie keine Proportionen mehr besitzen. Diese primitive Manier ist die Erfindung der Goten, die in diesem Stil bauten, nachdem sie die guten alten antiken Bauwerke zerstört und die Architekten getötet hatten. Sie zerlegten den wohlproportionierten klassischen Bogen in Spitzbögen und verunstalteten mit dieser Geschmacklosigkeit ganz Italien. Gott schütze jedes Land vor solchen Ideen und Baustilen. Sie sind so hässlich, verglichen mit der Schönheit unserer Bauwerke, dass sie es nicht wert sind, mehr Worte darüber zu verlieren.«

Die Deutschen des 19. Jahrhunderts sahen im Kölner Dom das erhabenste Bauwerk der Nation, das sie mit Millionenaufwand vervollständigten.

Es ist eine Ironie des Schicksals, dass die gleichen Deutschen in Frankreich ihren Erbfeind sahen und dass der Kölner Dom von allen gotischen Bauten der französischste ist.

Bis in die Gegenwart hinein ist das Urteil über die Gotik so voller Widersprüche wie die Gotik selbst. Die Baukonstruktionen stehen im Detail und in ihrer intellektbetonten Gesamtkonzeption dem Islam näher als der Romanik. Das ist gar nicht so ungeheuerlich, wie es uns heute auf den ersten Blick erscheinen mag, denn noch bis zum Ende der Renaissance sah man im Islam eine abtrünnige christliche Sekte. Dante verbannte Mohammed in die unterste Höllenregion, in die Hölle der Abtrünnigen.

Zu keiner Zeit außer der unsrigen waren so viele Menschen ständig unterwegs. Ritter unternahmen Kreuzzüge, Gläubige Pilgerfahrten, Händler zogen von Stadt zu Stadt, Handwerker und Scholaren zogen auf Wanderschaft, Vaganten, Spielleute, Geißler und Wanderprediger bevölkerten die Straßen.

Die Macht des Geldes begann eine historische Rolle zu spielen. Die romanischen Bauten waren noch von Leibeigenen und Freiwilligen erbaut worden, die gotischen wurden von selbstständigen Arbeitskräften gegen Bezahlung errichtet. Umfang und Tempo hingen nun von finanziellen Erwägungen ab. Bauarbeiter und Künstler brachten keine persönlichen Opfer dar, sondern verdienten Geld. Damit veränderte sich auch die geistige Einstellung zu den Bauten. Sie wurden mehr und mehr Vermögensobjekte. Nur die großen Städte waren in der Lage, Kathedralen zu finanzieren. Ihre Financiers waren nicht Herrscher, sondern Steuerzahler. Die Gotik ist von viel modernerem Geist, als wir allgemein glauben. In einem französischen Mysterienspiel aus dem 14. Jahrhundert, das vor dem Dom aufgeführt wurde, weckt ein Engel den lieben Gott mit den Worten: »Euer Sohn wurde soeben gekreuzigt, und Ihr schlaft hier wie ein Betrunkener.« Gott erwidert schlaftrunken: »Ist er schon tot?« Engel: »Allerdings.« Gottvater: »Hol mich der Teufel. Davon wusste ich nichts.«

Eine so freie Sprache vor dem Dom wäre bis heute in vielen Ländern undenkbar.

Die Gotik an ihren Hexenprozessen zu messen, wäre ungerecht. Obwohl die gotischen Kathedralen noch mitten unter uns stehen, sind sie falsch gedeutet worden. Der Geist, der ihnen Form gab, ist nicht von der Art, die Klassizismus, Romantik und das 19. Jahrhundert ihnen andichteten. Diese Türme zu Babel sind Phallussymbole, himmelstürmende Wolkenkratzer und Grabsteine eines verloren gegangenen Glaubens.

Die Moschee

Geschichte ist eine Funktion
des Glaubens.
Harun al-Raschid

Der Weg des Islam ist
der Weg vom Wüstenzelt zur Stadt,
von der klassenlosen Gesellschaft
der Beduinen zum Monopolkapitalismus
der Großgrundbesitzer.
Das Haus des Glaubens übertraf an
Ausdehnung
die Reiche Alexanders des Großen
und Roms.
Die Moschee ist kein Gotteshaus.
Wer lernt, betet.

Der Islam ist ein Produkt der Wüste und ohne diese nicht denkbar. Wir glauben, die Wüste sei etwas Totes, Leeres, Ödes.

Es gibt im Arabischen mehrere hundert Namen für die Wüste, aber es gibt nicht einen darunter, der Verlassenheit oder Leere ausdrückt. So heißt sie zum Beispiel al mataha, »Landschaft ohne Wege«, oder al mafaze, »der Ort, wo man siegt«. So tot wie die Wüste äußerlich erscheint, so lebendig und schöpferisch ist die geheimnisvolle Ausstrahlung, die von ihr ausgeht. Dieses Hochland aus Fels und Sand zwischen Euphrat und Nil, das wir die Arabische Wüste nennen, ist so etwas wie eine Keimzelle oder ein magischer Strahlungskern für Hochkulturen. Der Einfluss dieser Wüste auf unsere Geschichte ist gewaltiger als der aller Meere zusammen. In ihrem Strahlungsbereich entstanden die größten Kulturen der Menschheit: Die Assyrer, Babylonier, Akkader, Sabäer, Minäer, Ammoniter, Phönizier, Israeliten und Ägypter.

Drei Weltreligionen wurden in dieser Wüste geboren:

die jüdische Religion, das Christentum und der Islam. Der Berg Sinai, wo Moses die Zehn Gebote empfing, der Berg der Versuchung, wo Jesus 40 Tage fastete, und der Berg Hira, wo Allah mit Mohammed sprach, sie alle liegen in dieser Wüste. Diese Landschaft ist wie keine andere dazu geeignet, die Idee des Monotheismus zu gebären, die Lehre von dem einen Gott, der nichts neben sich gelten lässt als sein eigenes unerbittliches Gesetz.

Die Wüste hat ihre eigenen Gesetze wie das Meer und das Hochgebirge. Diese Gesetze sind von totaler Allmacht. Ein Wüstchen ist ebenso undenkbar wie ein Meerchen. Es geht um alles oder nichts, um Tod und Leben.

Die Nomadenstämme unterlagen seit Jahrhunderten dem unerbittlichen Gesetz der Wüste. Blieb der Regen aus, so fanden sie auf ihren Wanderungen von Wasserloch zu Wasserloch kein Weideland. Das Gesetz des Überlebens zwang sie, sich die Grasflächen eines anderen Stammes zu erobern. Der Verlierer ging unter, oder er musste sich ebenfalls anderswo neuen Lebensraum erkämpfen. In diesem Kampf gab es keine Polizei. Das Gesetz diktierte die Wüste. Die Blutrache stammt aus dieser Geisteshaltung. Ein Stamm ist so lebensfähig wie die Anzahl seiner Krieger. Verliert er einen wehrfähigen Mann, so ist das Gleichgewicht der Kräfte gestört. Der Stamm des Mörders muss um einen Mann dezimiert werden.

In diesem Kampf gab es jedoch ungeschriebene Gesetze von unverbrüchlicher Treue und Menschlichkeit wie das Gastrecht. Wenn es einem Verfolgten gelang, die Zelte eines Stammes zu erreichen, so stand er unter dem Gastrecht dieses Stammes. Kein Beduine konnte die erbetene Hilfe verweigern. Diese Schutzpflicht galt bedingungslos, und der Schutzherr stand mit seinem Leben dafür ein. Bis zum Jahre 622 n. Chr. war die Wüste nur die geschichtslose Heimat umherziehender Nomaden. In diesem Jahr floh Mohammed von Mekka zur Oase Yathrib, die später den Namen Medina erhielt, das heißt »Stadt«.

In diesem Augenblick beginnt die neue Zeitrechnung des Islam. Das Jahr 622 ist ihr Jahr null.

Warum beginnt die Zeitrechnung mit der Flucht des Propheten von Mekka nach Medina? Ist der Tag, an dem Gott zum ersten Mal zu Mohammed sprach, nicht viel wichtiger? Mit Mohammeds Flucht nach Medina enden die Urgesetze der arabischen Wüste. Der Prophet legte in Medina die Gesetze der neuen Gemeinschaft der Gläubigen fest. Aus den blutsverwandten Bindungen an den Stamm entstand die übergeordnete Gemeinschaft der Gläubigen.

Der Weg des Islam ist der Weg von der Wüste zur Stadt, und das im wahrsten Sinne des Wortes, denn Medina heißt die Stadt. Es ist der Weg vom Zelt zum Haus, denn in dieser Beduinenwelt ohne Häuser taucht mit einem Mal der Begriff »das Haus des Islam« auf. So nennt sich die neue Gemeinschaft der Gläubigen.

Innerhalb von zehn Jahren gelang es Mohammed, die ganze arabische Halbinsel religionspolitisch zu vereinigen. »Über Nacht gleichsam wird aus den Beduinenstämmen, die sich in endlosen Fehden um Weideplätze sinnlos erschöpften, eine handlungsfähige Einheit, die ein klares geistiges Ziel hat, durchglüht und getrieben von einem gemeinsamen Glauben, zusammengeschweißt durch die uralten Stammesgesetze, die nun die ganze Gemeinschaft der Gläubigen umfassen, befeuert von der sicheren Verheißung des Paradieses für den Tod im Heiligen Krieg. Aus quirlendem Chaos wird geballte Macht. Und diese Macht hat ein Ziel: eine einzige Welt des Glaubens für den einen, einzigen Gott zu schaffen. Nun erst zeigt sich, welche Kraft so viele Jahrhunderte in der Wüste geschlafen hat. Eine Kraft, die Weltreiche umstößt wie tönerne Götzen und die genügend Reserven hat, das Gewonnene über Jahrhunderte hindurch zu bewahren. Ihr Triumph ist –wann wäre das je anders gewesen – der Triumph einer Idee« (Anselm Heyer).

Das mächtigste Reich der damaligen Zeit war das Perserreich der Sassaniden. Es reichte von Kleinasien bis zum Indus. Sein Herrscher trug den Titel »König der Könige«. Im September 634 erschienen am Hof des mächtigsten Herrschers der Welt ein Dutzend barfüßige Beduinen. Ihre mündliche Botschaft lautete: »Im Namen des Kalifen aller Gläubigen sollst du wählen zwischen drei Dingen: Entweder du bekehrst dich und dein Volk zum rechten Glauben, dann behältst du deine Herrschaft und bist frei von Tribut. Oder du und dein Volk verharren im Unglauben, dann musst du Tribut zahlen. Oder du verweigerst den rechten Glauben und den Tribut, dann werden dich unsere Säbel vernichten. Wähle!«

Drei Tage und drei Nächte dauerte die Schlacht.

7000 Araber schlugen 20000 Perser. Die Hauptstadt des Perserreiches, die selbst die Römer nie erobert hatten, wurde islamisch.

Die Söhne Allahs waren so überzeugt von ihrem Sieg, dass sie ihr zahlenmäßig weit unterlegenes Heer aufgeteilt hatten und gleichzeitig Ostrom angriffen. Sie eroberten Damaskus und ganz Syrien, das zum Oströmischen Reich gehörte. Der Herr von Byzanz hatte an einem Nebenfluss des Jordans ein Heer von 80 000 Kriegern aufgestellt. Die Schlacht dauerte nicht einmal drei Stunden.

Wir lernen in unseren Schulen so unbedeutende und lang zurückliegende Gefechte wie die Schlacht bei Sedan. Wer von uns kennt schon Amr ibn al-As oder Khalid ibn al-Walid, das Schwert Gottes? Beide sind die erfolgreichsten Feldherren der Weltgeschichte. Unabhängig voneinander und gleichzeitig eroberten sie innerhalb von nicht einmal 20 Jahren ein Gebiet, das größer war als das gesamte Reich Alexander des Großen oder das Römische Reich zur Zeit seiner größten Ausdehnung. Der neue Gottesstaat reichte vom Atlantik bis zum Indus und von Aden bis zum Aralsee, um sich bald auch noch über Spanien bis Mittelfranken auszudehnen.

Das Erstaunliche aber war, mit welcher Diplomatie und Toleranz die Sieger den Besiegten begegneten. Der Krieg trat immer nur dann in Kraft, wenn alle anderen Mittel versagt hatten. Jeder Gegner wurde erst gefragt: »Du kannst wählen zwischen drei Dingen …«

Alle unterworfenen Länder erlebten eine Blüte, die viele von ihnen bis in die Gegenwart nicht wieder erreicht haben. Wer seine Steuern entrichtete, genoss volle Bürgerrechte. Der Koran sagt »Seien sie gläubige Christen oder Juden, wenn sie nur an Gott und an das Jüngste Gericht glauben und recht tun, so wird Allah sie belohnen.«

Wie errichteten die Araber ihre Gotteshäuser?

Welche Idee formte ihre Bauten?

Die Bewohner der Wüste bauten nicht. Sie kamen erst sehr spät zu einer eigenen Schrift, die auch bis zu Mohammed keine Rolle spielte, denn die Beduinen besaßen keine Bücher und konnten weder lesen noch schreiben. Selbst Mohammed war der Legende nach ein Analphabet bis zu dem Tag, an dem der Erzengel Allahs zu ihm sprach: Schreib!

Ein Volk ohne eigene Schrift und ohne Bautrieb ist ein Naturvolk. Kulturgeschichtlich standen die Beduinen auf der gleichen Stufe wie die Stämme Afrikas, und wie bei all diesen Völkern waren Sprache und Musik zu höchster Virtuosität entwickelt. Goethe war fasziniert von der vorislamischen Dichtung der Wüste. »Herrliche Schätze sind die Gedichte, entsprungen vor Mohammeds Zeiten«, so schwärmte er und verglich sie mit der *Edda* und der *Ilias*.

Die alten Beduinenstämme waren »aristokratische Kommunisten«. Außer dem Pferd, dem Weib, der Kleidung und den Waffen gab es keinen Privatbesitz. Die Weideplätze, die Herden, die Vorräte, ja, sogar die Zelte mit allem Inventar gehörten der Stammesgemeinschaft. Die Ältesten wählten den fähigsten Mann zum Scheich. Er war ein auf Zeit gewählter Führer unter seinesgleichen. Es gab weder Könige noch Oberpriester. Vergleicht man dieses Regierungssystem mit den griechischen Stadtstaaten, so war es nach unserer heutigen Auffassung demokratischer als alle griechischen Demokratien. Es scheint so, als ob auch die älteste Demokratie aus der Wüste stammt.

Das alles ändert sich mit dem Tag, an dem Mohammed den göttlichen Befehl erhält: Schreib! Jetzt gilt nicht mehr das ungeschriebene Gesetz der Wüste, sondern die Heilige Schrift. Aus den Zeltnomaden wird das »Haus des Islam«. Der Weg aus der Wüste nach Medina ist der Weg vom nomadenhaften Wüstenvolk zur Stadt. Denn Medina heißt auf Arabisch *Stadt*.

Der Islam ist der einzige Fall in der Geschichte, dass ein nicht bauendes Wüstenvolk diesen Weg schlagartig aus eigener Kraft geht.

Dieser blitzschnelle, sprunghafte Wechsel von einem Zustand in den anderen und die enorme Energie, die dabei frei wurde, war wie eine Explosion. Und in der Tat war der Islam für Europa kulturgeschichtlich so etwas wie eine Explosion. Atomexplosion.

Alle frühen Eroberungen des Islam lagen am Rand der Wüste. Die Araber führten ihre Kriege wie Seeräuber. Sie stießen aus der Wüste hervor, schlugen die Landmächte und zogen sich im Notfall in die Wüste zurück. Das galt für Syrien, Ägypten, Palästina, Algerien und Marokko. Alle diese Gebiete wurden nicht nur islamisch, sondern auch arabisch. Persien oder der alte Iran, der kein Randgebiet der arabischen Wüste war, übernahm zwar den Islam, blieb aber in Sprache und Kultur persisch. Noch bis in die Gegenwart liegt keine arabische Großstadt mehr als einen Tagesmarsch von der Wüste entfernt.

Im Jahre 655 n. Chr., nach dem Sieg über die byzantinische Flotte und nach der Eroberung von Zypern und Sizilien, besaßen die Araber auch die Seeherrschaft über das östliche Mittelmeer. In diesem Jahr endet die Geschichte des arabischen Islam.

Das Volk der Wüste beginnt zu verstädtern. Typisch für diesen folgenschweren Vorgang ist ein Gesetz des Kalifen Othman, das noch vor einer Generation undenkbar gewesen wäre. Bis dahin war es einem Araber nicht erlaubt gewesen, Land zu besitzen. Othman hob das Verbot auf. Die Folgen waren katastrophal. Die besitzlose und klassenlose Gemeinschaft der Beduinen wurde zur städtischen Gesellschaft von Grundbesitzern und Proletariern.

Das Haus des Islam zerbrach.

Im Juni des Jahres 656 rotteten sich im ganzen Reich die Unzufriedenen zusammen, marschierten nach Medina und erschlugen den Kalifen Othman.

Der Bürgerkrieg, der im Gottesstaat nichts anderes sein kann als ein Glaubenskrieg, begann und zerstörte die Einheit der noch jungen Kräfte mitten in ihrer Entfaltung. Es kam zur ersten offenen Schlacht: Muslime gegen Muslime. Der Bau des Haus des Islam wurde noch vor seinem Richtfest unterbrochen und niemals vollendet. Ein neues Wort wurde geboren, tamaddun, das heißt »Verstädterung«. Die ungebrochene Idee der Wüste erkrankt, beginnt zu altern.

Bezeichnenderweise wird die Hauptstadt des Islam von Medina nach Damaskus verlegt, von der Oase zur Großstadt, die damals schon 100 000 Einwohner zählte. Aus der Demokratie der aristokratischen Kommunisten wird die Kalifendynastie der Umayaden mit monarchistischem Erbfolgeanspruch.

Alles, was nun folgt, ist letztlich nichts weiter als eine große Euphorie. Die gesamte Glaubens- und Gesetzeslehre, alle großen Eroberungen, das geniale Verwaltungssystem, alles war in der kurzen Zeitspanne von einer Generation entstanden. Dass die Kultur des Islam noch so lange danach blühte, ist nur ein Beweis dafür, welch ungeheure Urkraft ihren Anfängen innewohnte. Es ist überhaupt eine eigenartige Tatsache, dass die größten kulturellen Leistungen von kleinen Völkern in kürzester Zeit vollbracht werden. Auch Griechenland war nur klein an Raum und Menschen, und seine eigentliche Blüte, das Zeitalter des Perikles, dauerte nicht viel länger als eine Generation.

So wie die Götter Griechenlands in Rom weiterlebten, so lebte auch Allah weiter in Damaskus, Bagdad und Istanbul. Aber der Islam Bagdads war von der kraftvollen Idee der Wüste so weit entfernt wie Rom von Athen. Harun al-Raschid hatte mit der Lehre Mohammeds so viel gemeinsam wie Ludwig XIV. mit der Lehre Christi.

Im Koran steht: »Die ganze Erde ist Allahs Moschee. Darum, wohin ihr Euch auch wendet, dort ist Gottes Antlitz.« Dem Moslem ist es nicht vorgeschrieben, einen Tempel zu besuchen. Er kann überall unter freiem Himmel beten. Es gibt keine islamischen Pfarrer oder Priester. Jeder Gläubige darf aus dem Koran vorlesen. Am Anfang verrichteten die Muslime in den Städten ihre Gebete auf der Straße, wie sie es heute noch häufig tun.

Erst auf europäischem Boden, in Andalusien, entstanden die ersten Bauten als Ausdruck der islamischen Idee.

Dabei waren von Anfang an Kirche und Moschee etwas völlige anderes. Die Moschee ist kein geweihtes Gotteshaus mit Altären, auf denen sich göttliche Wunder vollziehen wie in den christlichen Kirchen. Es gibt keine Chorgesänge, keine Opfer, kein Schaugepränge, kein Orgelspiel, keine Weihrauchdüfte, keine Heiligenbilder oder Reliquien. Die Moschee ist kein mythischer Ort, sondern ein Versammlungsraum. Von außen sieht die ungeschmückte Fassade häufig so belanglos aus wie eine Markthalle oder eine Karawanserei. Nur das Innere ist geschmückt.

Die großen Moscheen Spaniens haben keine Haupt- oder Nebenschiffe, keine verschiedenen Raumhöhen, nicht einmal eine bauliche Raumrichtung. Nur eine flache Wandnische gibt die Richtung an, in die man sich gemeinsam vor Allah verneigt. Es gibt keine Geistlichen, nur Gläubige. Dieser demokratische Grundzug der alten Beduinengesellschaft spiegelt sich in der gleichwertigen Folge der Säulen und Raumabschnitte wider. Diese Bauten könnte man ohne Weiteres in jeder Richtung erweitern oder verkleinern, ohne ihre Harmonie zu stören. Ihr Reiz liegt in der Wiederholung.

Die christliche Kirche versucht, das Überirdische sichtbar zu machen. Um Gott zu preisen, ist ihr nur das Beste gut genug. Alle Künste werden aufgeboten.

Der Innenraum der Moschee hat als einzigen Schmuck Wandornamente von abstrakter, mathematischer Gestalt, die nichts Gegenständliches oder gar Lebendiges darstellen. Man nennt diese ureigene arabische Schöpfung Arabesken. Ihre Muster umspannen spinnennetzartig den Raum und lösen die Wände auf wie eine kostbare Stickerei. Die abstrakte Monotonie dieser Arabesken an den Wänden erinnert an die Wüste, deren Thema die unendliche Wiederholung des Gleichen ist. Die Arabeske ist ohne Anfang und ohne Ende. Goethe sagte von ihr: »Dass du nicht enden kannst, das macht dich groß, und dass du nie beginnst, das ist dein Los.«

Die Arabeske ist so abstrakt wie der Islam. Allah ist ein reines Geistwesen, unvorstellbar und unkörperlich. Da er niemals wie im Christentum als Gottessohn körperliche Gestalt angenommen hat, so gibt es nichts, was man von ihm darstellen könnte, keine Geburt, Wunderheilung oder Kreuzigung, keine Gottesmutter und keinen Lieblingsjünger. Die Bibel besteht aus handlungsstarken Geschichten, wie Adam und Eva oder die Arche Noah. Der Koran jedoch besteht aus Gesetzen, Gebeten und Belehrungen, abstrakt wie Arabesken.

Bis in die Gegenwart steht in allen Kulturgeschichten, dass das Bilderverbot des Koran jede bildhafte Abbildung verbiete. Das ist falsch. Der Prophet hat nie eine so kunstfeindliche Forderung aufgestellt. Es steht im Koran: »Wein und Glücksspiel, Götzenbilder und Loswerfen sind ein Abscheu und ein Gräuel.«

Erst spätere Generationen haben die »Götzenbilder« so ausgelegt, dass Allah grundsätzlich etwas gegen Abbildungen habe. Die Wahrheit offenbart sich jedoch in den Moscheen. Die Verehrung eines völlig abstrakten Gottes schließt Abbildungen aus – Abbildungen von wem? Die Arabesken der Moscheen sind der sichtbare Ausdruck dieser Geisteshaltung.

Nähme man diesen Räumen ihren Wandschmuck, so würde ihr Zauber verschwinden wie eine Mondfinsternis. Diese Wände sind eigentlich steingewordene Teppiche, geknüpft aus Mosaiksteinen.

Seit Jahrhunderten besitzt der Nomade nur Dinge, die er wirklich benötigt. Jedes überflüssige Pfund belastet die Tragtiere und vermindert die Beweglichkeit von Wasserloch zu Wasserloch. Kunstgegenstände sind deshalb vor allem Ballast. Das gilt jedoch nicht für Teppiche. Sie sind Bestandteil des lebenswichtigen Zeltes, Fußboden und Wand. Der Teppich ist im Nomadenzelt nicht nur wie bei uns eine luxuriöse Zutat, er ist ein echter Bauteil.

Obwohl die ersten Moscheen fern von der arabischen Wüste auf europäischem Boden erbaut wurden, zu einer Zeit, als aus den Wüstennomaden längst sesshafte Städter geworden waren, sind die Kräfte, die diese Bauten formten, der Wüste verhaftet. Hier zeigt sich, dass die Araber ihren Namen zu Recht tragen, denn Arab heißt ja bekanntlich »Volk der Wüste«. Wir glauben heute, dass ein Bau das Produkt der Funktionen ist, die er zu erfüllen hat. Die Moschee ist ein sichtbarer Beweis dafür, dass Bauten auch und vor allem von Kräften geformt werden, die jenseits unserer Verstandeskräfte liegen.

Verglichen mit dem Orient war das mittelalterliche Europa ein unterentwickelter Landstrich. Selbst die regierenden Häupter konnten weder lesen noch schreiben. Karl der Große lernte es erst als Greis, und Kaiser Otto, der Begründer des Heiligen Römischen Reiches Deutscher Nation, erlernte es nie. Zur gleichen Zeit gab es in der islamischen Welt eine allgemeine Schulpflicht für Reiche und Arme, denn der Unterricht wurde kostenlos erteilt.

Allein in Córdoba gab es 20 öffentliche Bibliotheken, eine davon mit fast einer halben Million Bänden. In Canterbury, der so ziemlich einzigen größeren Bibliothek Englands, war man stolz auf 690 Bücher.

Während es im christlichen Abendland nördlich der Alpen nicht eine einzige Stadt mit mehr als 30 000 Einwohnern gab und keine davon mit einer Kanalisation, lebten in Córdoba zur gleichen Zeit fast eine Million Menschen, in Bagdad waren es schon im 10. Jahrhundert über drei Millionen. Es gab dort 27 000 Moscheen, 24 Fachuniversitäten, 52 Krankenhäuser und mehr als 50 000 Bäder. Alle städtischen Straßen waren gepflastert und nachts mit Tausenden von Öllampen beleuchtet. Sie wurden zweimal täglich mit Wasser gereinigt. Es gab eine Müllabfuhr und unterirdische Kanalisation.

Während man im Abendland die Kranken den Quacksalbern, Jahrmarktschreiern und Teufelsaustreibern überließ, wurde in den vorbildlichen Krankenhäusern des Orients bereits unter Narkose operiert. Die Medizin besaß einen so hohen Stand, dass einige Lehrbücher aus dieser Zeit, wie das Werk des großen Arztes ar-Rasi über Blattern und Masern, lange zur klassischen Fachliteratur der Medizin gehörten.

Erst die Araber haben die Welt gelehrt, was exakte Wissenschaft ist. Chemie ist ein arabisches Wort, und die meisten Namen unserer heutigen Chemie stammen aus dem Arabischen: Alkali, Anilin, Alkohol, Kalium und viele andere.

Die Söhne Allahs entwickelten die trigonometrischen Funktionen und die Grundlagen für die moderne Astronomie. Zenit, Nadir, Azimut, Theodolit, Algebra und Ziffer sind arabische Wörter.

In der Physik haben sie die Gesetze der Schwerkraft entdeckt und die Grundlagen der Optik.

Die größte Leistung bestand in der Einführung der arabischen Zahlen. Bis dahin kannten alle Kulturvölker keine wirklich abstrakten Zahlen.

Die Ägypter stellten den Zahlenwert 3 recht simpel durch drei aneinandergereihte Striche dar. Selbst die technisch so begabten Römer reihten nur aneinander. Die Zahl 488 schrieben sie: Hundert-hundert-hundert-hundert-fünfzig-zehn-zehn-zehn-fünf-eins-eins-eins. Das sah dann in römischer Schreibweise so aus: CCCCLXXXVIII. Ein schriftliches Rechnen selbst einfachster Art war mit dieser Schreibweise nicht möglich.

Das geniale Neue an den arabischen Zahlen war die Einführung der Zahl Null. Dieses rätselhafte Zeichen, das eigentlich gar keine Zahl ist, kann sowohl gar nichts bedeuten als auch unendlich viel, nämlich wenn sie in unendlicher Wiederholung hinter einer Zahl steht. In der Null lebt das Wesen der Arabeske und des abstrakten Gottes aus der Wüste.

Aber nicht nur auf dem Gebiet der Wissenschaften hat der islamische Orient unsere Welt verändert. Viele unserer heutigen Gemüsearten lernten wir erst über die Araber kennen. Sie tragen zum großen Teil noch heute ihren arabischen Namen: Aprikosen, Artischocken, Bananen, Orangen, Spinat und Spargel. Das Gleiche gilt für Aloe, Estragon, Ingwer, Kaffee, Kapern, Kümmel, Muskat, Safran und Zimt. Nicht ohne Grund tragen fast alle edlen Stoffe und Gewebe arabische Namen wie Atlas, Barchent, Chiffon, Musselin, Mohair, Taft und Satin.

Aus Augsburg, Köln und Lübeck zogen die deutschen Kaufleute nach Venedig, dem größten Stapelplatz orientalischer Kostbarkeiten. Die arabischen Spezereien wurden mehr und mehr zum Fundament wirtschaftlicher Macht und bürgerlichen Wohlstands. Mit dem neuen Reichtum erblühen die Städte des Abendlands. Ein bis dahin ungekannter Umlauf des Geldes verursachte eine unblutig soziale Revolution und leitete ein neues Zeitalter ein.

Man kann ohne Übertreibung sagen, dass der Islam ein einschneidendes Ereignis für die europäische Geschichte überhaupt war. Der Islam hat die kulturelle Einheit des Mittelmeerraumes gesprengt und damit die Antike beendet. Die Folge davon war, dass Europa byzantinisch wurde. Damit aber begann das Mittelalter. Der Einfluss, den die Hochkultur des Islam auf das unterentwickelte Europa ausübte, war gigantisch. Der Orient veränderte die Stämme des Abendlandes wie die europäische Zivilisation gegenwärtig viele Ethnien Afrikas.

Ist dieser Vergleich nicht maßlos übertrieben?

So rückständig das Abendland auch gewesen sein mag, immerhin waren Rom und Athen seine geistigen Väter. Unsere Kinder lernen heute nicht Arabisch in islamischen Koranschulen, sondern Latein. Im christlichen Abendland lebt das Erbe der Antike.

Das stimmt. Aber auch das verdanken wir, wie so vieles andere, den Arabern. Jahrhundertelang war die Einstellung der Kirche zu den Schriften und Kunstwerken der Antike ausgesprochen feindlich. Vieles, was der Kirche an alten Kulturschätzen in die Hände fiel, wurde als Teufelswerk verbrannt und zerschlagen. Die beiden bedeutendsten Bibliotheken der Antike, das Serapeion und das Caesareum von Alexandria, wurden in der zweiten Hälfte des 4. Jahrhunderts durch christliche Bücherverbrennungen vollständig vernichtet. Noch im Jahre 600 ließ Papst Gregor der Große die gesamte von Augustus gegründete Bibliothek auf dem Palatin verbrennen. Bei schwerer Heilsstrafe verbot er die Lektüre von nicht christlichen Autoren. Und sogar noch die Synode zu Paris im Jahr 1209 bezeichnete es als schwere Sünde, wenn Mönche die alten naturwissenschaftlichen Schriften lasen.

Die Araber dagegen waren von nahezu manischer Buchbesessenheit. Nichts war ihnen so wertvoll wie Bücher. So wie wir heute den gesellschaftlichen Status eines Menschen an seinem Auto erkennen, so wurde das Niveau eines vermögenden Arabers zwischen dem 9. und 13. Jahrhundert am Besitz seiner Bücher gemessen. Riesige

Bibliotheken entstanden. Der Beruf des Buchhändlers wurde geboren.

Harun al-Raschid machte nach seiner Eroberung von Ankara die Unterzeichnung des Friedensvertrages von der Auslieferung aller altgriechischen Manuskripte abhängig, und al-Mamun verlangte nach seinem Sieg über den Kaiser von Byzanz als Kriegsreparation alle Werke der alten Philosophen. Kalifen, Wesire und Großkaufleute gaben ungeheure Summen aus, um in Griechenland und in Kleinasien antike Manuskripte ausfindig zu machen.

Diese Buchleidenschaft wurde zu einem kulturellen Rettungswerk von weltgeschichtlicher Bedeutung, denn die letzten schriftlich festgehaltenen Zeugnisse der Antike vermoderten unbeachtet von der übrigen Nachwelt in Kellerverliesen oder wurden mit fanatischem Eifer öffentlich verbrannt. Alles, was die Araber bargen, wurde nicht nur in Museen konserviert und restauriert, es wurde vor allem ins Arabische übersetzt, um es für jedermann verständlich zu machen, denn »Wer nach Wissen strebt, betet Gott an«, so steht es im Koran.

Die großen antiken Schriften wurden zum großen Teil nur durch diese Übersetzungen vor dem unwiederbringlichen Verlust gerettet. So mancher griechische und lateinische Autor, den wir heute zwar in seiner Originalsprache lesen, ist in Wirklichkeit nur durch Rückübersetzung aus dem Arabischen zu uns gelangt.

Nietzsche hat einmal geschrieben: »Das Christentum hat uns um die Früchte der Antike betrogen.« Dem kann man ohne Übertreibung hinzufügen: Der Islam hat uns die Früchte der Antike bewahrt.

Ungeheure Kräfte gehen von dieser rätselhaften Landschaft aus, die wir die arabische Wüste nennen, in der nichts feste Gestalt besitzt, in der alles fließt und verweht und in der die grausamste Gefährdung des Lebens, der Durst, zur hellwachen, intellektbezogenen Selbstzucht zwingt. Landschaft ist nicht nur Umgebung. So wie der Mensch in der Landschaft lebt, so lebt sie auch in ihm und in den Bauten, die diese Menschen als Ausdruck ihres Welterlebens errichteten.

Die Grashütte

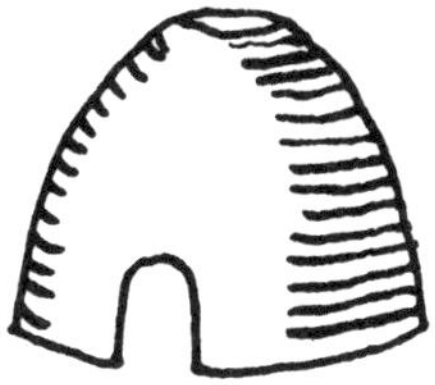

Nur Termiten, Erdferkel und Weiße
leben in Bauten.
Zuluhäuptling Chaka

In dieser Grashütte
wohnen mehr Menschen als
in einem modernen Wohnblock.
Warum haben die Naturvölker Afrikas
weder eine eigene Schrift
noch eine eigene Architektur entwickelt?
Fortschritt ist Sünde.
Die Magie des Blutes.
Der Fluch der Stadt.
Das Böse haust in Höhlen
von Stein.

Die Bewohner des afrikanischen Kontinents südlich der Sahara haben Sprachen entwickelt, die an Klangfarbe, Rhythmus und Ausdrucksreichtum nicht zu überbieten sind.

Der grammatikalische Aufbau dieser Sprachen ist wesentlich nuancierter und komplizierter als irgendeine europäische Sprache. Aber trotz – oder wegen – dieser hohen Sprachbegabung hat sich nie eine eigene Schrift entwickelt.

Die unmittelbare Ausdruckskraft der afrikanischen Holzskulpturen und Felsenbilder hat unser zeitgenössisches Kunsterleben tief beeinflusst und mitgeprägt. Das gilt in noch stärkerem Maße für die Musik, aber erstaunlicherweise haben die schwarzen Völker Afrikas niemals auch nur Ansätze einer eigenen Architektur entwickelt.

Schrift und Architektur stehen in geheimnisvoller Beziehung zueinander. Kulturen ohne Schrift entwickeln auch keine Architekturen. Buchstaben und Bauten sind Träger einer Idee. Alle Literatur besteht letztlich nur aus Buchstaben und Schriftzeichen. Aber je nachdem wie man das Ganze zusammenfügt, wird daraus ein homerisches Gedicht oder ein mittelalterliches Mysterienspiel.

Alle alten Bauten bestehen aus Steinen und Mörtel. Aber je nachdem wie man sie zusammenfügt, wird daraus ein griechischer Tempel oder eine gotische Kathedrale.

Menschen, die nicht schreiben, besitzen ein ausgeprägtes Bilderbewusstsein. Sie vermögen nicht analytisch abstrakt zu denken und zu ordnen. Ein so stark ausgeprägtes Bilderbewusstsein auf Kosten des logischen Denkens trifft man außer bei den indigenen Völkern nur noch bei Kindern an. Es ist kein Zufall, dass die meisten indigenen Völker etwas von Naturkindern an sich haben. Sie haben ein anderes Verhältnis zu Zeit und Raum. Für die schwarzen indigenen Völker Afrikas gibt es nicht den Begriff der Zukunft. Es gibt in ihrer Sprache auch kein Futurum. Es gibt keinen Zukunftsglauben an ein besseres Jenseits oder einen Weltuntergang. Es gibt nicht einmal einen Kalender.

Es ist bezeichnend, dass in Ägypten, Mesopotamien und Mittelamerika sehr früh ein eigener Kalender und eine Schrift entwickelt wurden und dass diese Kulturen dann auch zu außergewöhnlichen Architekturformen gelangten.

Für die schwarzen indigenen Völker Afrikas ist die Zukunft ein leerer Raum, der erst durch Ereignisse angefüllt wird. Die Gegenwart produziert ununterbrochen Vergangenheit. Deshalb ist eigentlich auch nur die Vergangenheit von Bedeutung. Sie ist die einzig wirkliche, beständige Zeit. Alles andere ist nur Übergang und Vorstufe. Der Ahnenkult ist der wichtigste Lebensinhalt des Menschen, denn die Lebenden sind nichts weiter als das erste Glied in der rückwärts verlaufenden langen Kette der Vorfahren. Das Leben ist eine ständige Beziehung zwischen den Lebenden und den Toten. Diese sind ständig anwesend. Wenn ein Zulu sich eine Hütte baut, so wird in tagelangem Zeremoniell erst der Einzug der Ahnen in die neue Hütte vorbereitet. Erst wenn sie eingezogen sind, betreten die Lebenden die neue Wohnstatt. Das gilt bis in die Gegenwart. In solch einer Einraumhütte leben mehr Personen als in einem mehrgeschossigen modernen Wohnblock, denn für diese Menschen sind die Toten wirklich anwesend. Deshalb ist der Tod auch kein so einschneidendes Ereignis wie für uns. Der Mensch stirbt im Laufe seines Lebens mehrmals und wird mehrmals neu geboren. Mit der Beschneidung stirbt die Kindheit. Ein neuer Mensch wird geboren. Der Beschnittene erhält auch einen neuen Namen. Mit der Geburt des ersten Sohnes beginnt ein neues Leben. Man wird in den Ahnenkult aufgenommen, denn ohne Sohn zerreißt das ewige Band zwischen den Lebenden und den Toten. Der Vater erhält einen neuen Namen. Im Gegensatz zu uns wird er nach dem Sohn benannt. Deshalb sind Sexualität, Zeugung und Gebären wichtige Bestandteile der Religion, sehr zum Unverständnis aller puritanischen Missionare.

Der klinische Tod ist ein Ereignis wie die Beschneidung und die Zeugung des Erstgeborenen, denn man lebt ja weiter, nicht in einem fernen Paradies über den Wolken, sondern mitten unter den Seinen, in derselben Grashütte.

Das ganze Leben ist praktizierte Religion. Menschsein heißt einem Stamm angehören. Die Religion ist unlösbar an den Stamm gebunden, an die Lebenden und an die Toten. Man kann nicht den Stamm wechseln oder von einer Religion zur anderen übertreten, denn Mensch, Stamm und Religion sind eine untrennbare Einheit.

Fortschritt heißt den natürlichen Ablauf dieser lebenswichtigen Einheit zerstören. Fortschritt ist Sünde. Der Mensch ist nicht handelndes Subjekt, sondern passives Objekt. Er hat nicht Gewalt über den Baum oder das Wasser. Die Geister der Natur haben Gewalt über den Menschen. Der Einzelne ist nur insofern existent, wie er Anteil hat an dem Stamm. »Ich bin, weil wir sind. Damit wir sind, darum bin ich«, sagen die Zulus.

Der Stamm ist fest an das Land der Väter gebunden, wo die Seelen der Ahnen wohnen. Entfernung vom heimatlichen Boden ist fürchterliche Entwurzelung. Credo Mutwa, einer der großen geistigen Führer in Südafrika, klagt: »Unser schlimmster Feind ist die Stadt. Warum zwingt man uns, dort zu leben? Nichts ist unserem Wesen fremder. Unsere Liebe gehört dem Kraal und der Stammesgemeinschaft der Lebenden und der Toten. Die Stadt der 1 000 Häuser zerstört unsere Seelen. Die Zivilisation der europäischen Städte erstickt unsere eigenen Traditionen.« Echte indigene Völker errichten ihren Gottheiten weder Tempel noch Altäre, denn die ganze Welt ist für sie ein Tempel, in dem alles von geheimnisvollen Kräften beseelt ist. Diese guten und bösen Geister lassen sich durch magische Praktiken beeinflussen. Dabei gibt es zwei Wege: die Magie und das Tabu. Magie ist aktiv. Tabu ist passiv und heißt Verbot.

Im Mittelpunkt dieser Kulte steht die Magie des Blutes. Das Blut ist Macht und Tapferkeit. Je nach seiner Verwendung im magischen Ritual können Eigenschaften von einem Individuum auf ein anderes übertragen werden. Die Vorstellung, dass Blut Macht verleiht, spielte in der halbpolitischen Mau-Mau-Bewegung Kenias eine große Rolle.

Bei diesen Ritualen werden Teile des menschlichen Körpers und dessen Blut zu einer Medizin verarbeitet. Die damit verbundene Opferung eines Menschen steht in engem Zusammenhang mit dem magischen Kannibalismus, der nach wie vor existiert. Im ganzen südlichen Afrika geschehen noch heute regelmäßig solche Tötungen. Selbst in den Städten werden verstümmelte Leichen gefunden, die eindeutig zur Medizingewinnung missbraucht wurden. Zwischen 1960 und 1970 wurden in Basutoland über hundert Fälle von Ritualmorden abgeurteilt. Da in dem unerschlossenen Bergland nur ein ganz geringer Prozentsatz dieser Blutopfer an die Öffentlichkeit dringt, wird die wirkliche Zahl wohl um ein Vielfaches größer sein.

Die Medizin kann nur wirken, wenn sie vom lebenden Opfer genommen wird. Manchmal wird die Kopfhaut verwendet, bisweilen die Augen, Ohren, Nase, Zunge oder das Blut. Nach den Aussagen der Gerichtsakten ist immer eine größere Anzahl von Personen an diesem Seretlo beteiligt, aber seltsamerweise empfindet keiner der Anwesenden Mitleid mit dem Opfer. Hierbei sind Religion und Politik auf das Engste miteinander verwoben. Politische Macht ist in Afrika immer ein Element der Religion, da eine Person die zu Lebzeiten errungene Macht auch nach dem Tod als Ahnengeist behält. Dieser Glaube verstärkt den Ehrgeiz, an die Macht zu kommen. Hierin liegt die totale Machtbesessenheit wie etwa des ehemaligen ugandischen Staatschefs Idi Amin begründet. Es wäre unrichtig, die blutigen Metzeleien, die sich heute überall in Afrika ereignen, nur als Auswirkungen sozialer Missstände zu erklären. Die Ursache sitzt viel tiefer. Es scheint so, als hätten die Völker nicht nur ein völlig anderes Verhältnis zur Zeit und zum Tod, sondern auch zum Leiden.

Die indigenen Völker Nordamerikas, die ebenfalls weder Schrift noch Architektur kannten, lebten nach hohen ethischen Grundsätzen. Ihren Freunden begegneten sie mit Liebe und Treue. Ihre Gesänge waren voller Poesie und aufrichtigen Gefühls. Hingegen wenn die Irokesen Gefangene machten, so wurden diese zu Tode gefoltert. Dabei waren keine persönlichen Hassgefühle im Spiel. Man behandelte den Gefangenen mit Hochachtung, und er gab sein Bestes, um die tapfere Haltung seines Stammes zu zeigen. Das Ertragen von Schmerzen wurde als ein göttliches Opfer für den großen Geist der Sonne aufgefasst. Die dabei angewandte Marter wurde mit viel Erfindungskraft ausgeführt. Man ließ dem Opfer zwischendurch Zeit, sich zu erholen. In der Nacht vor dem Opfertod gab man ihm sogar ein Mädchen zur Braut. Wir besitzen einen Originalbericht des Historikers Parkman, der berichtet, wie die Huronen ihre Gefangenen stundenlang quälten. Jede neue Marter wurde in feierlichem Ton angekündigt. Wenn das Opfer nicht mindestens 24 Stunden mit dem Tod rang, empfand das jeder als Schande. Besaß der Gefangene auch nur ein Mindestmaß an Selbstachtung, so benahm er sich, als sei sein Los eine hohe Ehre. Wenn der Mann tot war, so wurde er aufgeschnitten, und seine Peiniger aßen von seinem Körper mit Andacht, nicht aus Gefallen an blutigem Menschenfleisch, sondern um sich die Tapferkeit eines edlen Kriegers einzuverleiben.

Was hat das alles mit dem Bautrieb des Menschen zu tun? Wir leben in einer Zeit, die uns weismachen will, dass unsere Geschichte ein Klassenkampf ist und von sozialen Impulsen gesteuert wird. In den nordamerikanischen Indianerterritorien gab es Stämme mit Sippen und Mutterfolge, andere mit Sippen und Vaterfolge, andere ohne Sippen. Es gab sesshafte Bauern und jagende Nomaden. Es gab viele sehr unterschiedliche soziale Ordnungen. Solange diese Menschen nicht den Trieb in sich spürten, zu bauen und zu schreiben, solange gehörten sie der großen Familie der Naturvölker an. Sie besaßen mehr Gemeinsamkeit mit afrikanischen, polynesischen und australischen Urstämmen als mit anderen Bewohnern ihres Kontinents, die ihre Ideen in Bauten manifestierten wie die Maya, die Azteken oder die Pueblos.

Der Spanier Coronado stieß 1540 auf Indianerstämme, die er Pueblos nannte. *Pueblo* bedeutet »Dorf« oder »Stadt«. Diese Menschen lebten in Städten, deren Häuser so dicht beieinanderstanden wie in einer mittelalterlichen Stadt Europas. »Seltsamerweise«, schrieb Coronado, »kennen die Pueblos keine Marterspiele.«

Als die ersten Europäer in Nordamerika landeten, stießen sie dort nicht auf Wilde, sondern auf Menschen, deren Bildungsgrad und Kulturstufe den Weißen nicht nur gleichgestellt, sondern in mancher Hinsicht überlegen waren. Die europäischen Entdecker des 15. und 16. Jahrhunderts waren ungebildete, skrupellose Räuber. Ihr Handwerkszeug war primitiv, sie kochten über offenem Feuer und schliefen auf Stroh. Der Indianer war ein Mann von guten Manieren und hohem Ehrgefühl. Er konnte zwar weder lesen noch schreiben, aber er trug in sich eine ganze Bibliothek von Traditionen. Er war ein scharfsinniger Beobachter und ein beachtlicher Philosoph.

Was die viel geschmähte Grausamkeit und Kriegslust der Indianer angeht, so herrschte zur Zeit der großen Entdeckungsreisen in Europa ein mindestens ebenso grausames und kriegerisches Zeitalter. Der Pöbel, der – obwohl in christlichem Glauben erzogen – in den Städten zusammenlief, um sich daran zu ergötzen, wie unschuldige Opfer gefoltert und verbrannt wurden, war grausamer als die rothäutigen Krieger, die einen tapferen Feind einer Gottheit opferten und bereit waren, bei Gefangennahme das gleiche Schmerzensopfer auf sich zu nehmen.

Allen Naturvölkern ist der Krieg in unserem Sinne unbekannt. Auf diesem Gebiet sind die sogenannten Kulturvölker die wirklichen Barbaren. Naturvölker kämpfen nicht, um zu vernichten. Krieg ist ein ritterliches Kampfspiel. Als die Engländer den Irokesen ein Waffenbündnis anboten, um einen feindlichen Stamm vernichtend zu schlagen, lehnten die Irokesen mit der Begründung ab: »Wir lassen uns den Krieg nicht dadurch verderben, dass wir ihn gewinnen und damit beenden müssen.«

Die nicht bauenden Naturvölker besaßen bei der ersten Berührung mit den bauenden Kulturvölkern eine hohe Eigenkultur, die der unseren so fremd war, dass bis in die Gegenwart den meisten Menschen die fundamentalen Unterschiede nicht klar geworden sind.

In allen Fällen, in denen bauende Kulturen auf nicht bauende stießen, wurden die letzteren zerstört, und zwar nicht durch kriegerische Ausrottung, sondern allein durch den Kontakt mit uns Europäern. Es ist fast so, als wirke unser rational abstrahierendes Bewusstsein wie eine unheilvolle radioaktive Strahlung, die den »Primitiven« das Selbstbewusstsein raubt.

Laurens van der Post, der im Auftrag der südafrikanischen Regierung mehrere Expeditionen in die Kalahariwüste unternahm, erlebte immer wieder mit Erstaunen, wie der hauslose Mensch durch den Kontakt mit intellektuellen Individuen seines Ichgefühls beraubt wird: »Wir stießen mitten in der Kalahari auf eine Gruppe von Buschmännern. Sie hatten noch nie Weiße zu Gesicht bekommen. Als sie sich in unserem Lager unter meine Gefährten mischten, bemerkte ich eine sonderbare Tatsache. Die Buschmänner schienen unter einer Art hypnotischen Zwang alles nachzumachen, was wir taten. Wenn einer von uns eine Bewegung ausführte, bewegte sich der ihn beobachtende Buschmann auf dieselbe Weise. Wenn einer von uns seinen Hut in die Stirn schob, hob der Buschmann ihm gegenüber die Hand an seinen Kopf und hob einen imaginären Hut in seine Stirn. Sie identifizierten sich so erschreckend mit uns, dass sie über keine eigenen Bewegungen mehr zu verfügen schienen. Dabei lag ein merkwürdiger, fast einer Trance ähnelnder Ausdruck auf ihren Gesichtern.«

Unsere materialistische Zeit hat den Blick für solche Vorgänge verloren. Politiker und Wissenschaftler, die in höchsten Positionen die Geschicke der Menschheit lenken, glauben bis heute, dass ein Afrikaner sich von einem Europäer unterscheidet wie ein Norddeutscher von einem Süditaliener. Der eine ist halt dunkler pigmentiert als der andere. Verschiedene Temperamente und Traditionen werden angeführt. In Wirklichkeit liegen Welten zwischen uns und den Bewohnern der Grashütte. Wir unterscheiden uns voneinander wie die Erlebniswelt des Kindes von der des Erwachsenen.

Noch zu Beginn unseres Jahrhunderts sah man im Kind nichts weiter als einen unreifen Erwachsenen. Die gegenwärtige Psychologie versucht, das Kind aus seiner eigenen seelischen Struktur heraus zu verstehen. Wer glaubt, Kinder seien unterentwickelte Erwachsene, hat die elementaren Zusammenhänge des Lebens nicht begriffen. Es ist wahr, dass Kinder nicht logisch in kausalen Zusammenhängen denken. Aber was für ein reiches Bilderbewusstsein lebt in ihnen. Aber so wie ein Kind nicht ohne die Welt der Erwachsenen zu leben vermag, genauso ist ein Erwachsener nicht lebensfähig ohne die bildhaften Kräfte, die er sich aus dem verlorenen Paradies seiner Kindheit bewahrt hat. Freud wies als einer der ersten nach, wie unterschiedlich und lebenswichtig die Kindheit für unser Erwachsenenleben ist. Eine ähnliche Grundannahme existiert unter etlichen schwarzen Völkern Afrikas. Sie äußerst sich mitunter als Furcht. So klagt Credo Mutwa: »Für alles Geld der Welt möchte ich nicht das Leben des weißen Mannes führen. Ich möchte nicht, dass man mich in einen weißen Schwarzen verwandelt oder in einen schwarzen Weißen. Ich habe nicht den Wunsch, meine menschlichen Gefühle und meine unsterbliche Seele zu verlieren. Wir können nicht mehr zu den alten Lebensformen zurückkehren, die wir besaßen, bevor der weiße Mann kam. Wir haben unsere Wurzeln verloren. Blickt man in die Zukunft, so sieht man nur Entwurzelung, Zweifel und Blutvergießen. Oh, mein Afrika, was wird aus dir!«

Mit Afrika stirbt der letzte Kontinent der nicht bauenden Naturvölker. Bis auf wenige Siedlungen in entlegenen Regenwäldern und Wüsten ist diese so reiche menschliche Kulturform schon heute unwiederbringlich ausgerottet worden. Alle diejenigen, die ihren ganzen Ehrgeiz dareinsetzen, dass auch der letzte Nomade bald lesen und schreiben kann und vor seinem Fernsehgerät sesshaft wird, sollten nicht vergessen, um wie viel ärmer unsere Erde geworden ist.

In Nordamerika waren die ersten Kolonisten nicht nur von der Würde der Stammeskönige beeindruckt, sondern auch von der demokratischen Gesinnung dieser Menschen. Berichte über Demokratien mit Häuptlingen, die durch den Willen des Volkes regierten und nicht von Gottes Gnaden, gelangten vor allem durch die Franzosen nach Europa. Sie fanden ihren Niederschlag in den philosophischen Gedankengängen vom Naturkind und dem edlen Wilden. Hieraus entwickelte der englische Philosoph Locke die Theorie einer Regierung durch die Einwilligung der Regierten. Thomas Jefferson übernahm Lockes Formulierungen in die amerikanische Unabhängigkeitserklärung. Die Entwicklung der Demokratie im 17. und 18. Jahrhundert in Amerika und Europa wurde durch die Berührung mit den Indianern entscheidend gefördert. Die Künstler verherrlichten die bildhaften Fantasiekräfte der »Primitiven« und erkannten ihren ungeheuren Eigenwert. Die Kunst der Gegenwart ist ohne diese Impulse gar nicht zu begreifen.

Als ein paar Buren im vorigen Jahrhundert einer Hinrichtung unter dem Zuluhäuptling Chaka beiwohnten, der seine zum Tode verurteilten Untertanen mit Holzkeulen erschlagen ließ, äußerte ein Weißer, dass er diese Hinrichtungsart für unmenschlich halte. Auf die Frage des Zulukönigs, was denn die Weißen mit ihren Gesetzesbrechern machten, antwortete der Bure, dass sie ihre Verbrecher einsperren würden, für Monate, Jahre oder für immer. Chaka wandte sich daraufhin angewidert ab und sagte: »Nur Weiße können so grausam sein, lebendige Wesen in Steinhütten einzuschließen.« Als man in den Siebzigerjahren in Botswana, im südlichen Afrika, reiche Diamantenfelder entdeckte, entwickelte sich unter den Buschmännern ein reger Schmuggel mit diesen Steinen. Um das zu unterbinden, sah sich die Regierung genötigt, empfindliche Strafen zu verhängen. Alle Buschmänner, die ins Gefängnis von Francistown eingeliefert wurden, starben innerhalb weniger Tage ohne ersichtlichen Grund. Sie brauchten die Freiheit wie Wasser und Luft.

Ganze Naturvölker sind zugrunde gegangen, weil man sie in ihrer Bewegungsfreiheit beschnitten hat. Das gilt genauso für die Ureinwohner Nordamerikas wie auch für die Ureinwohner Australiens, deren freies Umherschweifen von der Zivilisation abrupt unterbrochen wurde. Für diese Menschen ist der Wandertrieb so lebenswichtig wie für uns der Bautrieb und die Sesshaftigkeit.

Die Buschmänner der Kalahariwüste leben nach unserem Dafürhalten auf einer unglaublich primitiven Existenzstufe. Sie ernähren sich von Würmern, Insekten und Wurzeln. Wasser ist so kostbar, dass sie sogar das Fruchtwasser aus der Gebärmutter erlegter Tiere trinken und sich mit ihrem eigenen Urin waschen. Diese Wilden, die nicht einmal die Andeutung einer Hütte kennen, vermögen mit dem bloßen Auge die Jupitermonde zu erkennen. Sie erleben mit ihren hoch entwickelten Sinnen Geschehnisse, für die wir blind und taub sind. Ihr ganzes Leben ist eine ununterbrochene Wanderung. In ihren Märchen lebt das Gute in der Weite, hinter dem Horizont. Das Böse aber lauert bewegungslos in Höhlen aus Stein.

Ein größerer Gegensatz zu unserer Kultur ist nicht denkbar. Wo das eine ist, kann das andere nicht sein.

Der Palazzo

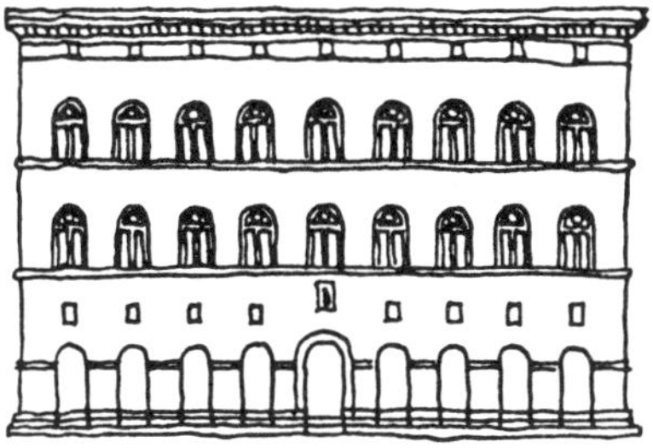

Die Renaissance ist die Geburtsstunde
der Individualität.
Jacob Burckhardt

Die Renaissance ist nicht
die Wiedergeburt der Antike,
sondern der Individualität.
Noch niemals gab es so viele
in sich selbst ruhende Persönlichkeiten
und so vollkommene Innenräume.
Die Kirche verdankt ihre vollendetsten Bauten
den moralisch übelsten Papstkreaturen.
Die mächtigste Kirche
der Christenheit ist zutiefst
heidnisch.

Vergleicht man das Zeitalter des Perikles in Griechenland mit dem Italien des 15. Jahrhunderts, so fällt eine große Anzahl von Gemeinsamkeiten auf. Ist das Zufall?

In Florenz und Athen war die Kunst eine alles umfassende, lebenswichtige Funktion des Alltags. Sowohl um die Griechen als auch um die Menschen der italienischen Renaissance lag eine rätselhafte Aura von Genialität, die jeden begabten Menschen zu höchster schöpferischer Leistung anspornte. Zu keiner Zeit gab es so viele Genies. Ein Gebildeter war mindestens Wissenschaftler, Musiker, Kunstsachverständiger, Philosoph, geschulter Redner und fast immer auch ein hervorragender Sportler. Leonardo da Vinci bot dem Mailänder Herzog Sforza seine Dienste an und zählte in einem Bewerbungsbrief seine Fähigkeiten in dieser Reihenfolge auf: Er könne transportable Brücken, Belagerungsmaschinen und Schleudergeschütze konstruieren. Er sei in der Lage, Kriegsschiffe und Minen zu bauen. Außerdem hätte er neue Kampfwagen und Kanonen erfunden. In Friedenszeiten sei er fähig, jede gewünschte Architektur zu entwerfen, Wasserleitungen zu legen und Tunnel zu bohren. Er könne auch Skulpturen in Marmor, Bronze und Ton herstellen und verstünde zu malen.

Verrocchio war Maler, Bildhauer, Goldschmied, Möbelschreiner und Dekorateur. Er lieferte auf Wunsch Heiligenbilder, Möbel, silbernes Geschirr, Modeentwürfe und kunstvolle Kaltbuffets.

Der Spezialist galt bei den Griechen als Banause und in Oberitalien als Prolet. Es ist eine bemerkenswerte Tatsache, dass man in Zeiten hoher künstlerischer Aktivität eine große Vielseitigkeit bei allen begabten Menschen antrifft, während der Spezialist immer nur in kulturarmen Perioden auftaucht. Ähnlich verhält es sich mit der politischen Einheit. Sowohl im Italien des 15. Jahrhunderts als auch im Griechenland des Perikles war das Land politisch uneinig und zerrissen. Es gab eine Vielzahl kleiner Stadtwesen, die sich alle untereinander in offenen Fehden oder durch diplomatische Intrigen bekämpften. Es wird häufig übersehen, dass politisch uneinige Kleinstaaten größere schöpferische Impulse entwickeln als Weltreiche. Das gilt für Athen, Florenz und Weimar. Das antike Rom war zur Zeit seiner Weltherrschaft eine kulturelle Sonnenfinsternis, das spanische Weltreich Philipps II. eine bigotte Totengruft und das Empire der Queen Victoria eine spießbürgerliche Plüschkultur. Man könnte das bunte Bild der griechischen und oberitalienischen Stadtstaaten mit dem heutigen Europa vergleichen. Nirgendwo sonst auf der Erde gibt es so viele eigenständige Nationen, eng zusammengedrängt auf dem halbinselähnlichen Zipfel des asiatischen Kontinents, den wir Europa nennen. Auf einer Fläche so groß wie die arabische Wüste liegen an die 30 Länder. Trotz ihrer Kleinheit haben diese Zwergstaaten die Welt verändert wie keine Macht vor ihnen. Kulturhistorisch betrachtet wäre ein Vereintes Europa nach amerikanischem Vorbild eine Katastrophe, die man um jeden Preis verhindern sollte, wenn sich so etwas überhaupt verhindern ließe.

Die Ähnlichkeit der italienischen Stadtstaaten mit den griechischen erstreckt sich auch auf die politische Lebensform. Sowohl die Medici als auch Perikles haben nicht von Gottes Gnaden regiert, sondern aus eigener Kraft. Die mächtigen italienischen Stadtstaaten übten über die kleineren eine ebenso rücksichtslose Hegemonie aus wie Athen und Sparta über die schwächeren »Bundesgenossen«. Sie bekämpften sich gegenseitig mit der gleichen Heimtücke und Grausamkeit, besaßen keinen Sinn für politische Einheit und empfanden sich dennoch in allen künstlerischen und geistigen Fragen als kulturelle Einheit. Eine auffallende Ähnlichkeit zwischen beiden Zeitabschnitten besteht in ihrem Verhältnis zur Stadt. Die empfindlichste Strafe nach der Hinrichtung war die Verbannung aus der Heimatstadt. Und davon wurde sowohl in Griechenland als auch in Italien reichlich Gebrauch gemacht. Phidias hat genauso darunter gelitten wie Dante.

Es gibt so viele Übereinstimmungen zwischen den beiden zeitlich so weit voneinander entfernten Kulturformen, dass man nicht mehr von Zufall sprechen kann. Woran liegt das?

Renaissance heißt so viel wie »Wiedergeburt«. Aber warum wurde die Antike wiedergeboren und weshalb ausgerechnet in Oberitalien?

In den meisten Kunstgeschichtsbüchern liest man, dass es daran gelegen habe, dass die Menschen in Italien durch die römischen Bauten immer in engem Kontakt mit der Antike gestanden hätten. Das mag stimmen, aber dieser Kontakt bestand auch in Griechenland und an der Westküste Kleinasiens, wo es zu keiner Renaissance kam.

Man verwendete in Oberitalien zwar griechische Säulen und Dachprofile sowie römische Rundbögen und Kassettendecken, aber was besagt das schon? Diese Stilelemente wurden benutzt wie Buchstaben, die man zu einer völlig neuen Sprache zusammenfügte.

Enea Silvio und Poggio, die bedeutendsten Humanisten des 15. Jahrhunderts, verabscheuten im Grunde ihres Herzens die Antike. Der Erstgenannte behauptete, Alexander der Große sei ein elender Räuber gewesen, und nannte die Römer »eine blutige Geißel der Menschheit«. Poggio beschimpfte die Griechen als tugendlose Rowdys, bei denen es weder Treue noch Humanität oder gar echte Frömmigkeit gegeben hätte. Man liebte die Antike nicht; man war mit ihr durch Geburt verwandt, durch die Wiedergeburt der Individualität.

Die Geschichte der Menschheit ist die Geschichte des menschlichen Kollektivs, des Stammes, der Religionsgemeinschaft oder der Nation. Der Einzelne lebte in dieser Gemeinschaft wie eine namenlose Biene für ihr Volk. Selbst die alten Stammeshäuptlinge und Pharaonen waren nur ein Teil der Gruppe. Ihr Wert lag ausschließlich in der Gemeinschaft, die sie trug. Wurden sie gestürzt, so verloren sie ihren Rang und verschwanden in der Anonymität. Ramses ist kein Eigenname für eine Persönlichkeit. Ramses steht für einen bestimmten Zeitabschnitt der ägyptischen Geschichte. Wenn es heißt: »Ramses errichtete dem Gott Osiris einen Tempel«, so heißt das nicht, dass er das vollbrachte, sondern dass die Ägypter zu seiner Amtszeit das Werk ausführten.

Bis zu Beginn der Antike kennen wir von allen alten Völkern nur die Namen ihrer Herrscher und Führer. Wir wissen weder, wer den Palast von Knossos erbaute noch wer Babylon plante. Das ändert sich schlagartig mit der Antike. Auf einmal ist die Erde angefüllt mit Privatpersonen. Wir kennen die Namen von Künstlern, Philosophen, Gladiatoren, Politikern, Sportlern, Lebemännern und ihren Geliebten. Wir kennen selbst die Namen ihrer Pferde und Hunde.

Mit der Antike stirbt auch das kurzlebige Phänomen der Individualität. Die Gemeinschaft dominiert wieder über den Privatmann als eigene Lebensform.

Bis zur Renaissance kennen wir kaum den Namen einer Privatperson. »Unbekannter Meister« oder »Maler der Rheinischen Schule« ist meist alles, was wir über die Schöpfer der Kunstwerke aus dieser Zeit sagen können. Wir wissen, dass die Hetäre Phryne den aufregendsten Busen von Athen besaß und der Playboy Lucullus die leckerste Schlemmertafel im alten Rom führte, aber wir wissen von keinem romanischen Dom, wer ihn erbaut hat.

Das ändert sich erst wieder mit der Renaissance, mit der Wiedergeburt des Individuums. Warum geschah das gerade in Italien?

Viele Wissenschaftler haben sich mit der Frage beschäftigt, ob das Leben, wie es auf der Erde entstanden ist, sich auch auf einem anderen Planeten unter ähnlichen Voraussetzungen entwickeln würde.

Die meisten sind davon überzeugt. Vielleicht gilt das auch für unsere Kulturgeschichte.

Die italienischen Städte besaßen aufgrund ihrer antiken Vergangenheit viel mehr städtischen Charakter als die jungen Stadtsiedlungen des Nordens. In Italien hatte sich seit etruskischer Zeit alle Art von Kultur in den Städten abgespielt. Rom nannte man während des ganzen Altertums *urbs*, »die Stadt«. Deshalb waren die italienischen Städte der Renaissance auch etwas anderes als die Städte des Nordens. In Lübeck, Köln und Nürnberg lebten die Bürger noch im mittelalterlichen Kollektivempfinden. Die große Architektur der nördlichen

Städte beschränkte sich noch auf Kirchen, Rathäuser und Zunftbauten. Ganz anders verhielt es sich in Italien. In Venedig, Mailand und Florenz entstanden zur gleichen Zeit bürgerliche Paläste von gewaltigem Machtanspruch und erlesenem Geschmack. Im übrigen Europa war das wichtigste Bauwerk nach wie vor der Dom. Der Paradebau der oberitalienischen Stadtrepubliken aber war der Palazzo, der sichtbarste Ausdruck einer emporgekommenen Person. Die Palazzi waren aber nicht nur Denkmäler, sondern vor allem Festungen. Denn nur die Stärksten überlebten die wölfischen Duelle der größenwahnsinnigen Individuen.

Von 1350 bis 1450 herrschte in Italien permanenter Kleinkrieg, und doch entstanden gerade in diesem Jahrhundert alle blühenden Stadtstaaten: Venedig, Mailand, Florenz und Neapel, Genua, Siena, Urbino und all die anderen. Innerhalb dieser Städte wüteten fortdauernd Fehden und Straßenkämpfe zwischen den verschiedenen Geschlechtern, die auf dem Weg zur Macht über Leichen gingen. 1402 wurden alle Männer des Herrscherhauses von Lodi auf einem öffentlichen Platz bei lebendigem Leibe verbrannt. 1445 wurden in Bologna nach der Ermordung einiger Familienmitglieder der Bentivoglio alle Feinde dieses Hauses zusammengetrieben und geschlachtet. Ihre dampfenden Herzen nagelte man an die Eichentore des Palazzo di Bentivoglio. In Mantua hingen eiserne Käfige hoch über der Straße an den Palästen der Mächtigen. In ihnen ließ man gefangene Gegner vor aller Augen verhungern. In Perugia lieferten sich die beiden verfeindeten Familien der Baglioni und der Oddi so fürchterliche Gemetzel, dass die Pflastersteine der Piazza ständig rot von Blut waren und die Kathedrale zweimal mit Wein gewaschen und neu geweiht werden musste. In der gleichen Stadt und zur selben Zeit malte Raffael seine gütigen Heiligen und zarten Madonnen. Licht und Schatten standen in hartem Kontrast zueinander.

Beschäftigt man sich mit den Menschen dieser Zeit, so vermag man es nicht zu fassen, dass diese Halbgötter und Werwölfe wirklich gelebt haben. Genauso verhält es sich mit ihren Bauten. Die Palazzi sind von so maßlosem Machtanspruch, dass man es kaum für möglich hält, dass hier Menschen gewohnt haben. Diese Bauten sind steinerne Panzer der Individualität. Ihr Geist veränderte die ganze mittelalterliche Welt. Rittertum und Feudalismus verschwanden. Anstelle der ritterlichen Vasallen mit ihren Idealen von Ehre und Treue traten geschäftstüchtige Kriegsspezialisten, die sich an den Meistbietenden verkauften. Die alten Standesunterschiede zerbrachen. Bürgerliche Familien wie die Medici, Sforza und Gonzaga übernahmen die Führung. In der mittelalterlichen Gesellschaft gaben Ritter und Klerus den Ton an, jetzt waren es bürgerliche Emporkömmlinge und Handwerker. Ein Handwerker verkörperte etwas anderes als das, was wir heute darunter verstehen. Handwerk war vor allem Kunstwerk und nicht Produktionsform. Aus den Zünften gingen die Künstler hervor. Wenn man heute auf sozialistischen Schulen lehrt, dass die Zünfte »klassenkämpferische Verbände der Werktätigen gegen den Feudalismus« waren, so ist das Unsinn. Die Zünfte waren patriarchalische Lebensgemeinschaften. Moralische Führung war wichtiger als alles andere. Meisterlich gute Arbeit war Ehrensache und stand über allen wirtschaftlichen Belangen. Die kapitalistische These »Zeit ist Geld« hätte man in diesen Kreisen nicht verstanden. Man muss von diesen Dingen wissen, um zu begreifen, warum diese Zeit vom Türschloss bis zur Ofenplatte für jedes noch so belanglose Detail, selbst für flüchtige Tischdekorationen, so unglaublich viel Liebe und handwerkliche Treue aufbrachte. Es war die Blütezeit der kunstvollen Verschönerung aller Stoffe.

Eine Fülle von einmaligen Charakteren bevölkerte die oberitalienischen Städte, skurriler, genialer und lasterhafter, als irgendein Dichter sie sich auszudenken vermag, gewaltige Persönlichkeiten wie Papst Julius II. mit dem Beinamen »der Schreckliche« (*il terribile*). Er war Stellvertreter Christi, Despot und Heerführer. Er lag in ständigem Krieg gegen alle, belagerte Städte und plünderte ganze Landschaften für seine ehrgeizigen Ziele. Den Petersdom ließ er abreißen, weil er ihm nicht mehr gefiel. Zügellos und von Geschlechtskrankheit zerfressen, machte dieser Rasputin auf dem Thron Petri die Vatikanstadt zum kulturellen Mittelpunkt der Erde. Er rief den jungen Raffael nach Rom und gewann Bramante, den größten Baumeister seiner Zeit, für den Neubau von Sankt Peter. Als Erster erkannte er Michelangelos Genie. Papst Sixtus IV., nach dem die Sixtinische Kapelle benannt wurde, war ein rachsüchtiger, hemmungsloser Emporkömmling. Er veranstaltete Orgien, wie sie Rom nur unter den Cäsaren erlebt hatte. Konkurrenten ließ er durch bezahlte Killer beseitigen. Als am Ostermontag 1478 der zelebrierende Kardinal im Dom von Florenz die Hostie hob und jedermann mit gesenktem Haupt niederkniete, schlugen die päpstlichen Attentäter so brutal mit ihren Schwertern auf die regierenden Medici ein, dass sie sich dabei selbst schwer verletzten. Derselbe Sixtus begründete die Lukas-Akademie und zog die hervorragendsten Künstler seiner Zeit nach Rom.

Papst Leo X., den man schon als Kind zum Kardinal ernannte und dessen Regierung mit Recht »die goldene« genannt wurde, war ein maßloser Fresser. Er war so krankhaft verfettet, dass er seinen schweren Leib nur mithilfe von zwei Dienern vorwärtsschleppen konnte. Er pflegte bei Tisch seine Gäste mit Bratenresten zu bewerfen und befahl seinem Hofnarren, so viele rohe Eier zu verschlingen, bis der Zwerg zu platzen drohte.

Papst Alexander VI., der sich aus Versehen selbst ermordete, als er bei einem Festessen das Gift, das für einen Gast bestimmt war, sich selbst einverleibte, war berühmt für seine häufig wechselnden Liebschaften. Sein Sohn Cesare Borgia war ein Ausbund an Falschheit und Brutalität. Er hat nicht nur seinen Bruder und Schwager ermordet, sondern beinahe das ganze Geschlecht der Orsini ausgerottet. Machiavelli hat ihm in seinem Traktat über die Staatskunst der Fürsten ein Denkmal gesetzt. Dort heißt es: »Ein Fürst darf niemals zu seinem gegebenen Wort stehen. Er muss ein geschickter Heuchler und Betrüger sein. Es ist vorteilhafter, gefürchtet als geliebt zu werden. Güte ist Schwäche. Ein Mensch vergisst leichter die Hinrichtung seines Vaters als den Verlust des väterlichen Erbteils.«

Es ist überhaupt eine Tatsache für sich, dass die Kirche – und nicht nur die Kirche, sondern das ganze Abendland – ihre bedeutendsten Kunstschätze und vollendetsten Bauten ihren moralisch übelsten Papstkreaturen verdankt. Trotz aller Brutalität und Machtbesessenheit waren diese Menschen hochintelligente, kultivierte Persönlichkeiten, die von sich und ihrer geschichtlichen Mission maßlos überzeugt waren.

Als die Mailänder Bürgerschaft Francesco Sforza einen Triumphbogen errichten wollte, sagte er: »Triumphbögen sind etwas für Cäsaren, ich aber bin ein Sforza.«

Als Michelangelo einen Medici zweimal porträtierte und man ihm vorwarf, dass zwischen den beiden Abbildern keine Ähnlichkeit bestünde, erwiderte er: »Wem wird das in 1000 Jahren schon auffallen.« Das Porträt als realistisches Abbild einer Persönlichkeit ist ebenfalls ein Novum. Selbst in der griechischen Antike war es den Künstlern nicht gestattet, Personen geringen Standes zu porträtieren, es sei denn für Grabmale. Nun konnte sich jeder noch so ehrlose Bürger malen lassen.

Man versuchte, die Geheimnisse der Schöpfung visuell zu erfassen. Ein Wissenschaftler war kein abstrahierender Denker, er war immer und vor allem Künstler, der Erkenntnisse sammelte, indem er die Dinge anschaute, visuell aufnahm und verarbeitete. Das Studium der Anatomie faszinierte alle Gebildeten so sehr, dass Signorelli sogar den Leichnam seines Sohnes zerlegte und zeichnete.

Leonardo da Vinci beobachtete fliegende Vögel so gründlich, dass er lange vor der Einführung der modernen Aerodynamik Flugmaschinen entwickelte. Im Hintergrund seiner Mona Lisa sind Effekte erkennbar, die auf sehr sorgfältigen Studien der Luftströmung basieren. Ähnlich verhält es sich mit den Bauten aus dieser Zeit. Die vollkommenen Kuppelkonstruktionen beruhen nicht so sehr auf statischen Berechnungen als vielmehr auf dem visuellen Studium der Natur, der Kraftlinien in Knochen und in Pflanzenhalmen und dem rechten Gefühl für die natürlichen Grenzen des verwendeten Materials.

Es ist deshalb nicht richtig, wenn man in der Renaissance den Beginn der modernen Naturwissenschaften sieht. Das Wissen der Gegenwart, das mithilfe von elektronischen Rechnern ermittelt wird, ist das genaue Gegenteil hierzu.

Die Wiedergeburt der Individualität war für die Menschen Gewinn und Verlust. Naturvölker und Glaubensgemeinschaften fühlen sich in ihrem Kollektiv geborgen. Die Menschen der Renaissance waren sich ihrer Einsamkeit bewusst. Die Machthaber und Geistesheroen waren introvertierte Einzelgänger. Michelangelo und Leonardo da Vinci waren abgeschlossene Welten für sich. Sie hätten zu jeder anderen Zeit leben können und passen doch in keine Zeit. Michelangelo war ein menschenfeindlicher, misstrauischer Eigenbrötler, hässlich und launisch. Die Mächtigen lebten isoliert, in ständiger Angst um ihr Leben und um ihre illegitime Macht wie der Mailänder Tyrann Gian Maria, der eine hundertköpfige Rotte von Bluthunden mit rohem Menschenfleisch füttern ließ, um sich vor Attentätern zu schützen, und trotzdem von drei Edelleuten zerhackt wurde.

Auf die Dauer vermag kein Mensch als isoliertes Einzelwesen zu existieren. Die Gemeinschaft der Renaissancedespoten war ihre Familie. Alle wichtigen Positionen wurden mit Verwandten besetzt. Der Nepotismus der Päpste und Machthaber wurde bis zum Extrem gesteigert. Der Familienkult ersetzte das Nationalgefühl, das es in unserem Sinne noch nicht gab. Die Nation war nichts weiter als ein gemeinsames loses Band, ähnlich wie für uns Heutige der europäische Gedanke. Obwohl »Italien« wie auch »Deutschland« aus einer Vielzahl selbstständiger Staaten bestanden, gab es doch schon typisch nationale Eigenschaften. So gab es in Italien nie wirklich eine Gotik. Zur Errichtung der wenigen gotischen Bauten holte man sich Baumeister aus dem Norden. Dagegen war die Renaissance typisch italienisch. Nördlich der Alpen vermochte sie sich erst eineinhalb Jahrhunderte später zu entfalten. Zwischen Petrarca und Dürer liegen so viele Jahre wie zwischen uns und Goethe. Als die Renaissance Deutschland erreichte, hatte sie ihren Vorrat an lebendiger Energie verbraucht. Neben den kraftstrotzenden Individuen Oberitaliens wirken die deutschen Renaissancevertreter wie antiquierte Buchhalter.

Moralisch gesehen ist die ganze Welt der italienischen Individualität nicht höher zu bewerten als die griechische. Sowohl in Athen als auch in Florenz wurde Schönheit höher bewertet als Güte. Die Schönheit existiert immer um ihrer selbst willen. Sie ist egoistisch. Güte will sich aufopfern. Die Welt der Palazzi war nicht gut im Sinne von gottgefällig, aber sie bejahte die Welt mit aller Kraft. Deshalb hatte auch die Kirche kaum Anteil an den schöpferischen Impulsen dieser Zeit, und wenn doch, so lag das nur an den brutal kraftvollen päpstlichen Individuen. Das Gleiche gilt auch für die Reformation, von der Goethe sagte: »Das Einzige, was uns an der Reformation interessiert, ist Luthers Charakter, und er ist auch das Einzige, was der Menge wirklich imponiert hat. Alles Übrige ist ein verworrener Quark, wie er uns täglich zur Last fällt.« Nietzsche, der die Meinung vertrat, das Christentum habe uns um die Früchte der Antike betrogen, sah in der italienischen Renaissance nicht nur die Geburtsstunde der Individualität, sondern vor allem den Tod des kranken Christentums. So klagt er: »Luther war ein Verhängnis für die Menschheit, denn er kam, als die Renaissance das Papsttum erobert hatte und das Leben dabei war, mit dem Christentum stillschweigend aufzuräumen. Und da kommt dieser Luther und stellt die Kirche wieder her. Oh, diese Deutschen!«

Diese Zeit fand ihre höchste Vollendung im Bauen als sichtbarem Sinnbild eigener Größe. Das Haus des besiegten Gegners wurde geschleift. Erst dann war der andere wirklich besiegt. Wie hoch diese Zeit das Bauen bewertete, erkennt man an der Behauptung Albertis, der in seinem Lehrbuch der Literatur behauptete, das römische Imperium verdanke seinen unsterblichen Glanz einzig und allein seinen Bauten.

Eine manische Baubesessenheit ergriff alle Menschen. In Siena wurde der Stillstand des Dombaus als öffentliche Schande empfunden. In Florenz beschäftigte der Bau des Domes die gesamte Stadt. Nach zehnjährigem Streit um den endgültigen Entwurf errichtete man auf einem Platz ein maßstäbliches Holzmodell so groß wie ein Omnibus, vor dem die Volksmassen tagelang debattierten. Nach einem Mehrheitsentscheid wurde der endgültige Entwurf zum Gesetz erklärt, und alle Abweichungen vom Modell wurden unter schwere Strafe gestellt. In der Architektur herrschte eine seltsame Leidenschaft für den Innenraum. Das ist umso unbegreiflicher, als alles Leben sich zum größten Teil auf der Straße, unter freiem Himmel abspielte. Hochzeit, Taufe und sogar das Sterben waren öffentliche Angelegenheiten. Vor versammelten Nachbarn als Zeugen verkündete der Sterbende mündlich sein Testament.

Man verherrlichte den Innenraum, nicht weil man ihn brauchte, sondern als Ausdruck seines Lebensgefühls. Man fühlte sich nicht als Baustein eines Kollektivs, sondern als agierende Mitte. Die Menschen dieser Zeit erlebten sich drinnen, als Mittelpunkt ihrer Architekturen. Palazzi und Stadtvillen umschlossen immer einen Innenhof, der architektonisch besonders sorgfältig geplant wurde. Hier genoss man nicht nur seinen privaten Palast, sondern seinen eigenen Platz mit eigenem Brunnen.

In der mittelalterlichen Stadt mit ihrer engbrüstigen, dicht gedrängten Bauweise gab es nur den Platz als unbebauten Freiraum für das Bürgerkollektiv. In den oberitalienischen Städten weitete sich die Privatsphäre. Jeder versuchte, sich seine eigene Welt zu errichten, die unverwechselbar seine Wesenszüge trug.

Im gotischen Dom war der Innenraum fast ganz aufgelöst. Er besaß keine wirkliche Decke mehr. Das Kreuzrippengewölbe ragte bis in den Himmel. Es war kein Abschluss, sondern wies über sich hinaus in eine andere, überirdische Welt. Die Wände wurden durch gigantische Fensterfiligrane entmaterialisiert. Jetzt lastete die waagrechte Kassettendecke oder die Kuppel als Krönung auf dem in sich selbst ruhenden, wohlproportionierten Raum.

Selbst die Malerei als raumloseste aller darstellenden Künste wurde von der Raumleidenschaft ergriffen. Bis zum Ende des Mittelalters war die Malerei reine Flächenkunst. Die Gestalten standen flächig auf goldenem Grund. In der Renaissance wurden die Bilder plastisch. Man malte mit Vorliebe Innenräume, durch deren geöffnete Fenster man nach draußen blickt. Der Beschauer aber ist drinnen.

Nur Menschen, die sich als individuellen Mittelpunkt der Welt erlebten, vermochten so vollkommene Kuppeln zu errichten wie die von Florenz und Sankt Peter in Rom.

Versucht man, unvoreingenommen einen Raum wie die Peterskirche nachzuempfinden, so gelangt man zu der Erkenntnis, dass der mächtigste Kirchenbau der Welt, der Mittelpunkt der katholischen Christenheit, zutiefst heidnisch ist. Er atmete den Geist seiner Erbauer, denen Macht mehr bedeutete als christliche Tugenden.

Das Theater

Der König ist der von der Vernunft
eingesetzte Mittelpunkt des
weltlichen Koordinatensystems.
Spinoza

Gott ist eine mathematische Größe.
Der Alltag wird zum Theater,
die Kunst zur Droge.
Ein vom Tode Gezeichneter spielt
den unsterblichen Helden.
Originalität ist Taktlosigkeit.
Selbst die Natur wird
kartesianisch.

Die meisten Menschen denken bei dem Wort »Barock« an Frankreich und an Ludwig XIV. Dabei entstand der Barock vor allem in Holland und in Spanien. Holland hatte gerade seine Unabhängigkeit und wirtschaftliche Vormacht erreicht. Spanien hatte seine politische Führung verloren und stand vor dem Ruin. In Holland blühten Kunst und Wissenschaften. Die Universitäten waren weltweit führend. Holländische Bildung war so hochgeschätzt, dass es als besondere Auszeichnung galt, in Holland erzogen worden zu sein.

Spanien dagegen war so rückständig und seine Bewohner so verarmt, dass selbst die Häuser in den Städten fast nur aus verlausten Lehmhütten bestanden. Die Mehrzahl der Bewohner konnte weder lesen noch schreiben. Auf den Bildern der holländischen Meister regiert die Lebensfreude. Da wird geprasst und gekotzt. Prächtige Weiber locken mit prallen Brüsten und Schenkeln. In Spanien dagegen verdeckt eine dicke Schminkschicht jede Gefühlsregung der Frauengesichter. Der Busen wird geschnürt, steife Reifröcke, sogenannte Tugendwächter, umhüllen den Leib bis auf die Erde.

An diesem Beispiel zeigt sich, dass die heute allgemein verbreitete Auffassung, wonach wirtschaftlich-politische Faktoren über die kulturelle Entwicklung entscheiden, falsch ist.

Spanien ist es nie so schlecht ergangen wie im 17. Jahrhundert und Holland nie wieder so gut. Und trotzdem bezeichnen beide diese Zeit als ihr goldenes künstlerisches Jahrhundert.

Ein neuer Zeitgeist betrat die Bühne des Weltgeschehens, und der durchdrang alle Gegensätze.

Das Zeitalter der Naturwissenschaften hatte begonnen. Spinozas wissenschaftliche Arbeit über Gott liest sich wie ein mathematisches Lehrbuch: Weil Gott vollkommen und unendlich ist, kann er auch keine Persönlichkeit und kein Selbstbewusstsein besitzen, keinen Verstand, keinen Willen und kein Gefühl. Gott ist eine gesichtslose mathematische Größe wie Null oder unendlich. Der Rationalismus wird zum Erbfeind der Kirche. Da die Kirche ihn nicht zu beseitigen vermag, versucht sie ihn mit großem Theater an die Wand zu spielen. Sie übernimmt die Rolle der herrschenden und triumphierenden Kirche, die in rauschenden Jubelakkorden ihren Sieg feiert. Damit wird die Kunst zur Droge, mit der man die Wirklichkeit verdrängt. Nie zuvor gab es in der Kirche so viel Pomp und Dekor. Die Architektur wird zur Theaterkulisse, kostbar und spektakulär. Die Fassaden überragen wie Werbeflächen die dahinter liegenden Bauten. Die Innenräume schwelgen in Spiegeln, Goldleisten, Blumengirlanden, Kristallleuchtern und erlesenen Wandmalereien. Es herrscht die gleiche verzauberte Illusion wie beim Theater. Man malt Säulen und Kuppelgewölbe so täuschend echt auf glatte Wände und Decken, dass sie wie wirkliche, große Architekturen aussehen. Diese Räume sind die vollendetste Propaganda, die man je erschaffen hat. Die Gesellschaft, die spürt, dass die Kräfte des Glaubens von den aufkommenden Kräften des Intellekts verdrängt werden, spielt noch einmal großes Theater.

Der Barock ist ein verzweifelter Versuch, mit der Wirklichkeit fertig zu werden. Ein vom Tode Gezeichneter spielt den Unsterblichen. Wem das verlogen erscheint, der möge sich vor Augen halten, dass es keine höhere Kultur ohne Fiktionen gibt. Wir Menschen tun so, als ob mit dem Tod nicht alles vorbei sei. Selbst die Mathematik als logischste aller Disziplinen vermag ohne diese »Als-ob-Fiktion« nicht auszukommen. Sie rechnet mit unendlich kleinen Größen und mit Punkten ohne Ausdehnung, obwohl jeder weiß, dass es so etwas in Wirklichkeit gar nicht gibt.

Mit Ludwig XIV. beginnt der Hochbarock. Mit seinem Tod endet die ganze Epoche. Der Sonnenkönig war ihr hervorragendster Repräsentant. Ihr geistiger Vater aber war Descartes. In ihm liegt der Schlüssel zum Barock.

Descartes begründete die analytische Geometrie. Mit ihr lässt sich jede Kurve und Fläche in einer Gleichung ausdrücken. Das war etwas sensationell Neues. Das abstrakte Denken, die Algebra, ließ sich auf wirklich vorhandene Formen anwenden. Jedes Ding existierte bereits in mathematischer Form, bevor es selbst da war. Es gab für jeden Kirschbaum und für jede Katze, für jedes Gebirge und selbst für jede Person eine mathematische Formel. Aus dieser Erkenntnis heraus machte Descartes aus dem Intellekt eine Religion und aus dem Denken eine heilige Handlung. Nur wer denkt, hat eine Seele, denn die Seele besteht aus reinem Denken. Es gibt kein Unterbewusstsein, keine Triebe, Ahnungen oder Empfindungen, da sie nicht Ausdruck klarer Gedanken sind, denn nur, was man denkt, ist wirklich.

Die Architektur, die Musik, das Drama, der Staat, alles wird kartesianisch. Die Künstler des Barock hielten ihre Werke für einen Siegeszug der Natur. Das erscheint uns heute übertrieben. Wenn wir die Quadratkilometer großen Gartenanlagen der Schlösser betrachten, so erscheinen sie uns eher wie eine Züchtigung der Natur. Alle Bäume, Hecken, Büsche, Beete wurden mit Zirkel und Lineal zu geometrischen Formen gestutzt. Nach Descartes war Vernunft gleich Natur. Folglich waren alle Kunstwerke umso natürlicher, je mehr sie mit den mathematischen Gesetzen der Logik übereinstimmten.

Aber nicht nur die Künste unterlagen der strengen Geistesetikette der analytischen Geometrie, selbst der König unterstand ihr. Seine Tagesordnung war so fest gefügt wie eine mathematische Gleichung. Der Sonnenkönig war wie eine große Marionette, die nach strengem Zeremoniell angekleidet, gefüttert und umsorgt wurde. Nur der Vorsteher der Taschentücherabteilung durfte ihm ein Schnupftuch reichen. Vier Personen waren nötig, um ihm ein Glas Wasser zu bringen, acht, um ihn auszukleiden. Es gab einen Hofbeamten, der nichts weiter zu tun hatte, als sich um den königlichen Stuhlgang zu kümmern.

Der König war der von der Vernunft eingesetzte Mittelpunkt des weltlichen Koordinatensystems. Wer gegen den König handelte, war kein Staatsfeind, sondern ein Idiot, der nicht logisch zu denken vermochte. Wenn heute auf sozialistischen Schulen gelehrt wird, der Sonnenkönig sei ein größenwahnsinniger Ausbeuter gewesen, so ist das Unsinn. Der König hatte eine genau vorgeschriebene Rolle auszufüllen. Man kann das Gefühl, das die Menschen ihrem kulturellen Mittelpunkt entgegenbrachten, heute nicht mehr nachempfinden. Das Finanzgenie Colbert und der Festungsbauer Vauban starben nach einer königlichen Rüge am Nervenfieber, Racine endete im Trübsinn. Des Königs Leibkoch, Vatel, stürzte sich ins Küchenmesser. Dabei war Ludwig XIV. ein äußerst höflicher Mensch, der vor jedem Dienstmädchen den Hut zog und dauernd in der Angst lebte, jemandem wehzutun oder gegen die Formen des Anstands zu verstoßen.

Das Militär wurde zum Lieblingsspielzeug der Könige. Es wurde im Barock zum ersten Mal exakt. Während der Soldat bis dahin anzog, was ihm gerade passte, wurde er nun uniformiert. Er wurde gedrillt, in Rechteckquadern im Gleichschritt zu marschieren und in schnurgeraden Reihen strammzustehen. Der Soldat besaß keine Individualität. Er war eine Nummer für geometrische Operationen. Er wurde nicht für den Kampf erzogen, sondern für das große, exakte Schauspiel der königlichen Parade. Überhaupt spielte die Kleidung wie beim Theater eine ungeheure Rolle. Ganze Heerscharen von Schneiderinnen arbeiteten monatelang an einer Robe aus edelsten Materialien. Höchste Vollendung für die Herren war die große Staatsperücke. Der weibliche Kopfputz erreichte bisweilen die Höhe von anderthalb Metern. Perücken und Stöckelschuhe, die von Männern und Frauen getragen wurden, zwangen ihre Träger, sich bedächtig und etikettiert zu bewegen. Impulsive Bewegungen waren mit ihnen nicht möglich. Das Gleiche galt für die Fettleibigkeit, die zum Schönheitsideal erhoben wurde, denn schwergewichtige Menschen bewegen sich mit mehr Gravität und Würde als dünne.

Diese Zeit verachtete alles Spontane und Improvisierte, weil es nicht durchdacht und damit nicht natürlich war. Man gebrauchte zu bestimmten Anlässen genau vorgeschriebene Worte und bewegte sich beim Hofzeremoniell mit genau festgelegten Schritten und Gebärden. Andere Haltungen einzunehmen hätte man nicht als Originalität, sondern als Taktlosigkeit ausgelegt. Nur wer die vorgeschriebenen

Regeln erfüllte, galt als geistreich, denn er verhalf der vollkommenen Form zu ihrem natürlichen Sieg.

Auch die Bauten unterlagen diesem strengen Reglement. Man begnügte sich nicht damit, nur die Bauten den Formgesetzen zu unterwerfen, sondern übertrug diese Gesetze auch auf die umgebende Natur. Dabei verstand der Barockmensch unter Natur etwas ganz anderes als wir Heutigen. Das Meer oder ein Gebirge wurde als hässlich und abstoßend empfunden. Wasser war nur schön, wenn es in wohlgestalteten Brunnen plätscherte. Felsen waren nur betrachtenswert in Form von künstlichen Grotten. Man hielt künstliche Blumen und Früchte für schöner als ihre Originale. Denn nur, was Menschengeist gestaltet hatte, war schön und natürlich.

Es ist kein Zufall, dass der barocke Mensch für die Antike schwärmte. In allen repräsentativen Räumen und in Parkanlagen, in der Dichtung und Malerei wimmelt es von griechischen Göttern. Sowohl die Künstler Griechenlands als auch des Barocks erlebten ihre Umwelt nicht als nüchterne Realität, sondern als schöne, idealisierte Scheinwelt.

Wenn wir heute von einem Menschen sagen »er spielt Theater«, so meinen wir, er ist nicht aufrichtig. Der Barock hatte ein anderes Verhältnis zum Theater. Es war der wichtigste Teil seines Lebens.

»Wenn der Mensch die Bühne der Welt betritt, so weint er«, sagte Racine. Die letzten Worte Ludwigs XIV. lauteten: »Applaudiert mir. Ich habe meine Rolle gut gespielt.«

Kein Wunder, dass das Theater zur höchsten Blüte gelangte. Unter allen Bühnenkünsten führte die Oper, denn sie verband das Theatralische mit dem Musikalischen. Der äußere Prunk der frühbarocken Opernaufführungen muss gewaltig gewesen sein. Friedell beschreibt ihn: »Pferde, Büffel, Elefanten und Kamele zogen über die Bühne. Truppen von oft vielen hundert Menschen lieferten sich Gefechte. Bernini zeigte einmal auf der Bühne die Engelsburg und davor den rauschenden Tiber mit Kähnen und Menschen. Plötzlich riss der

Damm, der den Fluss vom Zuschauerraum trennte, und die Wellen stürzten dem Publikum mit solcher Wucht entgegen, dass es entsetzt die Flucht ergriff. Aber Bernini hatte alles so genau berechnet, dass das Wasser vor der ersten Reihe haltmachte. Ein andermal brachte er einen Karnevalszug auf die Bühne mit brennenden Fackeln. Ein Teil der Bühne geriet in Brand. Alles begann davonzulaufen. Aber auf ein Zeichen hin verloschen die Flammen, und die Bühne verwandelte sich in einen blühenden Garten, in dem ein feister Esel ruhig graste.«

Wie kein anderes Jahrhundert hatte das barocke einen theatralischen Zug zur Übertreibung. Jeder wollte mehr scheinen, als er war. Aus der einfachen Anrede »Bruder« wurde »der hoch- und wohlgeborene Herr«. Man versicherte sich in endlosen, auswendig gelernten Phrasen, dass man der Ehre nicht würdig sei jemandes untertänigster Diener zu sein. Man debattierte tagelang, ob die kurfürstlichen Gesandten das gleiche Recht wie die fürstlichen besäßen und die Beine ihrer Sessel auf den Teppich stellen dürften oder nur auf die Teppichfransen.

Anstelle von Moral und Gewissen trat die Kunst des Sich-artig-Benehmens, die man aus Komplimentierbüchern dressurartig erlernte. Auch der Glaube war nur noch Theater. Die absolutistischen Herrscher waren in der Mehrzahl Atheisten, so wie Friedrich II., der die Meinung vertrat, die Geschichte sei ein großes Welttheater und die Menschen eine verfluchte Bande von tückischen Affen. Die Herrschenden bezeichneten sich selbst als aufgeklärt und fühlten sich der Vernunft verpflichtet. Im Übrigen dachten sie wie der Preußenkönig: »Gott beschütze jeden Staat vor der Tollwut der Theologen!«

In dem großen Theater des Barocks spielte die Kirche keine Rolle mehr, nicht einmal eine Nebenrolle. Sie diente noch als Hintergrund, als Bühnendekoration.

Jeder Regisseur weiß, dass es kein bühnenwirksameres Requisit gibt als repräsentative Treppen. Auch in dem großen Barocktheater spielen sie eine alles beherrschende Rolle. Niemals zuvor wurden so pompöse und prachtvolle Treppen gebaut, versteinerte Wasserfälle, Menuette in Marmor. Sie nehmen in den Schlössern so viel Raum ein, dass man glaubt, die Gebäude seien nur ihretwegen errichtet worden, so wie die Würzburger Residenz, wo die Deckenmalerei des Treppenhauses mehr Geld verschlang als die Errichtung der Schlosskirche. In diesem Deckengemälde herrschen nackt und vollendet schön die heidnischen Götter der Antike. Christus und die Heiligen sucht man hier vergebens. Man vermag es nicht zu fassen, dass dieser Bau von einem Bischof errichtet wurde. Hier hatte Christus nicht einmal mehr dekorativen Wert.

Als das Welttheater immer mehr zur Maskerade wurde, verebbte die Kraft des Barocks im Rokoko.

Die schillernde Phosphoreszenz der Fäulnis liegt über allem. Zu keiner anderen Zeit war der Geschlechtsverkehr mit Kindern so beliebt und verbreitet. Altersunterschiede verwischte man durch graugepuderte Haare und dick aufgetragene Schminke. Zu keiner anderen Zeit gaben sich die Männer so feminin und infantil.

Das Lieblingsmaterial dieser Zeit war das zerbrechliche Porzellan. Ganze Teehäuser, Kabinette und Kutschen wurden damit ausgestattet. In den Märchen der Zeit träumte man von Schlössern aus Porzellan. Man schwärmte von China und sammelte Chinoiserien, chinesische Vasen, Seidentapeten, Lackmöbel, chinesische Gärten mit Pagoden und Bambusbrücken. Selbst der Rokokozopf soll auf China zurückgehen.

Der Mensch sehnt sich immer nach dem, was er nicht hat. Stadtkulturen schwärmen von der Natur und Naturvölker von industriellem Fortschritt. Die alte chinesische Kultur ist die genaue Umkehr zum Lebensgefühl des Rokoko. Der Chinese empfand sich als Teil der bestehenden Natur. Sitz der Seele war nicht der Kopf, sondern das vegetative Nervensystem.

Im Barock war Natur gleich Intellekt. Natürlich war nur, was mit den vom Kopf her diktierten Gesetzen der Logik übereinstimmte. Bewegung war wichtiger als Ruhe, Kraft wichtiger als Harmonie. Die

Liebe des Rokoko zu China ist ebenso wenig zufällig wie die Liebe des industriellen Proletariats zur Südsee und zu Robinson Crusoe.

Mit dem Rokoko stirbt eine ganze Kulturepoche, tänzerisch, obszön, überfeinert und müde. Wenn diese Zeit überhaupt noch Kraft fand zu bauen, so waren es nicht mehr große Schlossanlagen, sondern intime Lusthäuschen. Schon ihre Namen zeugen von verschwiegener Individualität: Sanssouci, Solitude, Eremitage. Diese Bauten dienen nicht mehr der kraftvollen Repräsentation, sondern dem intimen Genuss.

Mit dem Rokoko stirbt der Barock. Er erlebte seine höchste Vollendung in Frankreich. Die Revolution war kein Sieg des Bürgertums, sondern ein Selbstmord der herrschenden Kulturträger. Ihre Zeit war abgelaufen, auch ohne den Sturm auf die Bastille.

Das Grandhotel

Die Kohle ist das Maß aller Dinge.
Friedrich Siemens

Noch niemals zuvor ist so viel gebaut worden.
Diese Bauten sind wehmütige Erinnerungen
an mittelalterliche Burgen und antike Tempel.
Das Grandhotel ist der Paradebau des
Bürgertums.
Europa ist der Mittelpunkt der Welt.
Das Geld wird zur Gottheit und
der König zum Großbürger.
Dieses so realistische Jahrhundert
hat nichts so sehr verleugnet
wie seine eigene Gegenwart.

Es ist eine bekannte Tatsache, dass Kinder oft ein vertrauteres Verhältnis zu ihren Großeltern haben als zu ihren Eltern. Ähnlich verhält es sich mit uns und dem 19. Jahrhundert. Es liegt noch zu dicht an unserer Gegenwart, als dass wir Lebenden es zu würdigen verstünden. Wir sehen in dieser Zeit vor allem die verstaubte Welt des Großbürgertums, das falsche Pathos, den Kitsch und die verlogene Moral. In Wahrheit war es ein großes Jahrhundert. Es beendete die Neuzeit, die mit der Gotik begann, und war zugleich der kraftvolle Anfang einer neuen Epoche, für die wir noch keinen Namen haben.

Obwohl unsere Urgroßeltern noch in dieser Zeit gelebt haben, machen wir Heutigen uns ein völlig falsches Bild von ihr. Europa war noch eine rein landwirtschaftliche Welt. Bis zum Jahr 1885 gab es in der Welt nur zehn Städte mit mehr als einer Million Einwohner. Die erste Millionenstadt in Europa war London.

In England besaßen nicht einmal 2000 Landlords mehr als ein Drittel des gesamten Grund und Bodens. Überhaupt war Grundbesitz ein Zauberwort des Jahrhunderts. Ein Großgrundbesitzer besaß mehr gesellschaftliches Ansehen als ein Adliger. Die emporgekommenen englischen Großbürger lebten in Herrenhäusern, umgeben von gepflegten Rasenflächen und wildreichen Parks, in denen man Parforcejagden veranstaltete oder Golf spielte. In unmittelbarer Nachbarschaft mit der neuen Industrie lebten die Reichen wie der Feudaladel des späten Mittelalters.

In diesem bürgerlichen Zeitalter der industriellen Revolution war England führend. Das ist erstaunlich, denn bis ins 18. Jahrhundert hinein gehörte England zu den ärmsten Ländern Europas. Das änderte sich schlagartig mit der Industrialisierung. 1830 gab es dort bereits an die 12000 Dampfmaschinen, in Frankreich 3000 und in Preußen nicht einmal 1000.

Der weitaus größte Teil der Industrie arbeitete immer noch mit der Kraft von Wassermühlen. Überhaupt war die Erfindung der Dampfkraft gar nicht die Sensation, wie man es uns in der Schule hat weismachen wollen. In den Mühlenbetrieben erfolgte die Energiegewinnung aus fließendem Wasser und in den Dampfmaschinenbetrieben aus kochendem Wasser. Zur Sensation wurde die Dampfmaschine erst, als sie zu rollen begann. Nun erst war sie den fest am Wasser stationierten Mühlen überlegen und veränderte die Welt.

Bis zur Mitte des 19. Jahrhunderts gab es in Europa nur wenige und sehr schlechte Straßen, auf denen sich die Menschen wie in biblischer Zeit zu Fuß oder auf dem Rücken eines Tieres fortbewegten. Nur ein paar Privilegierte fuhren in Kutschen. Die besten Straßen und Postkutschen gab es in Frankreich. 1848 dauerte eine Reise mit der Postkutsche von Paris nach Straßburg zwölf Tage. »Man fliegt mit Windeseile dahin!«, schwärmte Victor Hugo.

Die ersten Lokomotiven wurden 1814 für den Abtransport von Kohle in englischen Bergwerken eingesetzt. Sie verbreiteten sich explosionsartig. Amerika, das 1830 über 65 Kilometer Eisenbahnstrecke verfügte, hatte 1850 bereits 14 000 Kilometer Eisenbahnlinie in Betrieb. Zwar warnten noch 1858 die Mediziner des Deutschen Ärztekongresses, dass die hohe Geschwindigkeit bei den Mitreisenden zur Erblindung führen würde, und man riet, auf jeden Fall die Augen zu schließen, wenn ein Zug mit 22 Stundenkilometern vorüberraste, um durch den Anblick nicht verrückt zu werden. In Italien wurde mit jeder Bahnstation eine Kapelle erbaut, da vor jeder Abfahrt der Schutz der Mutter Gottes erfleht wurde. In Deutschland gab es fünf verschiedene Zugklassen. Männer und Frauen reisten in getrennten Abteilen.

Die Eisenbahn veränderte das Jahrhundert. Es entstanden noch nie da gewesene Bauformen. Der Bahnhof wurde zum neuen Herz und Mittelpunkt der Stadt. An den Eisenbahnknotenpunkten entwickelten sich neue Städte, und alte, bisher abseits gelegene rückten über Nacht in den Mittelpunkt, wie Florenz, das abseits der Verkehrswege einen Dornröschenschlaf gehalten hatte und durch den Bau der Eisenbahn zur ersten Hauptstadt Italiens avancierte. Trotzdem war die

Eisenbahn während des ganzen Jahrhunderts nur ein Kurzstreckenmittel. Weite Reisen unternahm man mit dem Schiff. Das Meer aber gehörte den Segelschiffen. Noch in der zweiten Hälfte des Jahrhunderts wurde ein neuer Seglertyp entwickelt und als der größte Fortschritt der modernen Seefahrt gefeiert. Der Klipper segelte 33 Kilometer die Stunde, eine Geschwindigkeit, die die Dampfschiffe erst ein Vierteljahrhundert später erreichen sollten. Noch 1870 wurde zehnmal mehr Fracht durch Segler als mit Dampfschiffen befördert.

Nichts aber beeinflusste dieses Jahrhundert so sehr wie die Kohle. Die Bergwerke dehnten sich in den Industrieregionen krebsartig aus und verpesteten die Landschaft. Die Kohleförderung stieg zwischen 1800 und 1850 von zehn auf 90 Millionen Tonnen. 1880 waren es bereits 100 Millionen Tonnen und 1900 fast 300 Millionen. »Die Kohle ist das Maß aller Dinge«, verkündete Friedrich Siemens. Und Maximilian Harden glaubte sogar: »Ohne Kohle ist das Heil der Welt verloren.« Die Kohleförderung und die damit verbundene Stahlproduktion wurden zum Maßstab der Macht. Als 1870 im Ruhrgebiet doppelt so viel Kohle gefördert wurde wie in Frankreich, empfanden das die maßgeblichen französischen Politiker wie eine militärische Niederlage. Aber nicht nur für die Nationen bedeuteten Kohle und Stahl Wirtschaftsmacht, sondern auch für alle, die es verstanden, sich daran zu bereichern, wie die Krupps, die sich auf ihrem fürstlichen Privatbesitz sogar einen Bahnhof anlegten, um die Könige der Welt bei sich zu empfangen.

Die Kehrseite der industriellen Revolution war ein Arbeiterproletariat, wie es die Welt bis dahin noch nicht kennengelernt hatte. Die Arbeitsbedingungen waren für heutige Begriffe unerträglich. In engen, niedrigen Arbeitsräumen mit schlechter Belüftung und Beleuchtung arbeiteten Hunderte von Arbeitern 14 Stunden am Tag für geringen Lohn. In Frankreich verdiente 1848 ein Arbeiter für die Bedienung eines Webstuhles 300 Franc im Jahr. Er hing an einem Strick, damit er gleichzeitig mit Händen und Füßen arbeiten konnte, denn nur so ließen sich die hochwertigen Spitzen weben. In den Elendsvierteln der Arbeiter von Liverpool und Lyon schliefen drei Menschen in einem Bett. Rachitis und Tuberkulose waren an der Tagesordnung.

Bei den Bauern war es nicht viel besser. Zwischen 1826 und 1855 gab es in Russland über 500 Bauernaufstände.

Ob man zur guten Gesellschaft gehörte oder nicht entschied das Geld. An oberster Spitze dieser Gesellschaftspyramide standen die großen Bankiers, ganz unten die kleinen Gemüsehändler. Das Bürgertum bestimmte die Mode, den guten Geschmack und alle öffentlichen Angelegenheiten. Es stellte weitgehend die Angehörigen der freien Berufe. Bürgerlich leben bedeutete, eine gut eingerichtete Wohnung zu besitzen, die Söhne studieren zu lassen und den Töchtern eine Aussteuer geben zu können.

Ein typisches Bild dieser Geldaristokratie hat Honoré de Balzac gezeichnet. Aller Glanz und alles Elend seiner Kurtisanen, alle Leidenschaft und Liebe sind letztlich nur eine Frage des Preises. Es gibt nichts, das man nicht für Geld erhalten könnte. Hier ist alles käuflich, Freiheit, Ehre, Jugend, der Dichter Balzac eingeschlossen, dessen ungeheure Schaffenskraft mit den ständig wachsenden Schulden um die Wette läuft.

Der Adel kopierte das Bürgertum. Die Könige des 19. Jahrhunderts lebten wie Großbürger. Sie übernahmen deren Kleidung und Lebensstil und spielten an der Börse. Der gemeinsame Treffpunkt war das Grandhotel, das Traumschloss des Großbürgers.

In der zweiten Hälfte des 19. Jahrhunderts entstanden überall in Europa palastartige Luxushotels als Treffpunkt der Gesellschaft. Bei ihrer Einweihung stand der Kaiser Pate, wie beim Adlon in Berlin, das von Kaiser Wilhelm eröffnet wurde, oder beim Imperial in Wien, das den Titel eines kaiserlich-königlichen Hofhotels verliehen bekam.

Diese Grandhotels waren etwas ganz anderes als das, was wir heute unter einem Hotel verstehen. Sie waren keine Häuser zum

Übernachten. Sie verkörperten eine eigene Welt, die sich eine privilegierte Oberschicht leisten konnte. Diese fürstlichen Häuser mit aristokratischem Prunk nannten sich mit Vorliebe *Palace-Hotel*, *Hotel Royal*, *Imperial* und *Kaiserhof*. Die Fassaden dieser Hotels schmückten sich mit den Stilelementen der klassischen Antike. Die Salons und Suiten waren angefüllt mit Kunstgegenständen und teuren Materialien wie Marmor, Edelhölzern, Tafelsilber und echten Teppichen. Auf einen Gast kamen bis zu sieben Bedienstete: Kammerzofen, Pagen, Liftboys, Kellner, Gärtner, Sauciers und Hoteldetektive.

Niemals zuvor war so viel gebaut worden. Tausende von Bauten schossen neu empor: Bahnhöfe, Fabrikhallen, Weltausstellungspavillons, Kaufhäuser, Mietskasernen, Cafés, Schlachthöfe, Gasanstalten, Eisenbahnviadukte und Fördertürme. Aber das Grandhotel ist der Paradebau dieses bürgerlichen Jahrhunderts. Es sagt auf seine Weise so viel über diese Zeit aus wie der Dom über die Gotik. Es entspricht der Sehnsucht und den Wunschvorstellungen seiner Zeitgenossen. Das Grandhotel ist ein Ersatzschloss für alle, die nicht als Aristokraten zur Welt gekommen sind, aber es sich leisten können, so zu leben: Könige von Geldes Gnaden.

Diese Hotelbauten sind wehmütige Erinnerungen an mittelalterliche Ritterhallen, venezianische Paläste, an fürstliche Prunkgemächer und kaiserliche Krönungssäle. In ihnen lebt der Geist der bayrischen Märchenschlösser. Das sind keine Wohnungen, sondern Denkmäler einer Lebenshaltung. Wie sehr sie den Geist ihrer Zeit atmen, erkennt man auch daran, dass sie zum beliebtesten Thema und Schauplatz der Literatur werden, von Vicky Baum bis zu Thomas Mann.

Im Grandhotel tritt der Grundzug des ganzen Zeitalters zutage. Jeder will mehr darstellen, als er ist, und mehr besitzen, als er sich leisten kann. Da es nur vom kostspieligen Lebensstil abhängt, ob jemand ein Kleinbürger oder ein König ist, so sucht man nach erschwinglichem Ersatz.

Es ist die Ära des allgemeinen und prinzipiellen Stil- und Materialschwindels. Getünchtes Blech sieht so aus wie Marmor, Papiermaschee wie Rosenholz, Gips wie schimmernder Alabaster.

Gottfried Semper, einer der berühmtesten Architekten dieses Jahrhunderts, forderte, dass der Stil der Gebäude durch eine historische Assoziation zu wählen sei. Eine Kirche solle an die glaubensstarke Zeit der Gotik erinnern, eine Kaserne an mittelalterliche Wehranlagen, eine Bank an römische Staatsbauten. Baugeschichte avancierte zum wichtigsten Lehrfach für Architekten.

Dieses angeblich so realistische Jahrhundert hat nichts so sehr gefürchtet wie seine eigene Gegenwart. Das ist es, was uns seine Bauten verraten.

Was war geschehen? Die Entwicklung war dem Menschen davongelaufen. Ein unglaubliches Tempo hatte die Welt verändert. Züge rasten durchs Land. Telegrafenverkehr und Telefon machten den Menschen allgegenwärtig. Die Produktion überschlug sich. Die Welt veränderte sich.

Die Menschen verhalten sich wie Kinder, die man übergangslos in die realistische Welt der Erwachsenen gestoßen hat. Sie spielen König, Gotik, heile Welt, obwohl sie wissen, dass alles schon unwiederbringlich vergangen ist. Deshalb sehen ihre Bauten so aus, als wären sie Vorlagen eines Kindermodellierbogens, Riesenspielzeuge aus Zuckerguss. Genau wie Kinder besitzen sie keinen Sinn für Sachlichkeit. Alles ist nur zur Parade, zum Spielen da. Selbst der Mittelpunkt ihrer Häuser und Wohnungen, die gute Stube, hat keinen Wohnzweck, sondern ist nur zum Vorzeigen für Besucher da, denen man vorspielt, ein bedeutender Bürger zu sein. Die Nostalgie wird geboren.

Es war ein beliebtes Gesellschaftsspiel dieser Zeit, sich gegenseitig die Frage zu stellen: »In welcher Zeit hätten Sie gern gelebt?« Jeder hatte seine eigene Lieblingszeit, aber in keinem Fall war es die Gegenwart. Vielleicht ist das einer der Gründe, weshalb das 19. Jahrhundert die bedeutendsten Altertumsforscher und Archäologen hervorgebracht hat.

Wagner beschwört Drachen, Riesen und Götter. Maler wie Richter, Schwind und Böcklin schwelgen in romantischen Märchenfantasien. Ludwig II. erbaut Märchenschlösser, Nymphengrotten und künstliche Seen für Nixen. Die Antike und der alte Orient werden ausgegraben und verherrlicht. Shakespeare wird vermehrt wiederentdeckt. Keine Zeit hat Gegenwart und Zukunft so miteinander vermischt. Das ist kein Zeichen von Verlogenheit, sondern von echter Angst, alle bestehenden Werte und damit sich selbst zu verlieren. Man verwirklicht den Fortschritt und träumt von gestern.

Trotzdem besaß dieses Jahrhundert unglaubliche Kraftreserven. Es war das Zeitalter der totalen Vormachtstellung Europas. Es gab keinen noch so entlegenen Ort der Erde, der nicht von einer europäischen Großmacht zur Kolonie degradiert worden wäre. Wie auf technischem Gebiet, so führte auch hier England mit Abstand. In den Jahren 1870 bis 1880 erreichte das englische Empire seinen Kulminationspunkt. Es umschloss Indien, China, fast ganz Afrika, Australien, Neuseeland, Kanada und weite Teile des Vorderen Orients. Es erscheint fast unglaublich, dass dieses Jahrhundert des Plüschs, Goldstucks, Schildpatts und Glanzpapiers mit all seinem oberflächlichen, verschnörkelten Kitsch zugleich eine so machtvolle technische und politische Entwicklung durchgemacht hat.

Die Nachwelt wird dem 19. Jahrhundert in Europa einmal die gleiche Rolle zuteilen wie dem römischen Imperium zur Zeit seiner größten Ausdehnung. Auch Rom hatte auf technischem Gebiet Erstaunliches vollbracht und keine eigenen Kunststile entwickelt, sondern Vergangenes kopiert. Beide haben die Welt beherrscht und ihr für Jahrtausende ihren Stempel aufgeprägt. In beiden Epochen entstanden Ideologien, durch die die ganze Welt verändert wurde: das Christentum und der Kommunismus.

Marx, der neben Darwin das Gedankengebäude des 19. Jahrhunderts am stärksten veränderte, baute seinen dialektischen Materialismus auf der Behauptung auf: »Es ist nicht das Bewusstsein der Menschen, das ihr Sein bestimmt, sondern umgekehrt ihr gesellschaftliches Sein, das ihr Bewusstsein bestimmt.«

Man vermag diese einseitige Sicht nur aus dem materialistischen Geist seiner Zeit heraus verstehen, die in der Geistesgeschichte der Menschheit nichts weiter sah als einen primitiven Kampf der Klassen im darwinistischem Sinn. Nicht die Umstände entscheiden. Die Umstände sind immer nur Scheidewege. Alle Entscheidungen aber unterliegen unserem Charakter und der ist ein Teil des lebendigen Zeitgeistes. Marx forderte die totale Diktatur des Proletariats, in der unbegründeten Hoffnung, dass diese Diktatur gerechter sei als andere Diktaturen. Die klassenlose Gesellschaft – oder genauer definiert: die Diktatur einer Klasse – stand in absolutem Gegensatz zu der farbenkräftigen Gesellschaftspalette des 19. Jahrhunderts, wo man in fünf verschiedenen Eisenbahnabteilklassen reiste und nach einem Mehrklassenwahlrecht wählte. Unsere ganze Geschichte lebt wie die Natur aus den Gegensätzen, aus den Spannungen zwischen den Herrschenden und Beherrschten, Armen und Reichen, Heiligen und Sündern, Konservativen und Revolutionären. Die klassenlose Gesellschaft wäre nicht das Paradies, sondern der Friedhof.

In unserem heutigen Sprachgebrauch hat das Wort bürgerlich den Beigeschmack von spießig, mittelmäßig, muffig und bieder. Warum eigentlich? Die bürgerliche Epoche Europas, die in den Städten der Gotik erwachte und im 19. Jahrhundert kulminierte, war eine unglaublich kraftvolle Ära. Nur in Russland, wo es kein Bürgertum gab, vermochte der Kommunismus Fuß zu fassen. Der Faschismus, der eine kleinbürgerliche Bewegung war, entwickelte nicht die Überlegenheit über den kommunistischen Block, der nur mithilfe der bürgerlichen Westmächte zu überleben vermochte. Verglichen mit dem 19. Jahrhundert ist das heutige Mitteleuropa sowohl politisch als auch technisch nur eine zweitklassige, verschlafene Provinz im Schatten der neuen, tonangebenden Großmächte.

Vom 6. Jahrhundert bis zu Beginn des 19. Jahrhunderts betrug die Einwohnerzahl des heutigen Europa nie mehr als 180 Millionen. Im 19. Jahrhundert jedoch stieg die Zahl auf 450 Millionen. »Die Massen rücken vor«, prophezeite Hegel. Mit dem 19. Jahrhundert treten die großen Massen auf die Bühne des politischen Geschehens. Der Staat als gewaltiger Machtapparat wird geboren. Bis zum Beginn des vorigen Jahrhunderts war der Staatsapparat aller europäischen Nationen etwas ganz anderes als das, was wir heute darunter verstehen. Verglichen mit heute besaß er kaum eine Beamtenschaft, Militär oder Kapital. Im 19. Jahrhundert begann die Verstaatlichung des Lebens, die Einmischung des Staates in alles.

Es geschah dasselbe wie im Bereich der industriellen Entwicklung. Der schöpferische Mensch entwickelte Maschinen, um besser und freier leben zu können, und wurde zum Sklaven.

Der Staat ist nicht mehr für die Menschen da, sondern der Mensch für den Staat. Die Steuer, von der man seit biblischen Zeiten glaubte, dass sie zehn Prozent nicht überschreiten dürfe, vervielfacht sich innerhalb weniger Jahrzehnte, um den enorm anwachsenden Verwaltungs- und Kriegsapparat finanzieren zu können. Noch zu Anfang des Jahrhunderts gab es in England keine Polizei. Der Staat regelte und kontrollierte das Leben immer mehr, bis man schließlich sogar zur Überquerung der Straße einen Verkehrspolizisten brauchte und selbst zum Betteln einen behördlichen Gewerbeschein benötigte. Die größte kulturelle Umgestaltung aber erlebte die Stadt. In der ersten Hälfte des 19. Jahrhunderts waren die Städte noch ländlich geprägt. Die meisten europäischen Städte hatten zwischen 10 000 und 30 000 Einwohner. Sie waren Kleinstädte, deren gesellschaftliches Leben sich auf dem Marktplatz abspielte. Da es noch keine öffentlichen Verkehrsmittel gab, wohnte man möglichst dicht bei seiner Arbeitsstätte. Es gab noch kein fließendes Wasser und keine Kanalisation, kaum gepflasterte Straßen, keine Beleuchtung und keine Müllabfuhr. Die

Städte waren bevölkert mit Schweinen, Ziegen und Geflügel. Bei Zapfenstreich wurden die Stadttore geschlossen.

In der zweiten Hälfte des Jahrhunderts erlebte die Stadt einen massiven Aufschwung. Ein lawinenartiger Ansturm auf die Städte setzte ein. Die Menschen wollten nur noch in Städten leben. London wuchs in einem Jahr um 300 Prozent, Paris um 350. Wien vergrößerte sich in der gleichen Zeit um 500 Prozent und Berlin sogar um neunhundert. In London lebten 1880 mehr Menschen als in ganz Belgien. Es gab Verwaltungsviertel, Großhandelsviertel, Bahnhofsviertel, Vergnügungsviertel, Presseviertel und Wohnviertel. Die Stadt wurde wie ein Haus eingeteilt in einzelne Räume. Die großen Boulevards wurden zum Salon der Städter. Hier zeigte man sich bei Sonnenschein und Gaslicht, besuchte Straßencafés und Restaurants, bewunderte Schaufensterauslagen und Plakate, die jeden Tag neue Zerstreuungen anboten. Die Menschen waren hochelegant gekleidet, denn so stillos das 19. Jahrhundert in seinen Kunst- und Baustilen war, so stilbewusst und schöpferisch war es in seiner Mode.

Woran lag das? Stehen Bauten und Kleidung nicht in geheimnisvoller Beziehung zueinander?

Das 19. Jahrhundert war in seinem Bauen gar nicht so unschöpferisch, wie man allgemein behauptet. Die neue große Aufgabe dieser Zeit war die Stadt. Nicht die Einzelbauten waren wichtig, sondern ihre Summe. Die Bauten waren nur Bausteine. Trotz der Vielfalt der Gebäudestile entwickelten London, Paris, Wien, Petersburg, Berlin in dieser Zeit ihren eigenen unverwechselbaren Stil. Jede dieser Städte war eine kostbare Architektur für sich. Die Plätze und Boulevards waren wichtiger als die Häuser.

Es wurden riesige und kostspielige Baukonstruktionen errichtet, die als Gebäude völlig funktionslos waren und keiner anderen Aufgabe dienten, als die gesamte Stadt zu verschönern oder zu modernisieren. Typisches Beispiel dafür ist der Eiffelturm in Paris. Das 19. Jahrhundert ist die Geburtsstunde des europäischen Städtebaus. Der Berliner

Stübben, der Engländer Harvard, der Schotte Geddes und selbst Napoleon II. planten Städte wie Häuser. Sie forderten Harmonie zwischen Bauten, Straßen, Plätzen und Monumenten. Die Häuser waren im Hinblick auf die ganze Stadt von untergeordneter Wichtigkeit. Die geläufigste Form des Wohnhauses war die mehrgeschossige Mietskaserne. Nur die Fassade zur Straße wurde architektonisch gestaltet. Was sich dahinter abspielte, war uninteressant und wurde dem Bauunternehmer überlassen. Die Wohnungen sahen mehr oder weniger alle gleich aus. Sie bekamen ihr Licht durch schachtartige Hinterhöfe, in denen es nach Essen und Wäsche roch und wo die Kinder spielten. Neben dem »guten Zimmer« waren Schlafzimmer und Küche klein und kümmerlich belichtet. Bäder gab es nicht. Die Gemeinschaftstoiletten lagen auf halber Treppe oder im Hof. Unter dem Dach befanden sich die Dienstbotenmansarden. Sie besaßen als Fenster Dachluken.

Erst gegen Ende des Jahrhunderts führte Paris gegen den Protest von 40 000 Lumpensammlern eine Müllabfuhr ein.

Der Gott der neuen Stadt war das Geld. Es war nicht mehr nur Zahlungsmittel, sondern vor allem profitable Ware. Noch nie wurden so palastartige Fassaden für Börsen, Banken und Warenhäuser errichtet. Aus den Kolonien strömte das Geld nach London und Paris. Die Kriege der Vergangenheit waren wenigstens nach außen hin Erbfolge- oder Religionskriege gewesen. Jetzt wurden Kriege offensichtlich und ausschließlich aus Profitgier geführt. Als in Südafrika Gold gefunden wurde, erklärten die Engländer die Burenrepublik kurzerhand zu ihrem Eigentum und landeten Truppen. Multimillionäre wie Rothschild und Rockefeller hatten politische Machtpositionen inne, um die sie von Königen beneidet wurden. Die meisten Menschen waren bitterarm. Aber im Gegensatz zu den Klassengesellschaften der Vergangenheit war man nicht arm, weil man durch Geburt unabänderlich einer unteren Kaste oder einem niedrigen Stand angehörte, sondern weil man kein Geld hatte. Mit ihm konnte ein Dieb aus den Docks über

Nacht ein angesehener Großbürger werden. Zur Zeit Ludwigs XIV. war es für einen Bauern unvorstellbar, jemals in einem Schloss zu leben. Jetzt kann jeder Landarbeiter im Grandhotel wie ein Fürst residieren. Er braucht nur das nötige Geld dazu oder den richtigen Tipp an der Börse.

Das bürgerliche europäische 19. Jahrhundert hat die ganze Welt regiert und verändert. Auf künstlerischem Gebiet aber erging es ihm wie dem Herzog von Orléans, von dem man sagte, er besäße alle Talente außer dem einen: sie zu nutzen.

Die Synagoge

ICH
BIN
DER
HERR

Wer Wissen mehrt, mehrt das Leid.
Salomo

Obwohl sich die Juden in aller Welt Synagogen
errichten,
gibt es weder einheitliche Architekturstile
noch Ansätze für eine Baugeschichte.
Synagogen fügen sich an allen Orten
der Welt in ihre Umgebung ein.
Wie konnte dieses in aller Welt verteilte Volk
drei Jahrtausende ihre Einheit bewahren?

Es gibt Völker mit langer und kurzer Geschichte. Neben China und Ägypten, deren Geschichte mehrere Jahrtausende umfasst, steht das unsterbliche Judentum. Seit über 3 000 Jahren existiert dieses ungewöhnliche … Volk. Volk? Sind Volk, Stamm und Nation nicht untrennbar verbunden mit dem Land? Das Volk der Franzosen ohne Frankreich ist so unvorstellbar wie ein Gebäude ohne Grund und Boden, auf dem es steht. Rasse? Inder und Deutsche gehören einer Rasse an, ohne sich deshalb auch nur im Geringsten als kulturelle Einheit zu erleben. Rasse ist zu wenig.

Religion? Es gibt eine Milliarde getaufter Christen aller Rassen, Sprachen und Kulturen. Nein, es muss mehr sein.

Wie ist es möglich, dass das Judentum als Einheit drei Jahrtausende zu überleben vermochte? Als einziges bekanntes Volk – bleiben wir bei dem Begriff im biblischen Sinne vom »auserwählten Volk« – lebten die Juden nicht in einem Land, nicht einmal auf einem Kontinent. Ihr Lebensbereich erstreckte sich so weit, dass er unzerstörbar war. Wenn ein Landstrich von Unheil befallen wurde, blieben 100 andere frei davon. Die Kinder Israels waren überall und nirgendwo zu Hause.

Die Geschichte lehrt uns, dass sich die Angehörigen eines Volksstamms nach geografischer Trennung immer sehr rasch entfremden. Engländer und Deutsche, die nach Übersee emigrieren, sind nach spätestens zwei Generationen Amerikaner. Das gilt nicht nur für Individuen, sondern auch für größere Gruppen. Das anschaulichste Beispiel erlebten wir im eigenen Land. Schon nach einem halben Lebensalter fühlten wir Westdeutschen uns mehr mit Frankreich verbunden als mit Ostdeutschland. Seit der Wiedervereinigung wird am Gefühl der neuen Verbundenheit gearbeitet – mit vielen Hochs und Tiefs, mit politischen und baulichen Maßnahmen. Da sich – wie wir gesehen haben – das Wesen einer Kultur am unverfälschtesten aus seinen Bauten ablesen lässt, liegt es auf der Hand, die Natur des Judentums in seinen großen Architekturen zu ergründen. Die Antwort ist verwirrend und enttäuschend. Obwohl sich die Juden in aller

Welt eigene Gotteshäuser errichteten, gibt es weder einen auch nur annähernd einheitlichen Stil noch eine eigene Baugeschichte. Die formale Gestaltung der Synagoge wird nicht aus dem Judentum geboren. Sie ist abhängig von der örtlichen und zeitlichen Umgebung, in welcher der Bau entsteht.

Wie kann es möglich sein, dass ein Volk mit höchst lebendiger sprachlicher, religiöser und philosophischer Kultur, das in geschlossener Abfolge alle Stürme der Geschichte überlebt hat, auf dem Gebiet der bildenden Künste auf die Architektur seines Umfelds zurückgreift?

Als Grund dieser beispiellosen Tatsache wird häufig die Kunstfeindlichkeit des Judentums angeführt. Das ist nicht richtig, denn das Bilderverbot der Bibel richtet sich ausschließlich gegen die darstellenden Künste, nicht aber gegen die Architektur. Der Islam bietet das Beispiel einer bildfeindlichen und dennoch eminent baufreudigen Kultur.

Auch Hegel bemühte sich um eine Erklärung. Um diese alte Kultur zu begreifen, muss man zu ihren Wurzeln zurückkehren. Das Judentum ist wie alle monotheistischen Religionen ein Kind der Wüste. Wie lange die Israeliten nach ihrem Auszug aus Ägypten durch die Wüste zogen, wissen wir nicht. Die älteste Überlieferung spricht von *arba' im schanim*, das heißt 40 Jahre. Man muss aber wissen, dass das Wort »vierzig« in der Bedeutung »riesengroß« oder »ganz, ganz viel« gebraucht wurde. Das Volk Israel hat also sehr lange, über viele Generationen in der Wüste gelebt. In der Wüste wurden die Stämme Israels unabhängig. Hier wurden sie zu einem Volk zusammengeschweißt. Die Wüste wurde ihnen so tief und unauslöschlich eingemeißelt wie uns Germanen der Wald. Als Nomaden zogen sie von Wasserstelle zu Wasserstelle ohne Bindung an Land oder gar Bauten. Zusammenlegbare Zelte waren ihre Häuser. Eine transportable Lade war ihr Heiligtum. Sie enthielt weder ein Bildnis noch eine Skulptur der Gottheit. Die zwei Gebotstafeln vom Berge Sinai waren die einzigen heiligen Gegenstände, die Gott ihnen erlaubte. Nirgendwo sonst gab es das. Das Gesetz anstelle eines Bildes: das bedeutete Abkehr vom

Bild und Hinwendung zum Wort, zum abstrakten Intellekt. Wie bereits an anderer Stelle dieses Buches aufgezeigt wurde, leben Kinder, Ethnien und junge Kulturen in der reichen Welt des Bilderbewusstseins. Wunder, Mythen und Märchen haben hier ihre Wurzeln, Träume und Fantasien, all die Eindrücke, aus denen Künstler schöpfen.

Die Juden sind das älteste bekannte Volk, in dem die Kräfte des Intellekts dominieren. Hier in der Wüste beginnt der Weg zum Materialismus und Individualismus. In keiner der alten Religionen, und in den neuen nur, soweit sie mit dem Judentum verwandt sind, wird Gott mit dem Begriff »Ich« in Verbindung gebracht, weder im Indischen, Chinesischen, Ägyptischen, Babylonischen und Griechischen. Die Zehn Gebote, als älteste religiöse Urkunde, beginnen mit »Ich bin der Ewige«. Es gibt keine Parallele zu diesem Phänomen. In dem »Ich« ist das Besondere enthalten: die Individualität. Ein sehr alter Vers im Talmud sagt: »Wenn die Menschen Münzen prägen, dann prägen sie mit einem Prägestock Tausende von Münzen. Wenn Gott prägt, so prägt er jedes Mal mit einem neuen Prägestock, immer individuell.«

Eine wichtige Rolle spielen die Propheten. Sie unterscheiden sich wesentlich von den Schamanen, Medizinmännern und Sehern, die in Trance unverständliche Laute stammelten, deren Aussagen der Auslegung bedurften. So im Orakel von Delphi die Pythia. Berauscht durch narkotische Dünste, die aus einer vulkanischen Erdspalte aufstiegen, gab sie unverständliche Laute von sich, die von den Priestern gedeutet wurden. Die Propheten legen nicht geheime Laute und Visionen aus, sie verkünden logisch und sachlich von Gott empfangene Gesetze. An die Stelle der Magie ist die Logik getreten: Du sollst!

Die Propheten sind Denker, intellektuelle Vertreter einer Idee. Auch im Islam hat es einen Propheten gegeben, nämlich Mohammed. Er ist der Prophet. Er ist von magischer Einmaligkeit. Dasselbe gilt für Gautama Buddha und auch für Jesus, der in den ältesten Quellen auch als Prophet bezeichnet wird. Aber an Moses schließt sich ein ganzes Jahrtausend lang eine lange Reihe von Propheten an, nüchterne Denker, Philosophen und Volksführer. Die Juden sind das erste Volk, bei denen Gott nicht in einem Tempel lebt, nicht in einem Altarbild oder in einer Skulptur. Gott lebt ausschließlich in den Schriften – nicht im gesprochenen Wort –, sondern im Buch der Bücher. »Es steht geschrieben« ist gleichbedeutend mit: »Es ist für alle Ewigkeit wahr«. Das Wort triumphiert über das Bild.

Für die Griechen und später die Römer war es unglaublich, dass in dem zweiten, wiederaufgebauten Tempel in Jerusalem, als die Gesetzestafeln bereits verschwunden waren, kein Bild stand. Wir wissen aus Philos' Schrift gegen Apion und von Tacitus aus dem letzten Buch der *Historien*, wie sehr diese Tatsache die hellenistischen Völker bewegte. Irgendetwas musste doch da sein? Es ist uns überliefert, wie der erste Nichtjude das Allerheiligste betreten hat. Pompeius Magnus hatte sich den Zutritt zum Tempel mit Gewalt erkämpft. Erschrocken und bestürzt fand er sich in einem leeren Raum.

Alle antiken Tempel waren ein Palast der Gottheit. Sie wohnte hier wirklich und leibhaftig.

Die ältesten Kultstätten des Judentums, von denen wir wissen, waren Höhlenheiligtümer. Um die Mitte des 10. vorchristlichen Jahrhunderts entsteht als erster jüdischer Kultbau der Tempel in Jerusalem. Er wird mehrere Male neu aufgebaut, bis er 79 nach Christi Geburt endgültig von Titus zerstört wird. Aber spätestens nach der Rückkehr aus dem babylonischen Exil entsteht neben dem Tempel die Synagoge. Eine Synagoge ist kein Tempel. Ihre Übersetzung heißt »Versammlungsraum«. Die Synagoge ist von Anfang an vor allem ein Lehrhaus. Zur Zeit Christi war eine Synagoge gleichzeitig eine theologische Hochschule, Gericht und Allzweckhalle. Wenn es im 4. Jahrhundert verboten wird, in der Synagoge Geschäfte zu machen, so lässt das den Schluss zu, dass es bis dahin üblich war, Geldgeschäfte abzuwickeln. Das Gleiche gilt für das Verbot, in der Synagoge zu essen, zu trinken und zu schlafen. Natürlich wurde dort auch gebetet und die Heilige Schrift ausgelegt.

Aber der Gottesdienst hatte keinen magischen Charakter, sondern war ausgesprochen profan, ohne deswegen weniger religiös zu sein. Sicher führt auch das ausgelegte Wort zur Verinnerlichung, aber diese von der Ratio diktierte Verinnerlichung benötigt ebenso wenig eine Projektion nach außen wie eine Schule oder eine Universität.

In den alten Tempeln und in den katholischen Kirchen ist Gott leiblich am Altar anwesend. Der Gottesdienst ist magischer Natur. Geheimnisvolle Kulthandlungen werden zelebriert, die einen sehr viel tieferen Sinn haben, als die sichtbare Handlung ahnen lässt. Der umgebende Raum gewinnt eine überirdische Bedeutung.

Jeder Glaube, der sich auf Schrift und Wort aufbaut und Gott als abstraktes Gesetz erlebt, ist architektonisch indifferent. Es genügt ein einfaches Zimmer, um etwas vorzulesen und darüber nachzudenken.

Das gilt auch für unsere modernen Betonkirchen, die sich Gemeindezentren nennen und mehr Debattierklubs als Gotteshäuser sind. Auch sie haben ihre architektonische Aussagekraft verloren. Ihre formale Gestaltung überlässt man der Geschäftstüchtigkeit eines lokalen Architekturbüros.

Im Talmud im Traktat Berachot wird von einem alten Weisen berichtet, der gesagt hat: »An dem Tag, an dem der Tempel in Jerusalem zerstört wurde, ist eine eiserne Mauer, die zwischen Gott und Israel stand, niedergerissen worden.« Dieser alte Schriftgelehrte meint, es sei Sünde, seinem Gott ein Haus zu errichten, denn Gott ist überall und bedarf keiner götzenhaften Kultstätte.

Mommsen hat einmal gesagt, wenn Karl Martell den Araberansturm im Jahre 732 nicht gestoppt hätte, so wäre Europa tausend Jahre früher unter den Einfluss der intellektuellen Kräfte geraten. Man könnte hinzufügen: Ohne die Juden hätte es noch einmal 1 000 Jahre gedauert, bis wir da angelangt wären, wo wir heute sind. Wenn sich diese Denker überhaupt mit einem anderen Kulturkreis vergleichen lassen, dann am ehesten mit Rom. Auch hier wurden kritiklos Kunststile von anderen Völkern übernommen. Auch hier stand das Gesetz im Mittelpunkt allen Handelns. Es ist kein Zufall, dass die Israeliten, die die Gesamtheit der nichtjüdischen Heidenvölker als minderwertig ablehnten, sich merkwürdig zu den Römern hingezogen fühlten. Als der Nachfolger des Seleukos Nikator in Syrien den Juden zum Hellenismus bekehren wollte, entfachte Judas Makkabäus eine Revolution und rief die Römer als Verbündete ins Land. Sie blieben als Besatzungsmacht (ein historisches Ereignis, ohne das Pontius Pilatus über Jesus nicht hätte richten können). Das erste Makkabäerbuch singt im achten Kapitel eine Lobeshymne auf die Römer: »Und es war solche Tugend bei ihnen, dass keiner sich zum König machte. Es gab einen Senat. Das waren 320 Männer. Die regierten gut, und es war kein Hochmut, Neid und Zwist bei ihnen.« Kein anderes Volk ist von den Juden so gelobt worden wie Rom, das ihren Tempel zerstört hat. Mit den römischen Legionen drangen die Juden in alle Provinzen des römischen Imperiums vor. Während jedoch alle anderen einverleibten Volksstämme mit Rom verschmolzen, blieben die Juden Inseln für sich im anschwellenden Meer der Provinz. Es bildete sich das europäische Judentum.

Als später die Kirche die Macht im Reich übernahm, sah sie im Judentum von Anfang an einen Fremdkörper. Der Grund hierfür lag vor allem darin, dass der Staat des frühen Mittelalters ganz auf der Religion basierte. Für den nichtchristlichen Bürger war in diesem Glaubensstaat kein Platz. So kam es zu Synodalbeschlüssen, die den Juden Staatsämter und Mischehen verboten. Die ständigen Wiederholungen dieser Verbote beweisen jedoch, dass sie kaum oder nur oberflächlich befolgt wurden. Im Übrigen waren die Juden in allen bürgerlichen Rechten ihren christlichen Landsleuten lange Zeit gleichgestellt. Wie alle Kaufleute im karolingischen Reich durften sie uneingeschränkt Handel treiben und Grundbesitz erwerben. Im Vergleich zu den anderen, die auch keine Franken waren, sondern Griechen, Syrer, Friesen, Armenier und Byzantiner, wurden die Juden so erfolgreich, dass in den Erlassen der Karolinger und Ottonen im 9. und 10. Jahrhundert das Wort »Jude« synonym für »Kaufmann« gebraucht wurde. Ein Kaufmann war immer ein Jude. Dadurch sonderten sich die Israeliten nicht nur religiös, sondern auch und vor allem wirtschaftlich von ihrer Umwelt ab. Die mitteleuropäische Gesellschaft basierte gegen Ende des ersten Jahrtausends noch ganz auf der Naturalienwirtschaft. In ihr war der Kaufmann ein störendes Element.

Mit der Entwicklung des Wirtschaftslebens nach dem Zweiten Kreuzzug wurden die Juden mehr und mehr durch nichtjüdische Kauffahrer aus ihren Sonderstellungen im Handel verdrängt. Sie wandten sich dem Kapitalgeschäft zu. Finanzgeschäfte abwickeln hieß von nun ab *iudaizare*. Die stets kapitalknappen Kaiser garantierten den Juden seit 1175 Sonderrechte und unterstellten sie direkt der kaiserlichen Kammer. Damit wurde die Judengemeinschaft zum Steuerobjekt, zum profitablen Geschäft für beide Seiten. Die Juden wurden zu Kapitalisten.

Für die Wirtschaftsordnung des späten Mittelalters aber war der Kapitalist ein so unverdaulicher Fremdkörper wie der Kaufmann für das frühe Mittelalter. Seit dem 14. Jahrhundert waren alle Judenverfolgungen wirtschaftlicher Natur, auch wenn sie nach außen hin noch als Hostienschändungen und Brunnenvergiftungen deklariert wurden. Die Zeitgenossen wussten das sehr wohl. In der Königshofener Chronik aus dem Jahre 1330 heißt es: »Das Geld war der Grund, warum die Juden getötet wurden. Wären sie arm gewesen, so wären sie nicht gebrannt worden.« Von nun an nahmen die Fürsten, Städte und wohlhabenden Handwerker grundsätzlich Partei für die Juden, weil sie immer kapitalabhängiger wurden. In Erfurt stellten sich der wohlhabende Rat und die besitzende Kaufherrenschaft vor die Juden, um sie vor den arg verschuldeten Handwerkern und dem noch mehr verschuldeten Landadel zu beschützen. Die Juden unterlagen trotzdem. Aber nur ein Jahr später wurden die Juden zurückgeholt, weil ohne ihre Kapitalwirtschaft nichts mehr lief.

Nationale und rassische Gegensätze waren dem Mittelalter unbekannt und kein Grund zur Feindschaft. Die frühen Judenverfolgungen waren rein religiöser Natur. Man sah in ihnen die Mörder des Gottessohns. Aber hatten nicht auch die Römer die Apostel Petrus und (wohl auch) Paulus gekreuzigt, ohne dass man es ihnen kollektiv nachtrug? Die Gründe lagen wie bei allen Auseinandersetzungen dieses Ausmaßes sehr viel tiefer: Man empfand die überlegenen Kräfte des jüdischen Rationalismus als Bedrohung für ihre Welt der Wunder, über die sich der romanische Dom wölbte.

Das Gleiche galt für die späteren, wirtschaftlich bedingten Pogrome. Die weit überwiegende Mehrzahl aller Menschen war in der Landwirtschaft tätig. Ihr Gewinn war der Ertrag des Bodens, und der hing von Sonne, Regen, Wind und Ungeziefer ab, von lauter gottgegebenen, natürlichen Einflüssen. Die kapitalistische Auffassung, wonach Geld eine profitable Ware ist, mit der sich börsenmäßig wuchern und spekulieren lässt, wurde als Frevel abgelehnt. Und ähnlich wie wir heute unsere Atomreaktoren verfluchen, verfluchte man die neue, teuflisch gefährliche Institution, ohne auf sie verzichten zu können.

Vergleicht man die mittelalterlichen Pogrome mit der Judenverfolgung in unserem Jahrhundert, so ergeben sich erschreckende Parallelen. Auch hier haben die typisch jüdischen Kräfte der Ratio und des Intellekts einen Umbruch von so ungeheuren Ausmaßen eingeleitet, dass viele glauben, die Zerstörung der Schöpfung stünde unmittelbar bevor.

Der Jude Karl Marx veränderte mit seinem kommunistischen Manifest die politischen Machtverhältnisse auf der Erde. Bezeichnenderweise heißt sein Hauptwerk *Das Kapital.* Freuds Psychoanalyse, die die Amerikaner *Jewish Science* nennen und von der Nietzsche sagte, sie sei eine typisch jüdische Umwertung der Werte, hat die Welt der Seele entzaubert und zerdacht. Vor Marx und Freud aber ist Einstein derjenige Jude, der mit seiner kopernikanischen Tat die Welt so einschneidend veränderte, dass spätere Generationen von unseren

Tagen als dem Zeitalter Einsteins sprechen werden. Er gab dem Raum und der Zeit neue Dimensionen von so komplizierter Gedankenstruktur, dass nur wenige Menschen ihm zu folgen vermögen.

Ausgangspunkt dieser rationalistischen Kernexplosion war Deutschland, ein Land, dem man nachsagt, dass es mehr als alle anderen europäischen Völker dem Gemüt, der Romantik und dem Mythos verhaftet ist. Ähnlich wie in Rom, wo sich eine stark masochistische Märtyrerreligion unter extrem sadistischen Gladiatorenfanatikern formierte, so war auch hier die Polarität zwischen den Götterdämmerungsträumern und der intellektuellen Entgötterung so groß, dass der Mythos des 20. Jahrhunderts als Gegengift – und was für ein Gift! – schicksalhaft vorprogrammiert war. Eine völkische Gegenreformation mit brauner Inquisition und Verbrennungsöfen. Wie hatte Freud gelehrt: »Je nach der Beschaffenheit unserer Tagträume häufen wir Gold oder Explosionsstoffe in unserem Innern an.«

Die Juden sind das einzige Volk der Erde, das auf eine jahrtausendealte Kultur ohne Architekturen zurückblicken kann. Die Aussage dieser Bauten liegt in ihrem Nichtvorhandensein.

Es ist kein Zufall, dass der romanische Dom auf sächsischem Boden entstand. Der Sachsenherzog Widukind widerstand von allen Stammesfürsten den fremden Einflüssen der römischen Kirche am längsten. Mit dem Stolz und der Freiheitsliebe einer Rothaut wehrte er sich gegen Karl den Großen und das Christentum. Erst als er erkannte, dass die Ausrottung seines Stammes auf dem Spiel stand, unterwarf sich Widukind und ließ sich taufen. Dabei war die Taufe nicht, wie man uns im Religionsunterricht weismachen wollte, eine Bekehrung, sondern der demütigende Hauptbestandteil des Friedensvertrages, der ihm vom Sieger diktiert wurde. Bei den Sachsen vermochten sich die mythischen Kräfte der Waldlandschaft am längsten und reinsten zu bewahren. Selbst als sie das Christentum annahmen, distanzierten sie sich noch bis ins 12. Jahrhundert von der römischen Kirche. In Wolframs *Parzival* und Hartmanns *Armem Heinrich* geht die Erlösung des Helden völlig ohne Kirche und Papst vor sich. Noch heute nennen wir Ostern, das christlichste aller Feste, nach der sächsischen Göttin Ostera, und die Köpfe der heiligen Wotan-Pferde zieren noch heute wie vor 1 000 Jahren die Giebel der niedersächsischen Bauernhäuser. Die urheidnischen Kräfte der Landschaft formten den romanischen Dom. Vom Christentum kam nur der Anstoß. Wir leben in einer Zeit, die vor lauter internationalen Stilexperimenten und aus Trotz gegen den Einfluss des heimischen Bodens Kräfte, die aus dem Boden kommen, negiert. Der romanische Stil, der wie kein anderer seinen Namen zu Unrecht trägt, beweist uns das Gegenteil.

Geld und Glauben reichen nicht aus, um in einer afrikanischen Missionsstation einen Dom entstehen zu lassen. Wie wichtig diese mit der Erde verwurzelten Kräfte sind, erkennt man am Judentum, dem diese Wurzeln fehlen und das aus diesem Grund trotz seiner unsterblichen Idee keine eigenen Architekturformen als Gefäße für seine Weltanschauung entwickelt hat.

Die Lebenskraft eines Volkes lebt in seinen Gedanken. Der Mensch ist das einzige Geschöpf, das seine Eltern und Großeltern kennt. Ein Kulturmensch weiß von den Generationen, die vor ihm gelebt haben. Er hat eine innere Beziehung zu den Geschlechtern vor ihm und nach ihm. Völker, die sich nicht mehr für ihre geschichtliche Herkunft interessieren, sind wie Flüsse, die man von ihren Quellen abgeschnitten hat. Sie verrinnen im Sand. Geschöpfe, die ihr Gedächtnis verloren haben, gehen unter.

Und das ist das Geheimnis des unsterblichen Judentums: Kein anderes Volk wurzelt so tief und lebendig in seiner Vergangenheit. Für sie heißt Tradition nicht Asche aufbewahren, sondern eine Flamme am Brennen halten. Dieses fest gefügte uralte Gedankengebäude ist stärker als alle Bauten aus Assuangranit und Stahlbeton.

Wir Geschöpfe aber, die wir unser Gedächtnis verloren haben, werden mit unseren gigantischen Bauten untergehen wie leckgeschlagene Schiffe. Die Juden werden weiterleben. Und sie werden sich wie schon so oft in ihrer bewegten Geschichte sich des Traktats Berachot entsinnen: »An dem Tag, an dem der Tempel in Jerusalem zerstört wurde, ist eine eiserne Mauer eingestürzt, die zwischen Gott und seinem auserwählten Volk stand.«

Die Reichskanzlei

Was Himmel und Erde und Berge nicht wagen,
Entscheidung aus dem Glauben zu tragen,
wir boten es ihnen, denn unser Geschick
sind Schuld und Irrtum und Plagen.
Koran

Der Nationalsozialismus
war keine bürgerliche Partei,
sondern eine religiöse Abartigkeit.
Seine Bauten waren in den Augen ihrer Erbauer Dome.
Im Mythos dieser Nationalfanatiker sollten
noch einmal alle völkischen Werte
verwirklicht werden.

Man kann den Nationalsozialismus nicht begreifen, wenn man ihn ausschließlich als ein politisches Ereignis deutet. So wie man den Islam nicht ausschließlich zu begreifen vermag, wenn man in ihm nur eine politische Bewegung sieht. Der Nationalsozialismus verhält sich von Anfang an mehr als eine Sekte als eine bürgerlich-politische Partei. Schon das allererste Fünfundzwanzig-Punkte-Programm der noch unbedeutenden Splitterpartei aus dem Jahre 1920 endet mit dem Satz: »Die Führer der Partei versprechen, wenn nötig unter Einsatz des eigenen Lebens, für die Durchführung der vorstehenden Punkte rücksichtslos einzutreten.«

So hört sich die Sprache einer fanatischen Sekte, nicht die einer politischen Stammrunde an.

So hieß auch das Buch, das neben Hitlers *Mein Kampf* die Bewegung am stärksten beeinflußte: *Der Mythos des zwanzigsten Jahrhunderts.* Der Mythos aber ist ein Urelement der Religion. Er richtet sich an das Gefühl und die Glaubenskräfte, nicht aber an den Verstand oder gar die politische Ratio. Hitler selbst war von einem so tiefen, schicksalhaften, prophetischen Sendungsbewußtsein erfüllt, wie es normalerweise nur Glaubensgründer und Heilsverkünder inne haben. Er hielt sich für ein Werkzeug der Vorsehung. Der Führerkult erreichte ein Ausmaß ähnlich wie in Ägypten, wo der Pharao König und Gott zugleich war. Der für das ganze Reich verbindliche Gruß »Heil Hitler« erinnert an »Grüß Gott« oder »Salve Jupiter«. Begriffe wie »Hitlerjugend« erinnern in ihrer ausschließlichen Bezogenheit auf ein bedeutendes Führungswesen an Christengemeinden oder Zeugen Jehovas.

Heilige und Hohepriester unterscheiden sich von gewöhnlichen Sterblichen durch die Tatsache, dass sie geschlechtslos zu sein scheinen. Das gilt auch für Hitler. Eine Frau Hitler wäre so undenkbar wie eine Frau Papst.

Der Führer wird laut Parteipropaganda zu einem Geschöpf mit überirdischen Kräften. Man ernennt ihn zum größten Feldherrn aller

Zeiten, zum genialen Architekten und bedeutendsten Politiker der deutschen Geschichte.

Dem Führer in die Augen zu blicken oder gar mit ihm zu sprechen war ein Höhepunkt im Leben vieler Deutscher. Für die Parteigenossen galt der oberste Grundsatz: »Der Führer hat immer recht.« In den Leitsätzen des Reichsrechtsführers Frank vom 14. Januar 1936 heißt es: »Gegenüber Entscheidungen vom Führer steht dem Richter kein Prüfungsrecht zu.« Auch an sonstige Entscheidungen des Führers ist der Richter gebunden. Damit galt Hitler als unfehlbar. Der Unfehlbarkeitsanspruch der Päpste erstreckt sich auf Glaubensfragen. Er beanspruchte für sich, unfehlbar und allmächtig zu sein. Die Fahnenweihen auf dem Reichsparteifeld sahen nicht nur wie ein Gottesdienst aus, sie wurden auch so empfunden.

Sakrale Begriffe wie Weihe spielten eine bedeutende Rolle. Der Braunschweiger Dom, eine Stiftung Heinrich des Löwen und einer der schönsten romanischen Dome, wurde nationalsozialistische Reichsweihestätte. Auf den Ordensburgen wurde eine neue Elite von Gralsrittern herangezogen. Das ist nicht nur übertragen aufzufassen, sondern so wörtlich wie möglich zu nehmen. Das klingt aus den Liedern der Zeit: »Die Faust geballt um den Lanzenschaft, die Zügel des Hengstes in Händen, so reiten wir Männer von Ost nach West, das Deutschritterwerk zu vollenden.« Die Wagner-Aufführungen wurden zu nordischen Mysterienspielen. Die Übergänge vom Winter zum Sommer zu germanischem Sonnwendzauber. Selbst Weihnachten, das christlichste aller Feste, wurde ein Weihetag der eigenen Bewegung:

Hohe Nacht der klaren Sterne, die wie weite Brücken stehn,
über eine weite Ferne brüderlich zusammengehn.
Mütter, euch sind alle Sterne, alle Feuer aufgestellt,
Mütter, tief in eurem Herzen schlägt das Herz der ganzen Welt.

In diesem Weihnachtslied wird die Geburt Christi nicht einmal erwähnt. So wie die Christen sich mit dem Kreuz eine symbolische Mitte geschaffen haben, so wurde das Hakenkreuz zur magischen Rune eines tief im religiösen verwurzelten Mythos.

Ein hervorstechendes Merkmal jeder Religion ist ein betonter Anti-Intellektualismus. Glauben ist wichtiger als Verstand. Man sehe sich nur die Literatur jener Zeit an: »Das Gehirn ist ein Irrweg«, heißt es bei Benn, »wir wollen den Traum, wir wollen den Rausch«. Hanns Johst will im Theater eine Kulthandlung zelebriert sehen. Sie soll die »Wiedergeburt einer Glaubensgemeinschaft« herbeiführen und zu einem Erlebnis »innerer Schau« verhelfen.

Benn begrüßt es, dass »der neue Staat gegen die Intellektuellen« entstanden ist. Er preist »die Opferbereitschaft und den Verlust des Ich an das Totale, den Staat, die Rasse, das Immanente«, die »Wendung vom ökonomischen zum mythischen Kollektiv«. Diese Sätze belegen die Nähe zur religiösen Gemeinschaft. Damit verschieben sich die Maßstäbe unserer moralischen Standpunkte.

Ein Vater, der darangeht, seinen Sohn abzuschlachten, ist ein gefährlicher Irrer, ein brutaler Mörder, im Falle Abrahams einer, der sich dem Willen einer höheren Macht unterworfen hat. Ein Politiker, der alle mit dem Tod bedroht, die sich gegen ihn stellen, ist ein gewalttätiger Despot.

Ein Messias, der hinter seiner Lehre steht und sagt »Wahrlich, ich sage Euch, wer nicht an mich glaubt und an meine Worte, der wird der Verdammnis anheimfallen bis in alle Ewigkeit«, wird mit anderen Augen betrachtet.

Als ein hoher Parteifunktionär vor einem Massengrab polnischer Juden zu bedenken gab, ob man die Leichen nicht verbrennen sollte, um etwaiger Verurteilung durch spätere Generationen zu entgehen, erhielt als Antwort: »Im Gegenteil, man sollte eherne Tafeln in diese Gräber legen, damit unsere Enkel sehen, zu welch kraftvoller Größe wir fähig waren.« Diese Worte hätte auch der Großinquisitor von

Toledo sprechen können, der die Inquisition voller Stolz »Pfeiler der Wahrheit, Wächter des Glaubens, Schatz der Religion und Prüfstein für die wahre Lehre« nannte. Man versteht dieses Geschehen nur vor dem Hintergrund einer fanatischen Idee, die tief im Religiösen wurzelt und damit über den irdischen Gesetzen steht.

Der Russlandfeldzug war für Hitler so wenig ein imperialistischer Raubzug wie für Mohammed die Eroberung Ägyptens oder für Gottfried von Bouillon die Kreuzzüge. Hitler und seine Anhänger sahen in ihm einen heiligen Krieg gegen das »bolschewistische Untermenschentum«. Die Titulierung »Untermensch« erfüllt uns heute mit Grauen und lässt uns fröstelnd zurückschrecken. Es wurde von keinem geringeren erdacht als von Nietzsche.

So wie jede echte Religionsbewegung nicht ohne das Böse auskommt, um sich selbst bestätigen zu können, so sah der Nationalsozialismus vom Tag seiner Geburt an im Judentum die Wurzel allen Übels. Man konnte sich hierbei auf nicht unbedeutende Vorbilder berufen. Schon Mommsen sah in dem internationalen Judentum ein Ferment der Zerstörung der Völker und Rassen. Für eine Glaubensgemeinschaft, für die Volk und Rasse die wichtigsten Fundamente waren, musste das Judentum in diesem Sinne zur Zielscheibe eines unauslöschlichen Hasses werden. Die brutale Konsequenz, mit der gehandelt wurde, trug das Kainsmal des religiösen Fanatismus. Denn niemals handeln Menschen so grausam, als wenn es um Glaubensfragen geht. Es gibt keinen Fall in der Geschichte, bei dem die schlimmsten Schwerverbrecher so grausam und so zahlreich zu Tode gequält wurden wie bei glaubensfanatischen Ketzerverfolgungen. Vor diesem Hintergrund wird auch klar, warum Hitler auch dann nicht kapitulieren konnte, als er erkennen musste, dass seine Sache verloren war. Die meisten Historiker sehen in diesem Verhalten einen krankhaften Starrsinn oder rücksichtlosen Egoismus dem deutschen Volk gegenüber, dem das Schlimmste hätte erspart bleiben können. Wer glaubt, dass Hitler hätte zurücktreten können, hat das Wesen des

Nationalsozialismus nicht begriffen. Politische Parteien können abgewählt werden. Ihre Führer treten dann in den Ruhestand. Es gibt jedoch keine Religion auf Zeit. Der Ewigkeitsanspruch ist ein wesentlicher Bestandteil ihrer Existenz. Eine Religion kann man nicht in Pension schicken. Man kann sie nur ausradieren und ihre Propheten kreuzigen. Ihr Weg ist eine Einbahnstraße.

Und wenn Moses sein ganzes Volk in der Wüste verloren hätte, er hätte nicht umkehren können, um im Ruhestand seine Memoiren zu schreiben, ebenso wenig wie Christus zu irgendeinem Zeitpunkt widerrufen konnte, um dann friedlich den väterlichen Zimmermannsbetrieb in Nazareth zu übernehmen.

Hitler war davon überzeugt, dass die bürgerlichen Maßstäbe für ihn und seine Partei nicht gelten. »Verwechseln Sie uns nicht mit einer bürgerlichen Partei«, rief er am 23. März 1933 den Sozialdemokraten zu.

Um den Nationalsozialismus zu verstehen, muss man seine Bauten kennen. So besessen, wie Hitler von seinem politischen Sendungsbewusstsein war, so besessen war er auch von seinem Willen zu bauen. Das eine ist von dem anderen nicht zu trennen. Im Sommer 1936 übergab er Speer die Skizzen zu einem Kuppelbau und Triumphbogen und sagte: »Diese Zeichnungen machte ich vor zehn Jahren. Ich habe sie immer aufgehoben, da ich nie daran zweifelte, dass ich sie eines Tages brauchen würde. Und so wollen wir sie auch ausführen.« Als 1939 ein genaues Holzmodell von drei Metern Höhe angefertigt wurde, war Hitler so begeistert, dass er bisweilen mitten in der Nacht zu diesem Modell ging. Man konnte den Boden herausnehmen und in Augenhöhe die zukünftige Wirkung des Baues von innen und außen wirklichkeitsgetreu wahrnehmen. Die größte Versammlungshalle der Welt bestand aus einem einzigen Raum. 180 000 Menschen hatten in diesem Kultraum Platz, der im Laufe der Jahrhunderte eine ähnliche Bedeutung gewinnen sollte wie St. Peter in Rom für die katholische Christenheit. Der Aufwand für diesen Bau wird nur vor diesem kultischen Hintergrund verständlich. Dieser Bau ist seinem Wesen nach der letzte und mächtigste Dom, der im Abendland geplant wurde. Der runde Innenraum hatte den fast unvorstellbaren Durchmesser von einem viertel Kilometer. In fast gleicher Höhe befand sich der Abschluss der Kuppel. Diese Kuppel sollte wie im Pantheon eine runde Lichtöffnung erhalten. Aber diese Öffnung war mit ihren 46 Metern Durchmesser bereits größer als die gesamte Kuppel des Pantheons. In diesen Innenraum hätte die Peterskirche 17 Mal hineingepasst. Das Äußere des Baues erreichte einen Raumumfang von mehr als 21 Millionen Kubikmetern. In seinem Inneren befand sich gegenüber dem Eingang eine 50 Meter hohe Nische, deren Grund mit Goldmosaik ausgelegt werden sollte. Vor ihr stand als einzige bildhafte Skulptur auf einem 14 Meter hohen Marmorblock ein riesiger vergoldeter Reichsadler. Unter diesem Zeichen lag der Platz, von dem aus der »Führer« seine Botschaften an die Völker seines Reiches richten wollte.

Dieser Kultbau war keineswegs eine unrealistische Utopie. Bereits 1939 wurden zahllose alte Gebäude abgerissen, die dem Neubau im Wege standen. Es wurden sorgfältige Untersuchungen des Baugrunds vorgenommen. Die Pläne waren bis ins Detail fertiggestellt und statisch berechnet. Trotz Devisenmangels waren bereits Millionen für Graniteinkäufe in Finnland und Südschweden ausgegeben worden. Die Grundsteinlegung war auf das Jahr 1949 und die Weihe des Staatdoms auf 1950 festgelegt worden.

Albert Speer berichtet in seinen Memoiren: »Als er (Hitler) nach Fertigstellung unserer Pläne vernahm, dass die Sowjetunion zu Ehren Lenins in Moskau ebenfalls einen Kongressbau plane, der die Höhe von 300 Metern überschreiten solle, reagierte er überaus verärgert. Ihn verstimmte offenbar die Aussicht, dass er nicht das höchste monumentale Bauwerk der Welt errichten werde. Er tröstete sich schließlich damit, dass sein Bauwerk doch einzigartig bleibe: ›Was bedeutet schon ein Wolkenkratzer mehr oder weniger, etwas höher oder niedriger. Die Domkuppel – das unterscheidet unseren Bau von allen anderen.‹ Nachdem der Krieg mit der Sowjetunion begonnen hatte, konnte ich gelegentlich bemerken, dass ihn die Vorstellung des Moskauer Konkurrenzbaues doch mehr bedrückt hatte, als er je zugeben wollte. ›Jetzt‹, so meinte er, ›wird es mit ihrem Bau für immer Schluss sein.‹ Für Hitler waren Macht und Bauen ein und dasselbe.«

Anfang 1939 begründete Hitler vor Bauarbeitern die Dimension seines Baustils: »Warum immer das Größte? Ich tue es, um dem einzelnen Deutschen wieder das Selbstbewusstsein zurückzugeben.«

Hitler wusste, dass Bauten der Ausdruck der Macht eines Volkes sind. Aber er wusste auch, dass diese Bauten rückwirkend Macht verleihen, denen, die in ihnen leben müssen. So äußerte er gegenüber seinem Architekten Speer während eines Spaziergangs im Jahre 1939: »Sehen Sie, ich selbst würde auch mit einem ganz kleinen, einfachen Haus in Berlin auskommen. Ich habe genug Macht und Ansehen. Zu meiner Unterstützung brauche ich diesen Aufwand nicht. Aber glauben Sie mir, die einmal nach mir kommen, die haben solche Repräsentation dringend nötig. Viele von ihnen werden sich nur auf diese Weise halten können. Es ist kaum zu glauben, welche Macht es einem kleinen Geist über seine Mitwelt verleiht, wenn er in so großen Verhältnissen auftreten kann. Solche Räume mit so einer großen geschichtlichen Vergangenheit erheben auch einen kleinen Nachfolger zu geschichtlichem Rang. Sehen Sie, deswegen müssen wir das noch zu meinen Lebzeiten bauen, damit ich darin noch gelebt habe und mein Geist diesem Bau Tradition verleiht. Wenn ich nur ein paar Jahre darin lebe, reicht das aus.«

Hitler hatte ein Gespür für Macht und für die Macht, die Gebäude verleihen können. Im Gegensatz zu anderen Machthabern aber trachtete er nicht danach, solche Gebäude zu beziehen, um dieser Macht teilhaftig zu werden, sondern er beabsichtigte, für seine Bewegung eine neue, ihr eigene Tradition zu schaffen.

Am 2. August 1938 sagte Hitler zum Richtfest der Reichskanzlei: »Das neue Reich wird sich neue Räume und Bauten selber errichten. Diese neue Deutsche Republik ist weder ein Kostgänger noch ein

Schlafbursche in ehemaligen königlichen Gemächern. Wenn andere im Kreml, im Hradschin oder in einer Burg hausen, dann werden wir die Repräsentation des Reiches in Bauten sicherstellen, die unserer eigenen Zeit entstammen.«

Hitler liebte zu erklären, dass er baue, um seine Zeit und ihren Geist der Nachwelt zu überliefern. Letztlich würden an die großen Epochen der Geschichte doch nur noch deren monumentale Bauwerke erinnern. Was würde für sie heute noch zeugen, wenn nicht ihre Bauten? In der Geschichte eines Volkes gäbe es immer wieder Schwächeperioden. Dann aber würden die Bauwerke von der einstigen Macht zu sprechen beginnen. Natürlich sei ein neues Nationalbewusstsein nicht allein dadurch zu erwecken. Aber wenn nach einer langen Periode des Niedergangs der Sinn für nationale Größe erneut entzündet würde, dann seien jene Denkmäler der Vorfahren die eindrücklichsten Mahner. So würden es heute die Bauten des römischen Imperiums Mussolini ermöglichen, an den heroischen Geist Roms anzuknüpfen, wenn er seine Idee eines modernen Imperiums seinem Volk populär machen wolle. Auch einem Deutschland der kommenden Jahrhunderte müssten unsere Bauten ins Gewissen reden. Mit dieser Begründung unterstrich Hitler auch den Wert einer dauerhaften Ausführung.

Um die mahnende Traditionsbrücke zu künftigen Generationen noch weiter zu betreiben, hatte Speer sogar eine »Theorie vom Ruinenwert« entwickelt. Es sollten bereits bei der Planung besondere Materialien berücksichtigt werden, die noch nach Jahrtausenden im Verfallszustand die römischen Ruinen an Schönheit übertreffen sollten. So sollten keine rostenden Eisen verwendet werden. Die Wände wurden von Anfang an so berechnet, dass sie auch dem Winddruck standhalten konnten, wenn die aussteifenden Decken längst eingestürzt waren.

Hitler hatte die Absicht, das Gesicht Deutschlands, und vor allem seiner Hauptstadt, vollständig neu zu gestalten. Seine Versammlungshalle war nur ein kleines Teilstück des riesigen Neuüberbauungsplans von Berlin. Er hatte eine Prachtstraße geplant, die er »Hauptstraße des Germanischen Reiches« nannte. An dieser Straße lagen alle wichtigen Ministerien und Botschaften, drei Theater, eine neue Oper, Kinos, eine Konzerthalle, ein Kongressgebäude, ein Luxushotel mit 1 500 Betten, Restaurants, Warenhäuser und Geschäfte. Ein Hallenbad im römischen Stil hatte die Größe der Thermen der Kaiserzeit. Ein Modell dieser Straße war im Maßstab 1 : 50 über 30 Meter lang. Diese Prachtallee begann im Süden mit einem Zentralbahnhof, der den New Yorker Grand Central bei Weitem übertroffen hätte. Wie Ameisen hätten sich die ankommenden Besucher auf der großen Freitreppe gefühlt, wenn sie zu dem 1 000 Meter langen Bahnhofsplatz hinabgeschaut hätten, der am Ende von dem großen Triumphbogen abgeschlossen wurde, der an Volumen 50 Mal größer war als der Arc de Triomphe in Paris. Durch die 80 Meter hohe Öffnung sah man die Prachtstraße in ihrer gesamten Länge vor sich liegen. In fünf Kilometer Entfernung, am anderen Ende der Straße, leuchtete die fast 300 Meter hohe dunkelgrüne Kuppel des größten Doms der Welt.

Daneben kam der psychologisch interessanteste Bau der ganzen Anlage, der Palast Hitlers. Von der Reichskanzlei aus dem Jahre 1938 sagte er schon bald nach ihrer Fertigstellung, dass sie geeignet sei, einen Seifenkonzern zu repräsentieren, aber nicht die Zentrale des Reiches. Bis 1950 sollte nach Plänen Speers eine fast 100 Mal so große Reichskanzlei gebaut werden. Mitten im Herzen von Berlin hätte dieses Gebäude eine Fläche von zwei Millionen Quadratmetern bedeckt. Der Anmarschweg der Diplomaten vom Eingangsportal bis zu Hitlers Arbeitszimmer sollte einen halben Kilometer betragen. Empfangsräume und Speisesäle mit einer Grundfläche von 15 000 Quadratmetern für Galaempfänge und ein Theater mit den modernsten Bühnenmitteln waren geplant. Es gab einen privaten Wohnbezirk Hitlers und einen Arbeitstrakt. Der Mittelpunk des letzteren war der Raum, in dem des »Führers« Schreibtisch stehen sollte. Der Raum war über 20 000 Kubikmeter groß.

Nach außen hin war dieser Bau wie eine Pyramide völlig abgeschlossen von seiner Umwelt. Keine Öffnung war in der Fassade aus schwerem Granit, kein Fenster und keine Tür, außer dem großen Eingangstor aus Kruppstahl und darüber eine Tür zu einem Balkon, von dem sich der »Führer« dem Volk zeigen konnte, fünf Wohngeschosse hoch über den Köpfen der andächtigen Masse.

Übermüdete Kinder und Todkranke legen, bevor der große Schlaf sie überfällt, noch einmal eine hektische Vitalität an den Tag. Es ist, als wenn noch einmal alle Kräfte zusammengefasst würden, bevor sie verlöschen. Ähnlich verhalten sich untergehende Epochen.

Unsere Zeit befindet sich in einem Umbruch, wie ihn die Menschheit in dieser weltweiten Form noch nicht erlebt hat. Wir leben in einer Zeit mit inflationistischer Tendenz gegenüber allen ideellen Werten. Religiöses Empfinden, Gruppenehre, Vaterlandsliebe, Sippen- und Familienzugehörigkeit, Bodenverbundenheit und Traditionsbewusstsein, einstmals gewaltige Triebfedern des politischen und kulturellen Geschehens, sind mehr und mehr bedeutungslos geworden. All diese Werte, die das Leben des Einzelnen und der Gemeinschaft in der Vergangenheit erfüllten und beherrschten, haben vor der aufkommenden globalen Massengesellschaft der allernächsten Zukunft ihren Sinn verloren. Alle diese eben aufgezählten ethischen Begriffe aber haben in der Zeit des Nationalsozialismus noch einmal eine bedeutende Rolle gespielt.

In einer Zeit, in der aktiendotierte Konzerne, gesichtslose Parlamente und unpersönliche Ausschüsse regieren, in der Teamwork und Gruppenentscheidungen dominieren, leben noch einmal ein Führerkult und eine Personenverehrung auf, die alle Halbgötter-, Kaiser- und Häuptlingskulte der Vergangenheit übertrumpfen. In einer Zeit, in der nationale Grenzen, Volkstum, Rassenzugehörigkeit und bodenverwurzeltes Brauchtum mehr und mehr zu musealen Requisiten herabsinken, erlebt das völkische Bewusstsein und der Rassenstolz der Vergangenheit noch einmal eine Auferstehung, deren radikale Konsequenz Millionen das Leben kostet.

In einer Zeit, in der Funktion und Kalkulation wichtiger geworden sind als Ethos und Kult, beherrschen noch einmal so tief im Gefühl verwurzelte Werte von Mythos, Glaube, Hingabe und Sendungsbewusstsein den Alltag des Einzelnen.

Und in einer Zeit, deren hervorstechendste Merkmale der ständige Wechsel aller Werte und ein hektischer Fortschritt ohnegleichen sind, soll ein Reich mit Ewigkeitsanspruch errichtet werden, dessen Ideologie den Anspruch erhebt, mindestens 1 000 Jahre lang zu herrschen. In einer Zeit, in der das Haus immer mehr zum Gebrauchsgegenstand und zur Kapitalanlage wird, erlebt das Haus noch einmal eine emotionale Aufladung ohne Beispiel. In einer Kultur, die absolut städtisch ist und die mehr und mehr vergroßstädtert, restauriert der Nationalsozialismus noch einmal eine Welt, die ihrem Wesen nach durch und durch ländlich ist. Betrachtet man Kunstwerke aus der Zeit, so muss man mit Erstaunen feststellen, dass aus Deutschland ein reines Bauernvolk geworden ist. Der Pflüger, der Sämann, der Schnitter, der Holzfäller, sie alle werden zu Lieblingsmotiven der Künstler. Bauersfrauen, Hütebuben, Knechte und Mägde in bäuerlicher Idylle, Blut und Boden, Kultur und Scholle, Bauer und Volk werden zu untrennbaren Begriffen und mystischen Zweiklängen.

Die Architektur, sofern sie keinen Ewigkeitsanspruch erhebt wie die großen repräsentativen Steinbauten, greift zurück auf ländliche Fachwerkkonstruktionen. Bäuerliche Tänze, Bräuche und Trachten gehören zum Lieblingsthema der Bewegung. Man schöpft am liebsten aus den Quellen der rein ländlichen Vergangenheit. Die Germanen werden zu neuem Leben erweckt. Deutschland wird in der Propaganda ein bäuerliches Volk ohne Raum. Hitler spricht immer wieder von der Notwendigkeit, Land zu gewinnen, niemals aber von der der

Möglichkeit, Städte zu erobern, und wenn, dann nur, um sie auszuradieren. Nach einer eintägigen Besichtigung des besiegten Paris sagte er zu Speer: »War Paris nicht schön? Aber Berlin muss viel schöner werden. Ich habe mir früher oft überlegt, ob man Paris nicht zerstören müsse«, fuhr er mit großer Ruhe fort, als handle es sich um die selbstverständlichste Sache der Welt. »Aber wenn wir in Berlin fertig sind, wird Paris nur noch ein Schatten sein. Warum sollen wir es zerstören?«

Für Hitler war die Stadt kein Wirtschaftsfaktor oder eine selbstständige Lebensform, sondern eine Kult- und Repräsentationsstätte der Macht. Bei der Neuplanung von Berlin zeigte er kein Interesse für Verkehrsprobleme oder soziologische Belange. Speer schreibt in seinen Memoiren: »Ich stellte die Gesamtplanung neben die Repräsentationsbauten. Hitler nicht. Seine Leidenschaft für Bauten der Ewigkeit ließ ihn völlig desinteressiert an Verkehrsstrukturen, Wohngebieten und Grünflächen. Die soziale Dimension war ihm gleichgültig.« Das ist umso erstaunlicher, da sich seine Partei nationalsozialistisch nannte.

Der Mythos des 20. Jahrhunderts hat Millionen von Menschenleben gefordert. Das ist eine blutige Tatsache, die man nicht aus der Welt schaffen kann und die mit nichts wiedergutzumachen ist.

Die Geschichte ist um eine furchtbare Erfahrung reicher geworden, ohne aus ihr gelernt zu haben. Alles Wehklagen ändert nichts an der Tatsache, dass es den Nationalsozialismus gegeben hat. Wenn wir bauen, so versuchen wir so wirtschaftlich wie möglich zu bauen. Der beste Entwurf ist der, der am wenigsten kostet und am besten funktioniert. Heilige Straßen, Kulthallen und Führerpalast sind mit diesen Maßstäben nicht zu begreifen, obwohl uns nur zwei Generationen von dieser Zeit seit ihrer Entstehung trennen. Unsere offizielle Kunstkritik tut diesen »Neoklassizismus« als pompösen Kitsch ab. Dabei sind diese Häuser, Bilder und Plastiken Ausdruck einer Idee, mag uns diese noch so unverständlich erscheinen. Die Kunst des Dritten Reiches ist nach dem Jugendstil die letzte Stilrichtung in Mitteleuropa, die Kunst bewusst als Ausdruck von irgendetwas erlebte und nicht als unabhängiges Experiment oder konzeptlose Improvisation. Für den »Messias aus Braunau« und seine Jünger gab es von Anfang an nur die Alternativen: die totale Weltherrschaft ihrer Glaubenslehre oder den totalen Untergang.

Im November 1936 hatte Hitler ein Gespräch mit Kardinal Faulhaber auf dem Obersalzberg, wobei er anschließend sagte: »Es gibt für mich nur zwei Möglichkeiten: mit meinen Plänen ganz durchzukommen oder zu scheitern: Komme ich durch, dann werde ich einer der Größten der Geschichte, scheitere ich, werde ich verurteilt, verabscheut und verdammt.« Das Letztere ist eingetroffen.

Eigenartig ist nur, dass unsere Zeit, die die Bauten des Nationalsozialismus nicht mehr zu begreifen vermag, so instinktsicher erkannte, welcher Machtanspruch in den Bauten dieser verdammten Epoche steckte. So war es eine der ersten Tätigkeiten der Russen, die Trümmer der Reichskanzlei bis auf die Fundamente abzutragen. Während die Amerikaner sich beeilten, Hitlers heilgebliebenen Berghof auf dem Obersalzberg in die Luft zu sprengen, anstatt ihn für ihre sensationshungrigen Touristen zu erhalten.

Wie kein anderer Machthaber der Neuzeit hat Hitler an die Aussagekraft der Architektur geglaubt. Das Wenige, das den Krieg überlebte, wurde noch nachträglich zerstört. Jetzt erst war der Dämon wirklich tot, der Dämon des Mannes, der noch auf der Höhe seiner Macht bedauerte, nicht Architekt geworden zu sein, und der seinen Baumeister Albert Speer so verehrte, dass er ihn während des Krieges als Rüstungsbevollmächtigten zum zweitmächtigsten Mann seines Reiches machte.

Der Termitenhügel

Zur Weltstadt gehört nicht ein Volk,
sondern eine Masse.
Oswald Spengler

Die Häuser der Zukunft werden kurzlebige Industrieprodukte oder gigantische Termitenhügel sein. Es kommt in Zukunft nicht mehr darauf an, wie ein Gebäude aussieht, sondern vielmehr darauf, dass es so praktisch ist wie eine Maschine. Moderne Bauten, Autos und Toilettenpapier sind nicht Ausdruck von irgendetwas, sondern Mittel zum Zweck. Die aufkommende globale Stadtlandschaft verändert nicht nur die Erde, sondern auch den Menschen. Der historische Hausmensch ist gestorben. Der neue Städter verhält sich wie ein Höhlenbewohner.

Im 20. Jahrhundert wurde mehr Energie verbraucht als in der gesamten Geschichte der Menschheit. Wenn man den Energieverbrauch eines westlichen Industrielands nicht in Pferde-, sondern in Menschenstärken messen würde, so käme man zu dem Ergebnis, dass jeder Einzelne von uns über mehrere Hundert Sklaven verfügt, die Tag und Nacht für ihn arbeiten.

Ein Jetpilot hat mehr Menschenstärken im Einsatz als ein Pharao beim Bau seiner Tempel.

Bis zur Erfindung der Dampflokomotive gab es keine höhere Reisegeschwindigkeit als die eines galoppierenden Pferdes. In den Dreißigerjahren des 20. Jahrhunderts flog ein Propellerflugzeug den Rekord von 650 Kilometern in der Stunde. Die Weltraumsatelliten der Gegenwart umkreisen die Erde mit einer Geschwindigkeit von 30 000 bis 40 000 Stundenkilometern.

Diese rasante Geschwindigkeitszunahme beobachtet man auf allen Gebieten. Wenn unsere Städte sich nicht ausdehnen würden, sondern bei ihrer gegenwärtigen Größe verharrten, so müssten wir innerhalb von zehn Jahren alle bestehenden Multimillionenstädte noch einmal bauen, ein neues Tokio, ein neues Kalkutta, ein neues Johannesburg. Die Menschheit wächst täglich um eine Viertelmillion. Selbst Weltkriege vermögen diese Lawine nicht mehr zu stoppen. Während des letzten Krieges starben 52 Millionen Menschen. In der gleichen Zeit nahm die Erdbevölkerung um 150 Millionen Seelen zu.

Man schätzt, dass die Gesamtbevölkerung der Erde vor 4 000 Jahren weniger als die Hälfte des heutigen Tokio betrug. Um 1850 erreichte sie die Milliardengrenze. 1930 lebten zwei Milliarden Menschen auf der Erde. Zurzeit sind es über sieben. Im Jahre 2100 werden es elf sein. Heute noch getrennte Städte werden zusammenwachsen. So werden in der riesigen Bandstadt, die sich von Boston bis nach Washington erstrecken wird, mehr Menschen leben als im heutigen Mitteleuropa.

Nur ein Narr kann angesichts dieser Tatsache behaupten, unsere Futurologen sähen mit ihren Katastrophenankündigungen zu schwarz.

Wenn diese Entwicklung ungestört weiterläuft, so wird sie nicht nur unsere Gesellschaft, sondern die gesamte Erde innerhalb einer Generation verändern. Wenn diese Entwicklung aber gestoppt werden soll, so bedarf es dazu so einschneidender Ereignisse, dass dadurch unsere Zukunft vermutlich noch extremer verändert wird. Die Bevölkerungslawine konfrontiert uns mit Problemen, die innerhalb der kurzen Zeitspanne, die uns verbleibt, völlig unlösbar sind.

Eine Menschenexplosion hat stattgefunden, und wir sind unfähig, diese Lawine zu kontrollieren oder gar zu stoppen.

Wir haben Industrien von unbegrenzter Ergiebigkeit aufgebaut, aber wir werden weder mit deren sozialen Folgen noch mit der Zerstörung unserer Umwelt fertig. Wir produzieren Massenvernichtungsmittel aus gegenseitiger Angst und sind von Tag zu Tag unfähiger, diese teuflische Gewalt zu kontrollieren.

Wenn der Fortschritt der Wissenschaft alle traditionellen Dogmen lächerlich erscheinen lässt, dann stirbt der individuelle Stil.

Wenn die Masse der großstädtischen Gesellschaft in Wohnmaschinen untergebracht wird, die sich weltweit nicht voneinander unterscheiden, so zerfallen die Brücken zur historischen Vergangenheit.

Wenn die Erziehungsinhalte immer technologischer werden, dann verschwinden die großen kulturellen Traditionen.

Wir stehen vor einer Veränderung aller Lebensformen, vor einer Umstrukturierung des Menschen schlechthin, wie es Ähnliches in unserer Geschichte noch nie gegeben hat. Die neue Massengesellschaft ist mit der traditionellen Landwirtschaft nicht mehr zu ernähren und mit den bekannten politischen Systemen und sozialen Ordnungen nicht mehr zu verwalten.

Es gelten die gleichen Gesetze wie in der Atomphysik: Wenn eine bestimmte kritische Masse erreicht wird, entsteht über eine Kettenreaktion explosiv etwas Neues.

In Asien arbeiten schon Eiweiß erzeugende Einzelleranlagen, in denen aus Nebenprodukten der Erdölraffinerien und der Braunkohlendestillation proteinhaltige Hefen gewonnen werden. Diese Nahrungsmittelerzeugung ermöglicht es, die herkömmliche Landwirtschaft immer mehr fabrikmäßig in die Millionenstädte zu verlegen und so auch das Land, das jetzt noch für den Ackerbau gebraucht wird, zu überbauen und zu verstädtern.

Unsere produzierende Industrie wird sich völlig verändern. Unsere Vorstellung, dass Industriegebiete grundsätzlich schmutzig und laut sind, wird unseren Enkeln fremdartig erscheinen. Die neuen Produktionsmethoden werden immer mehr von der Elektronik im Stil der Weltraumfahrt bestimmt. Sie arbeiten geräuschlos und sauber. Da Computer empfindlicher als Menschen auf Schmutz, Temperaturschwankungen, Luftfeuchtigkeit und mechanische Erschütterungen reagieren, werden unsere zukünftigen Industriegebiete sauberer und hygienischer als unsere Wohngebiete sein. Atomkraftwerke und pharmazeutische Industrie verlangen schon heute Sauberkeitsgrade, die noch vor einer Generation selbst in Operationssälen nicht erreicht wurden.

Hinzu kommt, dass die neue elektronische Industrie immer weniger Energie benötigen wird.

Ein Computer ist reine Intelligenz. In den neuen Gesellschaften wird sich der Intellekt auf Kosten der seelischen Kräfte entwickeln. Mitleid mit Alten, Behinderten und Außenseitern der Gesellschaft wird in den neuen Stadtgesellschaften immer mehr verdrängt, weil diese kostspieligen Emotionen nicht den Forderungen der Vernunft entsprechen.

Dort, wo die menschliche Natur nicht auf Emotionen zu verzichten vermag, wird sie sich mit Suchtstoffen und Sex abreagieren. Mao hat diesen Weg vorgezeichnet, als er sagte: »Liebe und Ehe sind bürgerliche Gefühlsduseleien.«

Die kommenden Generationen werden zur Ehe, zum Elternhaus und zur Schule nur noch lockere Bindungen haben. In weiten Teilen der Vereinigten Staaten bestehen die Schulbauten heute schon aus gleich aussehenden Klassenraumcontainern, die vom Ministerium je nach Bedarf angeliefert und wieder abgeholt werden. Lebenslange, gefühlsbetonte Bindungen an die alte Schule sind hier so abwegig wie persönliche Kontakte zu Mietwohnungseinheiten.

Alle wichtigen Kulturträger werden diesen Weg gehen. Die bekannte englische Produzentin Joan Littlewood hat sich ein Allzwecktheater entwerfen lassen, das sich für Kammerkonzerte, Boxkämpfe, Hundeausstellungen, Schauspiel und vieles andere verwenden lässt. Das einzig Feststehende sind ein paar Betontürme, in denen sich die Technik und die Toiletten befinden. Auf jedem Turm steht ein Drehkran, mit dessen Hilfe der Rest der Mehrzweckhalle für jede Veranstaltung neu und funktionsgerecht zusammengesetzt wird. Bei Opern und Konzerten wird die auf der Bühne gespielte Musik auf Tonband aufgenommen. Ein Computer ermittelt die für die neue Raumform günstigste Akustik und spielt mit Verzögerungen von Zehntelsekunden die Musik lebensecht ab. Die Zuschauer sehen die Oper live, hören sie aber als Konserve.

Der nächste logische Schritt in dieser Entwicklung ist, dass man in Zukunft ganz auf Liveveranstaltungen verzichtet. Schauspiel, Konzert und Massensportfeste wie die Olympischen Spiele werden nur noch in Aufnahmestudios unter günstigen Bedingungen stattfinden. Bei der Fernsehübertragung sitzen mehrere Millionen Zuschauer in den ersten Reihen. Niemand wird es missen, persönlich anwesend zu sein, so wie es heute niemand bedauert, bei den Aufnahmen eines Kinofilms nicht dabei sein zu können.

Überhaupt wird das Fernsehen in den Städten der Zukunft die dominierende Rolle spielen. Ähnlich wie in der abstrakten Malerei, wo der Wirkungswert wichtiger ist als realistischer Inhalt, werden auch in den Wohnungen unserer Enkel Effekte wichtiger sein als Materialien. Man wird für die Raumstimmung mehr Geld ausgeben als für solide Einrichtungsgegenstände. Leicht steuerbare Schaltanlagen werden mit Wandprojektionen nach Belieben die Tapeten wechseln.

Durch plastische Lichtbilder auf Wänden und Decken kann man Scheinräume erzeugen und die Wohnung verkleinern oder vergrößern. Auf Wunsch kann die räumliche Begrenzung auch ganz aufgehoben werden. Dreidimensionale Filmprojektionen werden jede gewünschte Landschaft herbeizaubern, wobei Klimaanlagen und Stereogeräte die Illusion vollenden.

Das Fernsehen wird in der Zukunft die gleiche Rolle spielen wie der fürstliche Hof oder der Klub. Politisch wird es die gleiche Bedeutung erlangen wie die Agora in Griechenland oder der Circus Maximus in Rom. Es ist richtig und entspricht durchaus ihrem Rang, dass die Fernsehtürme tonangebend unsere Städte überragen, so wie es seinerzeit die Dome taten. Das marktkonforme Fernsehen vermag durch Koppelung von Werbung und Marktforschung die Milliarden von Konsumenten perfekt zu lenken. Vor allem wird das Fernsehen den Kunst- und Kulturgenuss so mühelos, billig und intim machen wie kein anderes Medium der Kulturgeschichte. Unsere Kulturgüter alten Stils werden mehr und mehr mediengerecht umgewandelt für den Film. Kunstwerke werden in so ungeheuren Mengen reproduziert, konserviert und publiziert, dass man bereits heute von einer Industrialisierung der Kultur spricht. Unser Kulturschaffen stirbt nicht am Mangel, sondern am Überfluss. Eine originalgetreue Kopie eines alten Meisters ist nicht teurer als ein Schlips. Während man sich unterhält, speist oder wäscht, überträgt das Fernsehen ein Hochamt aus der Peterskirche, den Vortrag eines Nobelpreisträgers oder einen Galaabend aus der Mailänder Scala. Mithilfe von Telesatelliten sind wir in der Lage, jedes Fernsehprogramm der Erde zu empfangen. Fernsehtelefone machen den Gesprächspartner sichtbar, bei TV-Einkäufen erscheint die gewünschte Ware auf dem Bildschirm. Auf dem gleichen Weg ist es auch möglich, jedes gewünschte Buch elektronisch zu lesen.

Unsere Enkel werden es nicht mehr verstehen, dass Millionen von Menschen täglich viele Stunden damit vergeudet haben, sich in langen Autoschlangen zu ihren Arbeitsplätzen durchzukämpfen. Es gibt keine Tätigkeit, die man in Zukunft nicht vom Arbeitszimmer seiner Wohnung ausüben kann. Schon heute arbeiten wir mit Daten verarbeitenden Rechnern, die kilometerweit entfernte Büros oder Fabriken miteinander verbinden. Das gilt nicht nur für Verwaltungstätigkeiten, sondern auch für alle Arten der Produktion. Denn nicht nur der Seh- und Gehörsinn ist entfernungsunabhängig, auch der Tastsinn lässt sich fernbetätigen durch Roboter.

Unser Verhältnis zum Raum befindet sich in ungeheurer Umwandlung. Noch zu Anfang des 20. Jahrhunderts lebten fast alle Menschen an einem festen Ort, denn sie waren in der Landwirtschaft beschäftigt, und Grundbesitz ist unbeweglich. Zwischen 1979 und 1980 haben 50 Millionen Amerikaner ihren Wohnsitz gewechselt und mit Auto, Bahn und Flugzeug Milliarden von Kilometer zurückgelegt. Gegen diese gewaltigen Massenbewegungen sind die Völkerwanderungen der Vergangenheit Sonntagsspaziergänge. Der moderne Großstadtmensch ist der größte Nomade aller Zeiten. Und das äußert sich in seinem kulturellen Verhalten. Bei den Nomaden der Sahara ist es üblich, dass ein Knabe bei Erreichen der Mannbarkeit das Recht erlangt, ein Pferd zu führen. Erst dann ist er ein vollwertiger heiratsfähiger Mann. Unser Erkennungszeichen der Mannbarkeit ist das Auto. Bei einer Befragung amerikanischer Teenager, was sie für das Wichtigste an einem Jungen hielten, stand bei allen an erster Stelle der Besitz eines Autos.

Wie der Nomade verzichtet der Großstädter immer mehr auf belastenden Besitz. In Amerika gibt es Tausende von Leasing-Geschäften, bei denen man sich vom Rasenmäher bis zum Brautkleid alles nur Denkbare ausleihen kann. Die meisten Hausbesitzer leben nur symbolisch im eigenen Haus. In Wahrheit gehört es einer Aktiengesellschaft oder einer Bausparkasse.

Immer mehr Gegenstände werden mit der Wohnung mitgemietet: Einbauschränke, Lampen, komplette Küchen und Teppichböden.

Unser Verhältnis zur Zeit hat sich gewandelt.

Ein Jahr ist die Zeit, in der sich die Erde einmal um die Sonne dreht. Dieser Zeitabschnitt bedeutet aber für jede Epoche wie für jeden Lebensabschnitt etwas anderes. Wenn ein vierzigjähriger Vater von seinem vierjährigen Sohn verlangt, er solle eine Stunde still sitzen, so ist das so, als wenn man vom Vater verlangen würde, er solle zehn Stunden bis zur nächsten Zigarette warten. Denn gemessen an der Erfahrung der Lebenszeit ist für den Vierjährigen der Zeitabschnitt einer Stunde zehnmal so lang wie für den Vierzigjährigen.

Es ist eine Tatsache, die jeder von uns erlebt, dass mit steigendem Alter die Zeit schneller verrinnt. Auf diesem Phänomen beruht ein großer Teil der Spannungen zwischen den Generationen und Völkern. Ein Europäer, der in Afrika mit Einheimischen zusammenarbeitet, muss an ihrer Einstellung zur Zeit verzweifeln. Denn hier existiert ein anderes Zeitmaß. Seltsamerweise gibt es in diesem akzelerierenden Zeitbewusstsein auf unserer Erde ein Gefälle von Norden nach Süden, genauer gesagt, von den Polen zum Äquator. Für den Norditaliener verfliegt die Zeit schneller als für den Sizilianer, für den Nordamerikaner schneller als für den Mexikaner.

Auch jede Epoche hat ein bestimmtes, ihr eigentümliches Verhältnis zur Zeit. Fließt dieser individuelle Zeitstrom zu langsam, so vermag sich keine Kultur zu entfalten. Naturvölker und Kleinkinder leben so. Die alten Kulturen wie Ägypten und China haben sich »andante« über große Zeiträume entwickelt. Den alternden Kulturen entrinnt die Zeit. Überschreitet das Tempo eine bestimmte Geschwindigkeit, so zerfällt die bestehende Kultur. Vieles spricht dafür, dass wir diese Schwelle überschritten haben.

Jede Art von Kultur braucht ein Mindestmaß an Zeit. Diese Tatsache lässt sich an vielen Beispielen beweisen.

In Frankreich wurden in den letzten Jahren Tausende Lokale geschlossen. An ihre Stelle traten Schnellimbissstuben, in denen industriell vorgefertigte Schnellgerichte heiß gemacht werden. Die Esskultur fällt dem Zeitmangel zum Opfer.

Am deutlichsten zeigt sich dieser Zerfall beim Bauen. Unser Bauen orientiert sich nur an wirtschaftlichen Gesichtspunkten, das heißt an Zeit und Geld. Da Zeit Geld ist, fällt auch unsere Architektur dem Zeitmangel zum Opfer.

Eine ungeheure Monotonie bricht über die Menschheit herein. Die Menschen aller Rassen, Kulturen und Religionen kleiden sich gleich, wohnen im selben Stil, fahren die gleichen Autos und leben im selben Rhythmus. Sie kaufen dieselbe Sorte Antibabypillen und Zigaretten, trinken Coca-Cola und lesen *Reader's Digest*. Eine unglaubliche Normung im Verhalten hat begonnen.

Die Mehrzahl aller Menschen in unseren Großstädten lebt in Mietskasernen. Innerhalb solch einer Wohnmaschine sind die Mieteinheiten aus wirtschaftlichen Gründen über- und nebeneinander alle gleichartig konstruiert. Da die Arbeit der Bewohner ziemlich genau zur gleichen Zeit beginnt und endet, greifen alle zur gleichen Stunde zum Lichtschalter, öffnen gleichzeitig ihre gleich aussehenden Einbauschränke, waschen sich in Badezimmern, die nicht nur in Größe und Einrichtung die Gleichen sind, sondern wegen der Fallrohre auch nach dem Grundriss an der gleichen Stelle der Wohnung liegen. Sie schauen durch die gleichen Normfenster, schließen und öffnen die gleichen Normtüren und verrichten ihre Notdurft auf den gleichen Normtoiletten.

Dieses gleichzeitige Verhalten von Lebewesen in solchen Massen trifft man außer beim modernen Menschen nur noch bei Insektenvölkern an.

Vor diesem Hintergrund kann man nicht erwarten, dass unsere Architekten wie einstmals Michelangelo und Alberti inhaltsvolle Baukunstwerke erschaffen. Der Architekt ist kein Künstler mehr. Wissenschaftler und Wirtschaftsingenieure planen unsere neue Umwelt.

Amerikas Konstruktionsgenie Buckminster Fuller entwarf 1955 mithilfe eines Computers eine riesige Ausstellungshalle für Afghanistan, ließ die Bauteile industriell herstellen, nach Afghanistan fliegen und dort von nicht ausgebildeten Hilfsarbeitern zusammensetzen. Von der Auftragserteilung bis zum Richtfest waren nur wenige Tage vergangen. Buckminster Fuller ist kein Architekt. Der siebzehnfache Doktor bezeichnet sich selbst als Gebäudemaschinist. Er konstruierte nicht nur Bauten in Rekordzeit, sondern entwarf auch Häuser zum Wegwerfen. Eine Kartonagenfabrik in Chicago fabrizierte nach seinen Entwürfen mehr als eine Million Pappelemente für diese Fertighäuser, die man nach kurzfristigem Gebrauch entsorgt wie ein getragenes Hemd.

Damit sinkt die Architektur aus dem Bereich des schöpferischen Gestaltens und elementaren Erlebens hinab auf die Stufe von Konsumware. Reißverschlüsse, Elektromotoren und Toilettenpapier können praktisch oder unpraktisch sein, sogar wohlgestaltet oder abstoßend, aber sie sind nicht Ausdruck von Vergeistigung, sondern Mittel zum Zweck.

Wenn unsere Großeltern sagten: »Ich und mein Haus«, so meinten sie, dass Haus und Familie eine geistige Einheit darstellten. »Ich und meine Mietwohnung« klingt so beziehungslos wie »ich und mein Gasherd«.

Mieteinheiten in einer Wohnmaschine sind etwas anderes als Geburtshaus oder Stammsitz einer Familie. Nebenher läuft ein Verlust des Ewigkeitsanspruchs auf allen Gebieten, die mit dem Haus zusammenhängen. Unsere Vorfahren richteten sich fürs Leben ein. Das Haus war solide gemauert für Jahrhunderte. Das Gleiche galt für Möbel und Hausrat, die oft geerbt waren und wieder vererbt wurden.

Kunst wird immer mehr zum Gestalter von Konsumgütern. Nie zuvor ist so viel Aufwand für die Gestaltung der nebensächlichsten Dinge betrieben worden. An der Verpackung einer Zigarettensorte oder an einer Waschmittelreklame arbeiten mehr begabte Leute als früher an der Ausstattung einer Barockkapelle.

Unsere Wertmaßstäbe haben sich verschoben.

Für den Menschen der Gegenwart ist das Haus die letzte Bastion in einer Welt, die sich in totalem Umbruch befindet. Erst vor diesem

Hintergrund versteht man die übertriebene Nostalgie des heutigen Menschen auf allen Gebieten, die mit dem Haus zusammenhängen. Die Menschheit, die sich anschickt, den Weltraum zu erobern, mithilfe von Computern denkt und mit mehrfacher Schallgeschwindigkeit reist, baut bis in die Gegenwart immer noch wie vor 4000 Jahren. In einer Welt der technisch unbegrenzten Möglichkeiten, in der die Erfüllung von Wundern eigentlich nur noch eine Geldfrage ist, errichten wir unsere Häuser aus gebrannten Lehmziegeln und Mörtel, wie es schon unsere alttestamentarischen Vorfahren taten. Die Tatsache, dass wir auch Beton verwenden, ist im Hinblick auf die Möglichkeiten, die uns zur Verfügung stehen, kein wirklicher Fortschritt. Beton war auch schon den Römern bekannt.

Niemand käme auf die absurde Idee, einen Computer aus Teakholz zu schnitzen oder ein Auto aus Marmor zu schlagen. Im Bauen jedoch sind wir noch so tief verwurzelt in der Vergangenheit wie auf keinem anderen Gebiet – außer der Kleidung.

Haus und Kleidung stehen in enger Beziehung zueinander. Sie entstammen dem gleichen Urtrieb des Menschen. In gewisser Weise ist die Wohnung ein erweitertes Gewand. Behausung und Kleidung machen uns nicht nur unabhängig vom Wetter, sondern sind vor allem Ausdruck einer neuen geistigen Einstellung gegenüber der Natur. Diese Geisteshaltung trennt uns messerscharf vom paradiesischen Urzustand unserer tierischen Vorfahren. Sie ist so tief in unserem Wesen verwurzelt, dass sie weit hinter der übrigen Entwicklung herhinkt.

Unsere Liebe zum Ziegelbau, zum Giebeldach, zum offenen Kaminfeuer und zur ungehobelten Balkendecke ist ungebrochen.

Genauso verhält es sich mit der Kleidung. Unsere Mode ist ein romantischer Aufguss der Vergangenheit. Emanzipierte Frauen bedienen in hochhackigen Schnürstiefeletten elektronische Maschinen. Sie tragen Kleider am Abend, die für Schlittenfahrten entworfen wurden und nicht für voll klimatisierte Großraumbüros. Zu keiner Zeit war die Auswahl der Stoffe so reichhaltig, farbig, haltbar und billig. Trotzdem sind ganze Tiergattungen zum Aussterben verdammt, weil wir mit rätselhafter Besessenheit eine vierstellige Summe bezahlen, um uns in Felle zu hüllen wie unsere Vorfahren aus dem Neandertal.

Eine halbe Million Jahre hat der Mensch in Höhlen gehaust. Dann begann er, seine Umwelt schöpferisch neu zu gestalten. Er baute. Damit begann unsere Kulturgeschichte. Jahrtausendelang hat der Mensch Steine gegen den Himmel getürmt und Räume geformt als äußere Projektion seines Glaubens, seiner Macht und seiner Ideale. Diese Architekturen waren die genaue Umkehrung unserer heutigen Bauten. Es kam nicht darauf an, dass sie wirtschaftlich und funktionell wie Maschinen waren, sondern dass sie vollendete Gefäße für eine Botschaft waren. Die Bauten von Ramses bis Hitler waren gefrorene Ideen. Der Mensch der Gegenwart hat diesen elementarsten Spiegel seiner Selbstdarstellung zerschlagen. Damit aber hat er aufgehört, schöpferischer Kulturträger zu sein. Unsere Kulturgeschichte begann mit diesem Urtrieb, und sie endet mit ihm.

Wie geht es weiter?

Sinkt der Mensch kulturell zurück auf die Stufe des Höhlenmenschen? Vieles spricht dafür.

Der neue Mensch baut nicht mehr. Die Mehrheit wohnt. Ein Großstadtbewohner, der auf Wohnungssuche geht, handelt wie ein Neandertaler, der sich eine passende Höhle sucht.

Der französische Architekt Édouard Albert forderte bereits 1959: »Es wäre wünschenswert, wenn die Rohbauarbeiten durch den Staat erbracht würden. Die Bewohner hätten dann nur noch den Innenausbau ihrer Waben (sprich: Höhlen) zu besorgen.«

Der moderne Mensch im Supermarkt verhält sich wie ein primitiver Jäger und Sammler der Steinzeit. Er ist nicht mehr in der Lage, Brot zu backen und Käse herzustellen, Wolle zu spinnen und Leinen zu weben. Er sammelt Fertiggerichte und Zellstoffhemden in seinem Korb wie Beeren, Pilze und essbare Wurzeln. Immer mehr Nahrungsmittel werden tischfertig angeboten. Die vorpräparierten Gerichte werden dann mit Mikrowellen innerhalb von Sekunden gegart und tischfertig gemacht. Diese Nahrungsaufnahme ohne individuelle Veredelung erinnert an Futterpraktiken aus der Tierwelt, wie man sie beim Menschen heute nur noch bei den Buschmännern der Kalahariwüste antrifft.

Ähnliches beobachtet man auf vielen Gebieten.

Zu keiner Zeit waren so viele hervorragende Kulturgüter archivarisch so leicht zugänglich geordnet und konserviert. In der Library of Congress in Washington beträgt die Länge der Bücherregale mehrere Hundert Kilometer. In ähnlichem Maße werden Schallplatten und andere Reproduktionen für jeden zugänglich gehortet. Wir schaffen keine neuen Kunstwerke mehr. Wir sammeln und erjagen, worauf wir gerade Appetit haben.

Wohin diese neue Lebensform steuert, lässt sich nicht voraussagen, doch eines ist sicher: Der historische Baumensch, der *Homo domesticus*, hat aufgehört zu existieren. An seine Stelle tritt die neue Massengesellschaft der Termitenstadt. Die globale Stadtlandschaft der Zukunft ist etwas völlig anderes als die Stadt der Vergangenheit. Für Privatleben im selbst erbauten Haus auf eigenem Grundstück wird in diesen Multimillionen-Stadtkonglomeraten kein Platz mehr sein. Individualismus als Lebensform von elitären Einzelgängern, wie er in Griechenland entstand, während der Renaissance kulminierte und sich bis in die Gegenwart hielt, wird für unsere Enkel nur noch ein historisches Kuriosum sein.

Die Großstädte der Antike unterscheiden sich allein schon deshalb von den neuen, weil die weite Mehrheit der Bewohner Sklaven waren und deshalb nicht mitzählten. Die wahlberechtigten Familien kannten sich untereinander. Das Leben bestand aus strengen Gesellschaftsregeln und aus unantastbarer überlieferter Tradition. Die moderne städtische Gesellschaft dagegen ist das genaue Gegenteil hierzu. Sie muss vor allem anpassungsfähig sein, denn nur in ihrer Veränderlichkeit liegt die Garantie für ihre Stabilität.

Elektronengehirne und Weltraumfahrt gelten allgemein als technische Wunder. Man hält sie für das Komplizierteste, was Menschen je erfunden haben. Dabei sind sie nur einfache Programmierungssysteme im Vergleich mit unseren Großstädten. »Die Komplexität der Städte überschreitet weit diejenige der größten Computer, sie überschreitet vor allem die Fassungskraft des menschlichen Bewusstseins.« (Karl Steinbuch)

Unsere Zukunft liegt nicht im Weltraum, sondern in den Städten. Der ehemalige Präsident Johnson schrieb in seinem Buch *My Hope for America*: »Innerhalb der nächsten vierzig Jahre müssen wir die gesamten Städte der Vereinigten Staaten umbauen. Von der Lösung dieses Problems hängt unser aller Zukunft ab.« Völlig neue Stadtgebilde werden entstehen: Städte unter der Erde und auf dem Meeresgrund, schwimmende Städte, Siedlungen in der Arktis und auf dem Mond. Für Großbritannien wurde eine Meeresstadt bis ins Detail entworfen, die den Inselstaat aus der Ausweglosigkeit seiner Überbevölkerung heraushelfen soll. *Sea City* wurde für 250 000 Menschen vor der Ostküste Englands geplant. Obwohl fast 100 Meilen weit im Meer, liegt sie an einer nur 15 Meter tiefen Stelle mit geringem Gezeitenwechsel am Rande eines reichen Erdgasfelds, das die Stadt mit Energie versorgen wird. Süßwasser wird aus dem Meer gewonnen. Die gesamte Stadt besteht wie ein Riesenschiff aus einem Guss. Sea City ist eigentlich keine Stadt, sondern ein Gebäude, ein schwimmender Termitenhügel für eine Viertelmillion Bewohner.

Vieles spricht dafür, dass die Zukunft den aufblasbaren Gehäusen gehört. Der Amerikaner Victor Lundi hat bereits 1960 pneumatische Kuppelbauten aus PVC-beschichtetem Nylongewebe konstruiert, die ohne eine einzige Stütze Grundflächen von 4 000 Quadratmetern überspannten, 28 Tonnen wogen und sich an einem Tag errichten ließen.

»Die pneumatischen Konstruktionen«, so verkündete der deutsche Architekt Frei Otto, »sind das am weitesten verbreitete Konstruktionsprinzip der Natur. Wir begegnen ihnen in Form der Luftblase, im Zellplasma und in allen durch Wasser und Blutdruck gespannten Häuten.«

Die Formensprache unserer Bauten wird in Zukunft immer organischer, biologischer. Die geometrischen, rechtwinkligen Stilarchitekturen haben ausgespielt, so wie die Physik auf dem Gebiet der Naturwissenschaften. Die Führung gehört der Biologie.

In Russland hat man eine Stadt für Minenarbeiter in der Arktis geplant. Unter einer transparenten, aufblasbaren Kuppel von nahezu einem Kilometer Durchmesser werden 50 000 Menschen leben. Mitten in arktischer Kälte werden unter diesem Dom mit eigener Energiezentrale Bäume wachsen und Parkanlagen grünen.

Diese ganze Entwicklung entspringt nur dem einen Problem: der unaufhaltsamen Bevölkerungsexplosion.

Was aber, wenn sich dieses Problem von selbst löst? Es ist experimentell nachgewiesen, dass Tiere sogar unter günstigsten Ernährungsbedingungen sterben, wenn der zur Verfügung stehende Lebensraum eine bestimmte Qualität oder Quantität unterschreitet. Es ist eine eigenartige Erscheinung, dass der Mensch von einer gewissen Zivilisationsstufe ab degeneriert und immer unfruchtbarer wird. Die römische Geschichte ist seit Augustus voll von verzweifelten Versuchen, mithilfe einer Ehe- und Kindergesetzgebung den Nachwuchs des Imperiums zu sichern. Ganze Landschaften Italiens und sogar Spaniens, das zu Beginn der Kaiserzeit am dichtesten von allen Teilen des Reiches bevölkert war, starben aus. In Ägypten erfolgte ab der 19. Dynastie des Neuen Reiches eine ununterbrochene Abnahme der Bevölkerung. Während der Blütezeit Chinas im 3. Jahrhundert vor Christi Geburt wurde ein Katechismus zur Hebung der Bevölkerungsziffer geschrieben. In Mittelamerika gibt es Maja-Städte mitten im Dschungel, die kampflos verlassen wurden. Ihre Bewohner sind ausgestorben.

Degenerierte Geschlechter sterben nicht nur aus, weil sie kinderlos bleiben, sondern weil sie nicht mehr leben wollen. Der natürliche Trieb der Arterhaltung erlischt. Die Lust am Untergang, masochistische

Todessehnsucht ergreift die Menschen. Schon heute sterben in Mitteleuropa jährlich 250 000 Menschen durch Selbstmord. Telefonseelsorger und Polizeipsychologen gehören gegenwärtig zu jeder Großstadt wie Feuerwehr und Müllabfuhr. Sie stehen Tag und Nacht bereit, um Lebensmüde vor dem Selbstmord zu bewahren. Wie auf allen Gebieten steht die neue Stadtgesellschaft auch hier erst am Anfang.

Oder ist der Anfang bereits das Ende?

Der russische Schriftsteller Andrej Amalrik mahnt im Hinblick auf eine unausweichliche Auseinandersetzung zwischen China und der westlichen Welt: »Wenn während der römischen Kaiserzeit, im 5. Jahrhundert, als es bereits sechsgeschossige Häuser und dampfgetriebenes Spielzeug gab, die Futurologen befragt worden wären, so hätten sie höchstwahrscheinlich für das 6. Jahrhundert den Bau von zwanzigstöckigen Hochhäusern sowie den industriellen Einsatz von Dampfmaschinen vorausgesagt. Stattdessen weideten im 6. Jahrhundert Ziegen auf dem Forum Romanum.«

Die hoch entwickelte städtische Zivilisation war von halbnomadisierten Bauern zerschlagen worden. Auch Mao Tse-tung glaubte, dass das dünn besiedelte, dezentralisierte Land im Kriegsfall bei Weitem nicht so verwundbar sein würde wie die Millionenstädte. Stadt und Land sind nicht nur verschiedene, frei wählbare Lebensformen, sondern auch ganz entgegengesetzte und damit feindliche Weltanschauungen.

Der Städter hat die Tendenz zur Individualisierung und zur persönlichen Absonderung, weil er sich von den Menschenmassen, die ihn umgeben, eingeengt fühlt. Aus dem entgegengesetzten Gefühl heraus strebt der Landbewohner zu organisiertem Zusammenschluss.

Unsere ganze Geschichte, alle Kultur und aller Fortschritt leben aus Gegensätzen, ähnlich wie in der Physik, wo alle Bewegung aus der Polarität erfolgt.

Wir glauben heute, dass ein Gebäude nichts weiter zu sein habe als eine gut funktionierende Maschine, ein Gebrauchsgegenstand wie ein Auto oder bestenfalls eine Kapitalanlage wie eine Industrieaktie.

In Wahrheit aber kann man Haus und Mensch ebenso wenig voneinander trennen wie eine Schnecke von ihrem Gehäuse. Sie sind eine Einheit auf Tod und Leben.

Wir glauben heute, dass eine Stadt nichts weiter zu sein habe als ein gut funktionierender Mechanismus unter Berücksichtigung von Verkehr, Energie, Kommunikation und vielen anderen Belangen, die sich mit Geld und digitaler Technik lösen lassen.

In Wahrheit ist die Stadt die Wiege aller menschlichen Zivilisation. Jede Hochkultur war an den Namen einer Stadt gebunden: Babylon, Athen, Rom, Byzanz und Florenz.

Alle Städte von Ur bis Mannheim hatten einen Mittelpunkt, eine Keimzelle. Das war ein Tempel oder ein Dom, eine Burg oder ein Schloss, ein Forum oder ein Marktplatz. Die Stadt grenzte sich immer klar von der sie umgebenden Landschaft ab. Bis vor 200 Jahren war eine Stadt ohne Mauern fast undenkbar. Paris wurde noch 1841 mit einer neuen Stadtmauer umgeben.

Die moderne Großstadt besitzt weder eine klare Umgrenzung noch eine kulturelle Mitte. Sie ist herz- und grenzenlos.

Alle gemauerten Gebäude in der Vergangenheit setzten sich klar von der Umwelt ab. Das Herz eines jeden Hauses war seit Jahrtausenden die Feuerstelle, der Mittelpunkt war der Thron oder Altar.

Die modernen Baukonstruktionen besitzen keine klaren Abgrenzungen mehr. Sie werden durch Glas und andere optische Effekte mehr und mehr aufgelöst. Vor allem aber fehlt ihnen die wärmende Mitte, das ideelle Zentrum.

Sowohl Haus als auch Stadt haben ihren inneren Schwerpunkt verloren und befinden sich in körperlicher Auflösung. Sie sind lebendige Organismen ohne Herz, die unkontrollierbar wie Krebszellen ins Grenzenlose wuchern. Ist es Zufall oder geheimnisvoller Zusammenhang, dass Herzinfarkt und Krebs die beiden Haupttodesursachen unserer Zeit sind?

Der virtuelle Raum

Unwirklich wirklich wie ein Atom.
Form follows function is out.
Die Form folgt der Fantasie.

Darstellung
und gleichzeitige Wahrnehmung der Wirklichkeit
in Echtzeit, computergesteuert.

Von dem Physiker Richard Feynman stammt der Satz: »Wenn man die gesamte Wissenschaftsgeschichte auf eine einzige Aussage reduzieren wollte, würde diese lauten: Alle Dinge bestehen aus Atomen. Atome sind überall und bilden die Bausteine von allem.« Bausteine, im wahrsten Sinne des Wortes, spielen auch in der Baugeschichte eine fürwahr alles tragende Rolle. Architekturen ohne Baustein sind hier so undenkbar wie Dinge ohne Atome. Diese klassische »Steinzeit« wurde von Beton, Stahl, Aluminium und anderem Baumaterial eingeholt; verdrängt hat sie sie nie. Mit dem virtuellen Raum bahnt sich eine Bauweise an, die sich anschickt, auf Baumaterial grundsätzlich zu verzichten. Das klingt so unglaublich, dass es einer näheren Erklärung bedarf.

Als Max Planck 1875 vor der Entscheidung stand, Physik oder Mathematik zu studieren, wurde ihm geraten, die Finger von der Physik zu lassen. Dort gäbe es nichts mehr zu erforschen. Alle nur denkbaren Entdeckungen hätten bereits stattgefunden. In Wahrheit hatte jedoch soeben das Jahrhundert der Physik begonnen, ein Jahrhundert, in dem viele Menschen überhaupt nichts mehr verstanden und keiner mehr alles zu begreifen vermochte.

Die Physik verwandelte sich von der vertrauten Welt der Makrophysik, deren Objekte man sehen, berühren und berechnen kann, in eine Welt der Mikrophysik mit Ereignissen, die unvorstellbar schnell ablaufen, und das in einer Größenordnung, die weit außerhalb unseres Vorstellungsvermögens liegt. Dabei verhalten sich beide so gegensätzlich, dass das eine vom anderen häufig außer Kraft gesetzt wird. Der Widerspruch beginnt bereits beim Atom, seit der Antike der kleinste Teil der Materie und absolut unteilbar. Anfang des 20. Jahrhunderts hatten Physiker herausgefunden, dass Atome aus verschiedenen Teilchen bestehen; unbekannt war jedoch, wie diese zusammenpassten. 1904 entwickelte der japanische Physiker Hantaro Nagaoka ein Atommodell, bei dem ein oder zwei Elektronen um einen Kern kreisen wie Planeten um die Sonne. Es ist das Modell, das wir alle vom Physikunterricht in der Schule her kennen. In Brüssel hat man ihm ein haushohes Denkmal aufgestellt: das Atomium. Die Vorstellung ist falsch, hält sich aber hartnäckig.

Je tiefer die Physiker in den subatomaren Bereich eindrangen, umso virtueller erschien er ihnen. Überlassen wir ihnen das Wort: »Atome unterscheiden sich nicht nur von allem, was bisher bekannt ist, sondern auch von allem, was man sich überhaupt vorstellen kann«, heißt es bei Feynman, und sein Kollege Cooper fährt fort: »Es ist eine unvorstellbare Tatsache, dass Atome vorwiegend aus leerem Raum bestehen. Die Materie, die wir überall in uns und um uns herum wahrnehmen, ist eigentlich eine Illusion. Würde man ein Atom auf die Ausmaße einer Kathedrale vergrößern, wäre der Kern aus Neutronen und Protonen so groß wie eine Fliege im Kirchenschiff, die aber wäre vieltausendmal schwerer als die ganze Kathedrale.« Als Heisenberg gefragt wurde, wie man sich ein Atom vorstellen solle, sagte er: »Versuch es erst gar nicht.«

Das Quantenzeitalter und die Mikrophysik haben die Materie entmaterialisiert. Dieser Wahnwitz wird noch dadurch gesteigert, dass die Materie auch in anderer Hinsicht aufgehört hat, die elementar feste Masse der Schöpfung zu sein. Materie ist nun eine andere Form von Energie.

Die Zeit war reif für den virtuellen Raum. Denn auch unsere Vorstellung vom Raum hat sich verändert. Raum und Zeit sind nichts Absolutes. Die Zeit ist ein Teil des Raumes.

In der klassischen Baugeschichte – wie in diesem Buch dargestellt – war der Raum ein Teil der Zeit, die ihn errichtet hat. Die Zeit ist mit den drei Dimensionen des Raumes in einer unbegreiflichen Raum-Zeit-Dimension verbunden. Die Physik spricht von virtueller Realität. Der virtuelle Raum existiert, ist aber so unmöglich zu definieren wie das Atom und wie dieses nicht mit den fünf Sinnen zu erfassen.

»Wir können Bauten errichten und Parklandschaften gestalten, die schöner sind als alle Originale. Ein Klick, und man läuft durch ein

Kaufhaus, in dem man sich ein neues Aussehen zulegt«, verkündet Philip Rosedale, einer der gefeierten Wissenschaftler der VR-Welt. »Ich kann durch virtuelle Büros, Shops oder Landschaften streifen. Ich kann mich in ein Labor begeben und dort mit einem der besten Professoren der Welt komplizierte Experimente durchspielen.«

»Das ultimative Display«, nennt der Harvard Professor Ivan Sutherland seinen Entwurf eines VR-Systems, das nicht nur das Umherlaufen und Anfassen in einem virtuellen Raum ermöglicht, sondern echte Körperlichkeit. Handschellen würden wirklich fesseln.

Das Ichbewusstsein ist nicht zwangsläufig an unseren Körper gebunden. Es lässt sich auf einen anderen Körper übertragen, sodass wir uns mit diesem *verorten*. Als Beweis wird ein Experiment angeführt, das sich als Gummihand-Illusion weltweiter Bekanntheit erfreut. Dabei betrachtet eine Versuchsperson die Nachbildung einer menschlichen Hand, während die eigene vor seinen Blicken verdeckt wird. Die sichtbare und die nicht sichtbare Hand werden wiederholt gleichzeitig berührt. Dabei entsteht die Illusion, die künstliche Hand sei die eigene.

Dieses *Verorten* des eigenen Bewusstseins mit einem anderen Körper, den man *Avatar* nennt, ist bereits mehr als ein aufregendes Spiel. An der TU Darmstadt wird erforscht, wie die virtuelle Körperwahrnehmung das Denken einfärbt.

Das Max-Planck-Institut Berlin befasst sich mit der Störung des Gleichgewichtssinns im virtuellen Raum, weil das Innenohr hier widersprüchliche Signale empfängt. Bei der Bewegung durch den Raum wird unser Erleben körperlich real. Illusionen, denen man beim Aufenthalt im virtuellen Raum verfällt, sind nicht ohne Einfluss auf unser Denken im Realen. Ein Erlebnis, von dem man weiß, dass es nicht wirklich stattfindet, wird unerschrocken mitgenommen in die Wirklichkeit. Dort hilft es gegen Höhenangst, kann aber auch die Hemmschwelle bei einem Verbrechen herabsetzen.

Der rasche Wechsel zwischen Fiction und Non-Fiction verwischt im Unterbewusstsein die Grenzen zwischen der Realität und der

Fantasie. Es ist eine offene Frage, wie lange die geistigen Funktionen eines Menschen normal bleiben, wenn er ständig mit den ungewöhnlichsten Wahnvorstellungen überflutet wird.

Der virtuelle Raum, von dem hier die Rede ist, definiert sich als Darstellung und gleichzeitige Wahrnehmung der Wirklichkeit in Echtzeit, computergesteuert. Die dafür notwendige Brille ist gegenwärtig noch sehr kompakt. Das wird sich ändern. So wie sich die ersten schwergewichtigen Fernsehgeräte zu Flachbildschirmen entwickelten, so werden die virtuellen Brillen sich kaum noch von herkömmlichen Brillen unterscheiden.

Neben der Virtual Reality VR existiert eine vergrößerte Reality AR. Mithilfe eines Hologramms können Gegenstände und Lebewesen dreidimensional größengerecht kopiert werden. Abwesende oder gar Tote können mit uns am Tisch sitzen und sich mit uns unterhalten. Auf diese Art und Weise können auch Tiere virtuell gehalten werden: Affen, Papageien, Fische oder gar ein wilder Tiger.

All diese Möglichkeiten des Internets werden morgen perfekt weltweit umgesetzt, wenn unsere derzeitigen Digitalrechner von Quantencomputern abgelöst werden. Die neuen Rechner arbeiten millionenfach schneller als die derzeitigen Rechner, ein Unterschied wie zwischen Dampfmaschine und Düsenjet.

Vor uns liegt das Quantenzeitalter mit schier unbegrenzten Anwendungen und Möglichkeiten. Die kommende virtuelle Welt ist keine Evolution, sondern eine Revolution; keine Weiterentwicklung von Bekanntem, sondern ein Aufbruch zu etwas völlig Neuem.

Bei Wasser denkt jeder an eine Flüssigkeit. Warum eigentlich? Wasser ist nur auf dem schmalen Grat zwischen 0 und 100 Grad flüssig. Darunter ist es fest, darüber flüchtiges Gas. Trotzdem denkt jeder bei Wasser an etwas Flüssiges. Wir haben uns an diesen uns vertrauten Zustand gewöhnt. Ähnlich ergeht es uns mit unserer Historie. Unsere kulturgeschichtliche Existenz empfinden wir als so selbstverständlich wie die flüssige Konsistenz des Wassers. Wir haben es nicht wahrgenommen, dass wir bereits unter den Nullpunkt gefallen sind und uns in einem völlig neuen Aggregatzustand befinden.

Der neue Mensch trägt einen Chip unter der Haut mit allen Daten zur Person, von der Geburtsurkunde bis zur Masterprüfung, von der Blutgruppe bis zum Computertomogramm. Der Arzt informiert sich mithilfe des Chips über den Gesundheitszustand des Patienten. Bei Unfällen meldet der Chip den Verunglückten bei der nächsten Notaufnahme.

Banken und Sparkassen werden nicht mehr gebraucht. Die Zukunft ist bargeldlos. Beratungsgespräche finden virtuell statt. Transaktionen an den Börsen werden schon heute zu 90 Prozent vom Computer entschieden.

Fabriken verschwinden in der Landschaft. Die industrielle Produktion findet unterirdisch statt, da die Arbeit von Robotern und künstlicher Intelligenz verrichtet wird. Bürotürme und Verwaltungsbauten gibt es nicht mehr. Die Angestellten erledigen ihre berufliche Arbeit zu Hause. Kein Berufsverkehr. Kein Bedarf an Parkplätzen.

Auf privaten Autoverkehr wird ganz verzichtet. Man lässt sich autonom fahren.

Gefängnisse entfallen. Den Gesetzesbrechern wird je nach Schwere des Verbrechens die virtuelle Brille entzogen. Totale Kontrolle durch Überwachungskameras mit Gesichtserkennung und Identitätschip.

Millionenstädte schießen in solcher Vielzahl aus dem Boden, die in keiner Landkarte zu finden sind. In diesen Hochhäusern hausen Tausende von Menschen, dicht gedrängt auf engstem Raum, übereinandergestapelt wie Termiten.

Für diese Menschen wird der virtuelle Raum zur Parallelwelt, wie es in Steven Spielbergs Film *Ready Player One* heißt. In dem Film, der als Einzug in die Virtual Reality gefeiert wird, ist die Erde ein verkommenes Drecksloch, völlig ungeeignet, um darin ein menschenwürdiges Leben zu verbringen. Als einziger Ausweg bleibt den Slumbewohnern die Flucht in die virtuelle Welt.

Es kommt nicht mehr darauf an, wie ein Wohnhaus aussieht. Seine Aufgabe beschränkt sich darauf, die Bewohner vor Wind und Wetter zu schützen.

Bis auf Sitzmöbel, Tisch und Bett ist in den Wohnungen alles Interieur virtuell: Trennwände zur freien Aufteilung. Tapeten und Wandbilder, die täglich ausgewechselt werden können. Virtuelle Beleuchtung aus Lampen, brennenden Kerzen und Kaminfeuern. Fenster jeder gewünschten Größe mit austauschbaren Aussichten auf Meer und Gebirge, Tierparks mit Wildtieren. Der Teppich eine virtuell blühende Blumenwiese. Die Zimmerdecke als tropischer Sternenhimmel oder belebt durch vorüberziehende Wolken.

Das alles klingt so märchenhaft, dass man sich scheut, es niederzuschreiben. Unmöglich, ganz unmöglich! Francis Drake, der in 1018 Tagen die Erde umsegelte, hätte es nicht für möglich gehalten, dass sich eines Tages ein Flugzeug mit einem Startgewicht von mehreren Hundert Tonnen in die Luft erheben würde, um an einem Tag die Erde zu umfliegen. Welch ein Wunder!

Virtuelle Räume waren in der Vergangenheit den Religionen vorbehalten. Das himmlische Jerusalem, Walhalla und der Paradiesgarten Allahs, für den bis in die Gegenwart Menschen freiwillig und erwartungsvoll in den Tod gehen, was sie ja gewiss nicht täten, wenn dieser virtuelle Ort für sie nicht wirklich existent wäre.

Adorno und Horkheimer vertreten in der Dialektik der Aufklärung die These, das Programm der Aufklärung sei die Entzauberung der Welt gewesen. Mit der fantastischen Welt des virtuellen Raumes hat die Verzauberung erst begonnen.

E. W. Heine
4. Mai 2018